诺贝尔奖解析

解析 医学篇

王跃春 主编

清华大学出版社
北 京

图书在版编目（CIP）数据

诺贝尔奖解析 . 医学篇 / 王跃春主编 . –– 北京 : 清华大学出版社 , 2025. 8.
ISBN 978–7–302–69278–2

Ⅰ . G321.2

中国国家版本馆 CIP 数据核字第 20256XN093 号

责任编辑：吴　洁
封面设计：王晓旭
责任校对：李建庄
责任印制：刘　菲

出版发行：清华大学出版社
　　　　网　　　址：https://www.tup.com.cn，https://www.wqxuetang.com
　　　　地　　　址：北京清华大学学研大厦 A 座　　　　邮　　编：100084
　　　　社　总　机：010-83470000　　　　邮　　购：010-62786544
　　　　投稿与读者服务：010-62776969，c-service@tup.tsinghua.edu.cn
　　　　质量反馈：010-62772015，zhiliang@tup.tsinghua.edu.cn
印　装　者：北京博海升彩色印刷有限公司
经　　　销：全国新华书店
开　　　本：185mm×260mm　　　　印　　张：16　　　　字　　数：270 千字
版　　　次：2025 年 8 月第 1 版　　　　印　　次：2025 年 8 月第 1 次印刷
定　　　价：89.00 元

产品编号：103592-01

暨南大学"一带一路"与粤港澳大湾区
特色教材资助项目

国家级一流本科课程同名教材

编 委 会

序言一

在人类科学文明的长河中，诺贝尔奖宛如一座熠熠生辉的灯塔，照亮了人们进行科学探索的蜿蜒山路，指引着无数科研工作者在各个领域奋勇攀登。该书由王跃春教授主编，恰似一艘精巧的学术航船，带领读者穿越诺贝尔奖的历史长河，探寻医学领域的奥秘与辉煌；又如一座精美的桥梁，连接着诺贝尔奖的辉煌历史与 AI 时代的科学梦想。

该书在时间维度上贯穿了诺贝尔奖的百年历程，从 20 世纪初的科学探索，到 21 世纪的前沿突破，涵盖了各个时期的获奖成果。这些内容不仅展示了诺贝尔奖在不同历史阶段对科学发展的推动作用，也反映了人类在生命科学领域的认知演进。

该书涉及了诺贝尔生理学或医学奖、诺贝尔化学奖及诺贝尔物理学奖等 26 个奖项，详细解析了与医学相关的获奖成果，包括基础医学研究、临床医学应用、药物研发等多个领域，内容丰富、覆盖面广。通过对这些获奖成果的梳理，读者可以清晰地看到医学科学的发展脉络。书中不仅列举了众多获奖成果，更深入探讨了这些成果背后的科学原理和应用价值。这些内容的呈现，彰显了诺贝尔奖在推动医学进步方面的卓越贡献，也体现了该书在内容编排上的全面性和系统性。

该书在解读诺贝尔奖时，注重科学性与可读性的结合。一方面，书中对每个获奖成果都进行了严谨的科学分析，详细阐述了研究背景、实验方法、结果解读以及对医学领域的贡献；另一方面，编者以生动的语言和丰富的案例，将复杂的科学概念和研究过程娓娓道来，使读者在轻松阅读中领略科学的魅力。这种科学性与可读性的统一，使该书既适合作为教材供学生学习，也适合广大对医学和诺贝尔奖感兴趣的读者阅读。

在谋篇布局方面，该书独具特色。全书分为基础介绍篇、诺贝尔奖专题篇、诊疗技术篇、药物治疗篇、系列诺奖篇和作品展示篇等多个章节，各章节都围绕一个主题展开，内容大多按获奖年度排序，逻辑清晰。这种结构设计不仅有助于读者系统地学习诺贝尔奖相关知识，还能激发读者的思考和探索欲望。特别是在系列诺奖篇中，以人体主要器官系统为主线，梳理了各器官系统基础及疾病研究领域的系列诺贝尔奖，这种分类方式有助于读者从宏观角度理解医学科学的发展，以及诺贝尔奖在不同领域的分布情况。

　　该书的另一大亮点是将科学史与人物传记紧密结合，通过讲述诺贝尔奖得主的生平事迹和科研历程，展现了科学精神与人文思想的交融。书中详细介绍了获奖者的成长背景、教育经历、研究动机以及其在科研道路上的坚持与奋斗，使读者能够感受到科学家们在追求真理过程中的执着与热情，及其对人类社会的责任感和使命感。这种科学史与人物传记的结合，不仅让读者了解了科学发现的过程，更让读者体会到科学探索背后的人文关怀和精神力量。

　　此外，书中收录了部分优秀的学生作品，包括实物作品、电子作品和优秀论文等，这些作品不仅展示了学生的学习成果，也体现了学生在学习过程中的创新思维和实践能力。通过这些作品，读者可以看到年轻一代对诺贝尔奖的理解和感悟，及其在传统文化守正创新与运用人工智能赋能创作等方面的有益探索和尝试，这对后来选课的同学也能起到积极的示范作用。

　　主编王跃春教授在该书的编撰过程中发挥了重要作用。其不仅对教材的整体风格、内容选择和插画等方面进行了顶层设计和精心策划，更将自己多年来的教学经验和研究成果融入其中。在前言部分，王跃春教授分享了其对诺贝尔奖精神的深刻领悟和对医学教育的独到见解，强调了科学精神与人文思想相融合的重要性。在后记中，其则表达了建设"诺贝尔奖解析—医学篇"这门课程及同名教材对自身和学生成长的获益，并希望该书让读者始终能感受到科学的魅力和人文的温度。

　　总之，该书以其严谨的科学态度、生动的叙述方式和独特的谋篇布局，为读者呈现了一幅幅诺贝尔奖在医学领域的壮丽画卷。这不仅是一部优秀的教材，更是一部激发读者科学兴趣、培养其科学精神和人文素养的佳作。相信该书的出版，将有助于更多人通过理解诺贝尔奖精神而走进科学的世界，最终为人类的科学事业贡献自己的力量。

苏国辉

中国科学院院士

暨南大学粤港澳中枢神经再生研究院院长

2025 年 8 月

序言二

自 1901 年设立以来，诺贝尔生理学或医学奖始终是科学界的最高荣誉。其记录着人类在生命科学领域的突破性探索，也见证着医学从经验积累到分子机制探索的百年跨越。该书不仅是对百年诺贝尔奖的梳理，更是一部以科学及人文精神为脉络、以人类健康为使命的启示录。

一、百年诺贝尔奖：沿时间轴布局主题

该书系统梳理了 1901 年至 2024 年的诺奖医学成果，覆盖了极具代表性的 26 项获奖研究，时间跨度长、学科交叉广。从早期 X 射线的发现（如 1901 年首奖授予伦琴）到现代基因编辑技术（如 2020 年 CRISPR/Cas9 的突破），从微观的细胞信号通路到宏观的公共卫生策略，该书以"时间轴＋主题模块"的布局，清晰呈现了医学发展的阶梯式跃迁。尤其值得称道的是，编者并未止步于罗列成果，而是通过"基础研究 - 技术转化 - 临床应用"的三维框架，揭示了诺贝尔奖背后"从实验室到病床"的科学逻辑。

二、双重视角：科学精神与人文叙事

该书的独特之处在于打破传统"成果汇编"的桎梏，将冷峻的科学发现还原为有温度的人类故事。各章以"科学史语境"开篇，辅以科学家的人物传记：既有谢灵顿为阐明反射规律搭建神经系统知识框架的数十年的执着，又有屠呦呦在动荡年代翻阅古籍终获青蒿素的东方智慧；既有班廷发现胰岛素时抵押家产的孤注一掷，又有蒙塔尼耶与盖洛关于人类免疫缺陷病毒发现权的争议反思。这些叙事不仅诠释了"大胆假设、严谨求证"的科学精神，更凸显了科学家在时代洪流中的抉择与坚守。书中特别设置"诺贝尔奖启示"专栏，如通过对 1979 年计算机断层扫描技术的获奖与伦琴原始论文的关联性讨论，引导学生辩证思考科学评价的复杂性。

三、匠心设计：从知识到思维

作为一部教学用书，该书在谋篇布局上极具巧思。常以"核心问题"导入，通过"技

术路线图"和"概念演化树"等可视化工具，帮助学生构建知识网络；文章中也设置了"延伸探究"的开放式议题，鼓励批判性思维。更值得关注的是，该书将中国科学家屠呦呦的研究置于全球医学史坐标系中，既彰显本土贡献，又启发青年学子思考"中国诺贝尔奖的未来之路"以及中国科学家与"世界科学"的互动。同时，本书为学生配套并提供了深入学习的优质立体化资源以及促进师 - 生 - 机互动的友好空间。

四、结语：向未知致敬

诺贝尔奖的荣耀属于过去，但该书的价值在于指向未来。其不仅是对医学史的注脚，更是创新思维的催化剂。当学生透过书页看到科赫法则的诞生、单克隆抗体的革新，抑或 mRNA 疫苗的横空出世时，其将深刻理解：医学的每一次飞跃，皆源于对人类疾苦的共情与对真理的纯粹追求。谨以此书献给所有在生命奥秘之路上跋涉的探索者，愿科学精神与人文情怀永驻，愿下一个百年的答案，由今日的青年书写。

DeepSeek R1

2025 年 8 月

自　序

在人类历史的星河中，诺贝尔奖无疑是最璀璨的星辰，其代表着人类智慧的巅峰，是无数人毕生追求的荣誉。而在这星辰之中，诺贝尔生理学或医学奖更是闪烁着独特的光芒，照耀着人类对生命奥秘的探索之路，引领我们更深层次地理解生命的本质。

《诺贝尔奖解析—医学篇》正是为了揭示这光芒背后的科学与人文故事而编写的教材。本书深入浅出地解析了医学相关诺贝尔奖的获奖成果及其现实意义，其既是一本医学发展的历史记录，又是一本诺贝尔奖人物传记。从早期对 DNA 结构的破译，到现代对人类基因组的阐释，再到最近基因编辑技术的发明；从青霉素的发现，到外泌体医疗价值的探索；从 X 射线的偶然发现到磁共振成像的普遍应用……，其全方位地展现了一百多年来医学领域的发展脉络和科学家们的杰出贡献。

本书与众不同地以紫色为基调，寓意科学研究充满着神奇和神秘，也蕴含着人文精神的高尚和高贵；页眉上生命的双生花作为本书的 logo 则彰显着科学与人文交相辉映的"诺贝尔奖精神"！身处数智时代，本书别具一格地用 AI 作序和做图，并探讨 AI 赋能科研的现实与未来，展示了 AI + HI（human intelligence）深度融合的美好前景。

编写本书的过程也是一个重新审视和反思科学精神和人文思想的过程。我们追溯那些伟大发现的背后故事，探索那些创新思想的萌芽和发展，力图让读者能够体会到科学发现的艰辛与喜悦。同时，我们也通过分析和解读这些获奖成果的影响及意义，引导读者思考科学与社会的关系，理解科学在推动人类文明进步中的重要作用。

本书不仅是对医学相关诺贝尔奖的解析，更是对科学精神和人文思想的传承。我们希望通过它，能够激发身处数智时代的人们，尤其是新青年对科学的热情和好奇心，培养其创新思维和实践能力，做到既能"仰望星空"，又能"脚踏实地"。同时，我们也期待本书能够成为连接过去、现在和未来的桥梁，引导更多人走进科学的殿堂，共同探索未知的世界，最终造福全人类。

翻开《诺贝尔奖解析—医学篇》，就如同开启了一扇通向科学世界的大门。我们相信，每位深入阅读的读者，都能在其中找到启迪心灵的智慧之源以及发展思维的清晰路径。

　　本书兼具学术性和通俗性，虽然在【研究成果】解读方面有一定的深度，但配套了插图以帮助理解；而【诺贝尔奖启示】则是画龙点睛之笔，起到凝练、升华和点醒作用；【作品赏析】则展示了当代大学生的风采，增加了本书的趣味性和反思性。总之，这本书具有很好的科普价值和较大的社会意义，值得推荐给所有对医学和诺贝尔奖感兴趣的读者朋友们。

编　者

2025 年 7 月

前　言

　　暨南大学是面向海内外招生的著名侨校。在新时期，暨南大学更是坚持"质量是生命、创新是灵魂"的办学理念，大力实施"侨校＋名校"的发展战略。随着入学人数的逐年增多，随着"诺贝尔奖解析—医学篇"课程知名度的不断提高，越来越多的学生选修本课程，每学期都有学生询问教材事宜。虽然在市面上可以购买到各种有关诺贝尔奖的书籍，但种类繁多，有的过于学术且厚重昂贵；有的又过于通俗类似科普读物，且大部分与所授课程内容吻合度不高。一方面学生需要与课程配套的教材，另一方面教师很难推荐现有的书本，因此，迫切需要编撰具有暨南特色的校本化教材。得益于暨南大学"一带一路"与粤港澳大湾区特色教材资助项目的资助，本书得以编撰和出版。

本书特色

　　首先，本教材是主讲教师在多年教学实践的基础上，参阅大量书籍和文献资料，经过复杂的认知再加工创作而成，具有独有的知识结构、编排体系和插画风格。其次，基于申请者主持的国家级一流本科课程"诺贝尔奖解析—医学篇"的慕课视频及开设本科课程近 10 年以来积累的丰富数字资源，使得建设新形态数字化教材成为可能。最后，本教材的编委会成员既有基础医学院从事生理学和药理学教学的教师，也有神经再生研究所从事科研的研究员，还有外语专业毕业正在攻读教育学博士的教学管理人员以及拥有医学背景的企业家，很好地体现了医、工、理、文之间的融合，可以助推"新医科"建设。

　　此外，骑行已成为当今人们追求健康生活的一种时尚，诺贝尔奖得主就如科学道路上的骑行者，其对科学研究有着强烈的兴趣，敢于走常人没有走过的路，并且拥有非凡的毅力和决心，最终才看到了不一样的绮丽风景，获得了举世瞩目的成功。因此，本书的每一章节的第一页都用一幅单车和风景的照片预示诺贝尔奖获得者卓尔不凡的科学品质和锲而不舍的科学精神。

阅读指南

本书是 2020 年广东省一流线上课程及 2023 年国家级线上线下混合式一流本科课程"诺贝尔奖解析—医学篇"的同名教材，由授课教师团队在多年教学实践中积累的丰富而宝贵的教学资源基础上精心编撰而成。读者可以按目录的顺序进行学习，也可以根据自己感兴趣的领域选择性阅读。在每章开始有篇章导语（引言），而每节的第一部分为本节概述，起着导航的作用；在正文部分，由远及近地介绍相关诺贝尔奖得主的简要生平、教育背景、研究经历、研究成果及重要贡献，最后探讨相关诺贝尔奖的现实意义和未来发展趋势。

本书既有脍炙人口的诺贝尔奖得主的生平故事，也有晦涩难懂的多学科交叉的现代科研成果（同时配以插图帮助读者理解），尽量做到既有故事性，又有学术性，以适合不同层次的读者阅读，相信大家都能有所思有所获。

王跃春

2025 年 7 月

目 录

第一章 基础介绍篇

引　言

医学是发现疾病与防治疾病的科学，其最高目标是解除人类痛苦，促进个人体质和种族发展。而诺贝尔奖是对各领域科学家的重大研究成果和学术成就的最高肯定及奖赏。学习和解析医学相关的诺贝尔奖，可以让我们走近诺贝尔奖大师，感受其伟大的人格魅力；了解最普通、最尖端、最前沿的医学知识，以便更清楚地认识并发现生命本身，探索未知，从而更好地战胜疾病，促进人类健康！

自 1901 年贝林因发明白喉血清疗法首次获得诺贝尔生理学或医学奖以来，截至 2024 年，"诺贝尔生理学或医学奖"总共颁发 115 届，共计 227 人获奖，实现了生理学或医学发展的最高成就。其中，有 40 次授予 1 名科学家，36 次由两名科学家分享，38 次由 3 名科学家分享。这些研究极大地促进了全人类的健康。

值得指出的是，诺贝尔奖并不是评判科学成就的唯一标准，更不能当作科学研究的唯一目标。相对于科学成果的汇聚，诺贝尔奖更是一种象征，其意义更在于激励人类在智力探索的道路上砥砺前行，不断创新。

第一节　诺贝尔及诺贝尔奖来龙去脉

在世界科学史上有这样一位伟大的科学家，其不仅把自己的毕生精力全部贡献给了科学事业，而且还在身后留下遗嘱，把自己的遗产全部捐献出来，用于奖励后人向科学的高峰努力攀登。

今天，以其名字命名的科学奖，已经成为举世瞩目的最高科学大奖，其名字和人类在科学探索中取得的成就一道，永远地留在了人类社会发展的文明史册上。这位伟大的科学家就是大名鼎鼎的阿尔弗雷德·贝恩哈德·诺贝尔（Alfred Bernhard Nobel）。

截至目前，有多少项诺贝尔奖颁发给了多少位诺贝尔奖得主？有多少女性诺贝尔奖获得者？有多少个机构曾经获得过诺贝尔奖？多次获得诺贝尔奖的人有几位？诺贝尔奖得主的平均年龄是多大？目前，最小的诺贝尔奖得主年龄是多大？最年长的诺贝尔奖得主是谁，他有多大年纪？……亲爱的读者，关于这些问题你能回答出几个？绝大部分人都知道"诺贝尔奖"，可以说其是世人皆知的。但关于诺贝尔的生平及诺贝尔奖的由来，还有很多不为人知的故事和知识。本节，我们谈论的话题是：广为人知和鲜为人知的诺贝尔及诺贝尔奖。首先，让我们一起来了解一下诺贝尔其人。

1833 年 10 月 21 日，诺贝尔出生于瑞典首都斯德哥尔摩。其从小主要接受家庭教师的教育，16 岁就已经成为一名化学家，能流利地说瑞典、英、法、德、俄等国家的语言。他 1850 年离开俄国赴巴黎学习化学，1 年后又赴美国深造。结束美国的学习后，他前往父亲在圣彼得堡的工厂工作，直到 1859 年该工厂破产为止。在重返瑞典以后，诺贝尔开始制造液体炸药硝酸甘油。而生产硝酸甘油具有极大的危险性，因为一次严重的爆炸事件，诺贝尔被人认为是"科学疯子"，此后，瑞典政府禁止他重建生产炸药的工厂。但诺贝尔对炸药的研究并未因此停止，其先后发明了多种炸药，如猛炸药、无烟火药、巴立斯梯（或称 C89 号）等，尤其在硝酸甘油研究方面取得了重大成就。其获得发明专利 355 项，在欧美等五大洲的 20 个国家开设了约 100 家公司和工厂，成为名副其实的"炸药大王"。因此，诺贝尔首先是一位发明家，在他的一生中，光是炸药的发明就有 6 项。

下面这幅肖像据说是诺贝尔生前唯一的一幅画像（图 1-1）。那么，诺贝尔是在什么样的情况下设立诺贝尔奖的呢？

图 1-1　阿尔弗雷德·贝恩哈德·诺贝尔

1888 年一家法国报纸错误地刊登了炸药发明人阿尔弗雷德·贝恩哈德·诺贝尔去世的消息。诺贝尔意外地读到了有关自己的讣告，标题是 The merchant of death is dead（死亡商人死了），大意是"阿尔弗雷德·诺贝尔博士（因为找到了用史无前例的速度杀死更多人的方法而发财的人）昨天去世了。正是这样一则错误的讣告，让诺贝尔大为震惊。因为在当时开矿和筑路的技术非常落后，诺贝尔想通过其技术发明改变这种现状，其初衷是为了促进生产力并造福人类。但他万万没想到其发明创造居然被有些人用于战争，他感到非常的痛心和愤怒，这也促使其设立了一个遗嘱："请将我的财产变做基金，每年用这个基金的利息作为奖金，奖励那些在前一年度为人类做出卓越贡献的人。"

虽然在很多时候，炸药并没有按照其想法应用于消灭战争和促进人类和平事业等领域，但诺贝尔仍然是一名和平主义者，这首先体现在其对各种人道主义慈善机构和科学事业的捐款十分慷慨。1896 年 12 月 10 日，63 岁的诺贝尔在意大利的圣莫雷去世后，按照其遗嘱，其所遗留下来的 920 万美元，以年息（每年 20 万美元）设立物理、化学、生理学或医学、文学以及和平奖。1900 年 6 月瑞典政府批准设立了诺贝尔基金会。在诺贝尔逝世 5 周年纪念日，即 1901 年 12 月 10 日，首次颁发了各类诺贝尔奖。1968 年增设了诺贝尔经济学奖，1990 年增设了诺贝尔地球奖（但该奖项并未获得诺贝尔基金会的认证，因此并未正式纳入诺贝尔奖体系）。

从诺贝尔奖项的内涵来看，诺贝尔以促进人类进步和福利事业，以纯粹的理想主义为目的，以设立诺贝尔奖的方式，体现其对人类生存、发展和进步的终极关怀，即人文精神。而科学精神和人文精神相统一的思想贯穿于诺贝尔一生的实践之中，并最终通过其遗嘱而得到确定和实现。

诺贝尔的教育经历和诺贝尔的人格特征是什么？如何理解诺贝尔对人类的和平、健康和幸福所作出的贡献？……有关诺贝尔的话题很多，大家不妨查阅相关资料（尤其是有关诺贝尔的传记资料），以全方位地了解和理解诺贝尔这位伟大的化学家、发明家、工程师、企业家以及作家……

第二节　话说诺贝尔生理学或医学奖

"诺贝尔生理学或医学奖"是根据已故的瑞典化学家阿尔弗雷德·诺贝尔在 1895 年的遗嘱中设立的，目的是表彰那些在生理学或医学领域做出重大贡献的个人或团队，以鼓励和推动科学的发展。首先，我们来讨论"诺贝尔生理学或医学奖"名称的由来（图 1-2）。

图 1-2 诺贝尔生理学或医学奖奖章

生理学是研究机体正常生命活动现象、规律及机制的科学，许多生命现象都可以用生理学知识解释，许多疾病的临床表现及治疗原理都有其生理学的理论基础；同时，生理学也是一门实验科学，几乎所有重要的生理学概念和理论都来源于科学实验。一直以来，生理学都是最重要的基础医学学科之一，是医学及医学相关专业学生的必修专业基础课，是联系基础医学与临床医学的桥梁，对培养将来从事医学、药学、生物工程以及公共卫生等领域的人才起着重要的支撑作用。从现代医学的观点来看，生理学仅是基础医学的一个学科，而基础医学则是现代医学的一个组成部分。因此，将生理学与医学相提并论似乎不符合逻辑。但是，在诺贝尔生活的时代，"生理学或医学"的提法却是合理的。因为，19 世纪末的医学被视为一种治疗的医术，类似于现代医学中治疗学的范畴；而当时的生理学被视为研究人体正常活动规律的科学，是医学的基础。据说当时诺贝尔本人对此并没有透彻的了解，但其一位助手是生理学家，在诺贝尔写遗嘱提到医学奖时，这位助手建议加上了"生理学"一词。现在，当我们翻开《生理学》教材，几乎在每个章节都能找到一项或多项当年"诺贝尔生理学或医学奖"得主在其处年代的重要发现和创新成果。从这一点上看，当年设立的"诺贝尔生理学或医学奖"也并无不妥。现在，我们来了解一下相关的评选程序。

根据诺贝尔基金会的相关章程，评选由卡罗琳医学院诺贝尔大会（Nobel Assembly）负责，而由卡罗琳医学院 50 名教授组成的诺贝尔委员会则负责前期工作。其邀请生理学和医学领域的代表提名候选人，提名截止日期为每年的 2 月 1 日；然后，诺贝尔委员会对提名进行初步筛选，将候选人名单提交给诺贝尔大会；最后，诺贝尔大会决定本年度诺贝尔奖得主名单，一般在每年的 10 月对外公布，并于每年 12 月 10 日在斯德哥尔摩音乐厅举行颁奖仪式。

进入 20 世纪之后，现代科学促进了生理学和医学的高速发展，人类伟大的生理学或医学发现陆续产生。诺贝尔生理学或医学奖是对这一历史时期中那些保护人类健康、探索自身奥秘的科学家们给予的最高荣誉。一个多世纪来，其各项伟大发现和发明极大造福了我们的生活，对生命医学的发展起到了强大的推动作用，为人类认识自身、认识生命、认识未知世界找到了金钥匙。从 1901 年贝林因发明白喉血清疗法获奖以来，截至 2024 年，诺贝尔生理学或医学奖总共颁发 115 届，有 9 年因各种原因（如战争）未颁奖，共计 227 人获奖，创造了生理学或医学发展的最高成就。在这 227 人中，有 12 名女性，占 5.3%。这些女性科学家在各自的研究领域做出了开创性的贡献。例如，1947 年格蒂·科里（Gerty Theresa Cori）与丈夫因共同发现糖代谢中的酶促反应而获奖（图 1-3）；1977 年罗莎琳·耶洛（Rosalyn Sussman Yalow）因开发多肽类激素的放射免疫分析技术而获奖；1983 年芭芭拉·麦克林托克（Barbara McClintock）因发现可移动遗传因子而获奖，成为首位单独获奖的女性科学家；2008 年弗朗索瓦丝·巴尔 - 西诺西（Françoise Barré-Sinoussi）与吕克·安托万·蒙塔尼耶因共同发现人类免疫缺陷病毒而获奖；2015 年屠呦呦因发现疟疾新疗法而获奖，成为中国第一个获得科学类诺贝尔奖的本土科学家。这些成就不仅展现了女性在科学领域的卓越才华，也为后来的女性科研工作者树立了榜样。最近，2023 年诺贝尔生理学或医学奖

图 1-3　第一位女性诺贝尔生理学或医学奖得主格蒂·科里

得主之一是女性科学家卡塔琳·考里科（Katalin Karikó），她和德鲁·韦斯曼（Drew Weissman）在信使核糖核酸（mRNA）的研究上做出了突破性发现，使得疫苗开发达到前所未有的速度。

　　从获奖者的背景来看，来自美国及欧洲的科学家占据了诺贝尔奖的绝大部分，日本及亚洲其他地区的获奖人数位居其次，而我国在这115届中仅有屠呦呦获得过这个奖项。2015年"诺贝尔生理学或医学奖"颁给了中国女药学家屠呦呦，开创了我国"诺贝尔生理学或医学奖"的先河，标志着我国科学家在本土的研究工作得到了世界的认可。这对于当下的中国来说，获奖固然可喜，但在看到中国科学家站上最炫目的领奖台的同时，我们也要看到我国在科学基础研究、原始创新、激励保障等方面还存在众多问题和巨大差距。在满足于有了第一的惊喜之后，我们更应该以此鞭策和激励自身，认真思考如何保持和发展，让偶然成为必然，促使更多的中国科学家取得举世瞩目的成就，为人类社会的发展贡献中华民族的智慧。2015年10月8日，屠呦呦在中国科协组织的座谈会上也表示，希望诺贝尔奖成为新的激励机制，把年轻人的积极性调动起来，让其发挥自身能力和实力，为中国和世界做出更大的贡献。

第三节　诺贝尔奖奖章及背后的故事

　　一般而言，诺贝尔奖得主可以得到3个方面的奖励：一是诺贝尔奖证书，其外观设计和具体内容在每年都不尽相同；二是诺贝尔奖奖金，其金额在每年都是波动的；三是诺贝尔奖奖章，不同奖项的奖章正面和反面有着个性化的设计。

　　各项诺贝尔奖奖章的共同点在于其正面都是诺贝尔的头像，区别主要在于奖章的背面。其中，物理学奖和化学奖的奖章是一样的，所以，6个奖项中仅有5种不同的奖章（图1-4）。

　　（1）诺贝尔生理学或医学奖奖章：在其背面，可以看到一位医药女神搀扶着一位患者，她正用一只碗从山涧中接取圣泉准备救助患者，这象征着诺贝尔生理学或医学奖得主如图中女神一般济世救人。传说这位女神可能是治疗女神帕那刻亚，健康女神阿克索或卫生女神许癸厄亚。虽然官方并未明确指出图中女神是哪位，但许癸厄亚曾用碗救助过蛇，而在西方医学中，蛇杖代表着医学，碗代表了药学。所以，这位女神极有可能是许癸厄亚（图1-5）。

生理学或医学奖   和平奖

文学奖   化学奖与物理学奖   经济学奖

图1-4　诺贝尔奖奖章（背面）

（2）诺贝尔化学奖与诺贝尔物理学奖奖章：在奖章的背面，可以看到左边的伊西斯女神拿着象征财富和科学智慧的丰饶之角，而右边的科学女神正在揭开伊西斯面纱，露出她冷峻的面容，象征人类文明的不断进步和发展。伊西斯是埃及神话中的女神，被奉为自然和魔法的守护神，揭开伊西斯的面纱意为破解神秘现象。显然，这奖牌象征着用科学解释未知，从而带来富饶的生活。

（3）诺贝尔文学奖奖章：背面图案描述了一个诗情画意的情景：希腊神话中主司爱情诗与抒情诗的缪斯女神在月桂树下演奏着七弦琴，伴随着渐渐升起的太阳，一个年轻人坐在旁边，边听边记录。预示着人类就像图中的年轻人一般，渴求着知识。缪斯其实并不是一个神，而是多个神的总称。最早的记录里面是3个，代表歌唱、沉思、记忆，而之

图1-5　健康女神许癸厄亚

后又演化出9个，分别主管历史、歌唱、悲剧、喜剧、舞蹈、叙事诗、情书、抒情诗和恋爱诗。所以，缪斯女神的数目不定，有三女神之说，亦有九女神之说。

（4）诺贝尔和平奖奖章：正面镌刻的诺贝尔肖像与其他奖章上的姿态不同，而背面的图案则是3个人互相搭在对方肩膀上，三人手挽着手，外围刻着"为了人类的和平与友谊"，这是用兄弟情谊象征和平。和平奖之所以连正面图案都与其他奖章不一样，是因为设计师与前面几个都不同。

（5）诺贝尔经济学奖奖章：正面的诺贝尔肖像与其他奖章上的形象也有所不同，这是由于经济学奖是后人新增的奖项。环绕着的文字意思是：纪念阿尔弗雷德·诺贝尔，瑞典中央银行，1968 年。其正下方则是一对丰饶之角，在希腊神话中，丰饶之角是母山羊阿玛尔忒娅的角，有一次她的角被树枝勾断后被宁芙女仙捡起来装满水果送给宙斯，因为宁芙女仙们曾照顾过幼年的宙斯，宙斯便把这只角转送她们，并施展魔力使得这只角可以倒出任何她们想要的物品。因此，丰饶之角成了食物和丰饶的象征。丰饶之角是西方文化的符号之一，现在在北美的感恩节当中使用的更多。奖章背面有 3 个小皇冠，1 个大皇冠，3 个小皇冠与正面的丰饶之角组成了瑞典银行的Logo，而大皇冠正是瑞典皇冠（图 1-4）。

以上是所有奖牌的设计及寓意，每个奖牌都独具风格。不只是奖牌，诺贝尔奖的证书在不同人、不同时期也都有着不同的风格。诺贝尔奖的奖牌和证书非常有趣，设计独特，意味深长，而有关各项诺贝尔奖，还有许多值得探索的丰富内容和深刻内涵。限于本书篇幅不展开介绍。在接下来章节中，让我们一起走近诺贝尔奖和诺奖大师，探讨其中的科学奥妙并领略其精彩人生。

第四节　诺贝尔及诺贝尔奖趣闻轶事

诺贝尔奖是根据诺贝尔遗嘱所设基金提供的奖项，诺贝尔在其遗嘱中规定，该奖应授予在物理学、化学、生理学或医学、文学与和平领域内"在前一年中对人类作出最大贡献的人"，这意味着获奖者的研究成果通常在前一年或更早些时候已经公布，并得到了科学界的广泛认可。关于诺贝尔及诺贝尔奖，流传着许多趣闻轶事，本节就来聊一聊其中的一部分。

1. 数学那么重要，诺贝尔当年为什么没有设立"诺贝尔数学奖"？

这个没有官方考证，但有 3 个流传最广的传言。

传言一：诺贝尔的女友被数学家抢了。

传言二：瑞典国王要设立数学奖。

传言三：数学不属于实用学科。诺贝尔认为应该把奖授予在实际应用上能造福于人类的杰出人物，而不是数学这种比较抽象的理论。

你觉得哪个更可信呢？

2. "诺贝尔经济学奖"是真正的诺贝尔奖吗?

大家知道,按诺贝尔遗嘱设立的5个获奖领域分别是物理学、化学、生理学或医学、文学及和平。也就是说,诺贝尔压根就未设立"诺贝尔经济学奖"。但目前我们会把诺贝尔经济学奖也归纳在内,大家知道是为什么吗?

其实,诺贝尔经济学奖是在1968年瑞典银行庆祝成立300周年时,瑞典银行决定拿出来一大笔钱用于颁发诺贝尔经济学奖。所以,"诺贝尔经济学奖"的真正名字是"瑞典国家银行纪念阿尔弗雷德·诺贝尔经济学奖"。可能由于官方名字实在太长,这个奖常被简称为"瑞典银行经济学奖"及"纪念诺贝尔经济学奖",以及大家最耳熟能详的"诺贝尔经济学奖"。

"诺贝尔经济学奖"是从1969年才进行首次颁奖,其提名流程、评选标准以及颁奖仪式和真正的诺贝尔奖相仿。与诺贝尔物理学奖及诺贝尔化学奖一样,经济学奖由瑞典皇家科学院负责颁发。

3. 各个学界"诺贝尔奖"级大奖都有哪些?

虽然由诺贝尔本人设立的诺贝尔奖只有5种,但在各个学术界,都有着"诺贝尔奖"级的大奖,我们来看有哪些呢?

阿贝尔奖和菲尔兹奖——"数学界的诺贝尔奖";

图灵奖——"计算机界的诺贝尔奖";

普利兹克奖——"建筑界的诺贝尔奖";

瓦特林·路德奖——"地理学界的诺贝尔奖";

拉斯克奖——"生物医学领域的诺贝尔奖"。

……

4. 诺贝尔、"诺贝尔生理学或医学奖"与硝酸甘油有着怎样的渊源呢?

关于这个问题,我们先来回顾一下人类研究硝酸甘油的历史。早在1867年,布鲁顿(Brunton)发现亚硝酸戊脂可以缓解心绞痛,同时可以降低血压。1847年意大利都灵大学的化学家索布雷洛在实验室中合成了硝酸甘油,但这是一种极不稳定的能够引起爆炸的液体。1867年,诺贝尔发明了安全使用硝酸甘油的方法,其将硝酸甘油同二氧化硅混合在一起,这样液态的硝酸甘油就变成了半固体状硝酸甘油炸药(Dynamite)。1879年,英国伦敦威斯敏斯特(Westminister)医院的威廉·马雷尔(William Murrell)发现将硝酸甘油稀释后就可以转变成一种无爆炸性的物质,该物质可以作为心绞痛的药物。

1896年,据说诺贝尔在去世前不到两个月,其给一位同事留言:"医生给我开的药竟然是硝酸甘油,难道这不是对我一生巨大的讽刺吗"言外之意,医生居然给我吃炸药！没错，诺贝尔发明了炸药，硝酸甘油就是炸药的主要成分。大家知道，硝酸甘油舌下含服可以缓解心绞痛，但当年罹患心脏疾病的诺贝尔却因拒绝使用硝酸甘油而去世。而在诺贝尔去世的 100 年之后，1998 年的诺贝尔奖授予了揭开这个谜团的科学家们，其实，硝酸甘油是通过一氧化氮的气体信号转导作用舒张血管而发挥了治疗心绞痛的作用。冥冥中经过了一个世纪的轮回！

5. "再不得奖就死了"——诺贝尔奖项只颁给在世的人？

诺奖评选委员会通常会在某项发现做出若干年之后才颁奖，这唯一的限制是奖项只能颁给活着的人。但 2011 年"诺贝尔生理学或医学奖"得主之一，加拿大科学家拉尔夫·斯坦曼（Ralph M. Steinman）在奖项正式公布的前三日，因为胰脏癌离世。这就打破了诺贝尔奖项只颁于在世人士的规定。当时为什么要这样做呢？据说当年诺贝尔奖委员会经讨论之后，决定破例，因为委员会在决定得奖者时斯坦曼仍然在世。

有关罗莎琳德·富兰克林（Rosalind Franklin）为何没有获得 1962 年的诺贝尔生理学或医学奖，目前存在争议。其拍摄的 DNA 晶体的 X 射线衍射照片对于沃森和克里克构建 DNA 双螺旋结构模型至关重要。有人认为，由于富兰克林在 1958 年因卵巢癌去世，按照诺贝尔奖的惯例，不授予已经去世的人，因此其未能获得 1962 年的诺贝尔生理学或医学奖。尽管如此，富兰克林的贡献逐渐得到了公认和纪念。但 1931 年的诺贝尔文学奖和 1961 年的诺贝尔和平奖都曾颁发给已去世的人，据说是从 1974 年开始，诺贝尔基金会才明确规定，诺贝尔奖原则上不能授予已去世的人。

6. "搞笑"诺贝尔奖是个啥？

"搞笑"诺贝尔奖的英文是 IgNobel Prizes，是 Ignoble(不名誉的) 和 Nobel Prize(诺贝尔奖) 的结合。其创始人马克·亚伯拉罕于 1991 年创办科学幽默杂志《不可思议研究年鉴》（*Annals of Improbable Research*），评委中有些是真正的诺贝尔奖得主。其目的是选出那些"乍看之下令人发笑，之后发人深省"的研究（图 1-6）。从 1991 年开始，每年颁奖一次。入选"搞笑"版诺贝尔奖的科学成果必须不同寻常，能激发人们对科学、医学和技术的兴趣。颁奖仪式在每年的 9 月，比其它的诺贝尔奖早一个月，地点通常为哈佛大学的桑德斯剧场（Sanders Theater），但也并非完全一成不变，如 2024 年 9 月 12 日"搞笑"诺贝尔奖（IgNobel Prize）在美国麻省理工学院颁发，得奖研究包括"发现哺乳动物可通过肛门呼吸""观察死鳟鱼游泳能力"和"许多以寿命最长而闻名的人生活在出生和死亡记录保存不善的地方"等 10 项研究，你是否觉得很"搞笑"呢？

图 1-6 "搞笑"诺贝尔奖海报

（王跃春）

本章数字资源

本章习题

第二章　诺贝尔奖专题篇

引　言

　　本章将深入探讨诺贝尔奖精神及其精髓,包括科学人文精神、理论创新和技术创新三大核心内容, 以全面解读诺贝尔奖的历史意义及其对现代科学和人文的深远影响。

　　第一节诺贝尔奖之精神:科学人文,揭示了诺贝尔奖的创立初衷及其背后的人文关怀。阿尔弗雷德·诺贝尔设立诺贝尔奖,旨在奖励那些为人类带来最大利益的人,这体现了对科学家取得的科学成就的认可和对人类福祉的关怀。本节还讨论了诺贝尔本人的科学精神与人文思想, 以及这些思想如何体现在诺贝尔奖的颁发及其对医学进步的推动上。通过具体案例, 如青霉素的发现和DNA双螺旋结构的解析, 展示了科学探索的深度和广度, 以及科学研究应服务于人类福祉的重要性。

　　第二节诺贝尔奖之精髓:理论创新,聚焦于理论创新在诺贝尔奖中的重要地位。理论创新推动了人类对自然界的探索和理解, 如DNA双螺旋结构模型的提出颠覆了人们对遗传物质结构的认知, 为分子生物学的发展做出了开创性贡献。此外, RNA干扰现象和微小RNA(miRNA)的发现, 扩展了人们对小分子RNA功能的新认识, 开创了调控细胞基因表达的新模式。这些理论创新不仅推动了科学的发展, 也为治疗疾病提供了新策略。

　　第三节诺贝尔奖之精髓:技术创新,回顾了因技术创新而获得诺贝尔生理学或医学奖的故事, 如心电图检测、计算机辅助X射线断层成像技术(CT)和磁共振成像(MRI)等技术的发展, 这些技术极大地推动了医学诊断的进步。而mRNA疫苗的研发, 作为2023年诺贝尔生理学或医学奖的获奖成果, 展示了技术创新在应对全球公共卫生危机中的重要作用。

　　通过本章的深入分析, 读者将更加理解诺贝尔奖如何通过表彰科学成就和弘扬人文关怀, 激励着全球科学家和思想家为人类文明的进步和社会的发展贡献力量。

第一节　诺贝尔奖之精神:科学人文

　　阿尔弗雷德·诺贝尔在其遗嘱中提到设立诺贝尔奖的目的是奖励"那些为人类带

来最大利益的人"。这种表述既包含了对科学成就的认可，又体现了对人类福祉的关怀，这可以看作是诺贝尔奖精神的萌芽。随着时间的推移，诺贝尔奖的颁发产生的影响力不断扩大，人们逐渐认识到诺贝尔奖不仅是对科学成就的奖励，还体现了对和平、文学和科学普及等人文价值的重视。诺贝尔奖自设立以来，就旨在表彰那些对人类有重大贡献的科学发现和文化成就，这本身就体现了科学与人文的结合。因此，将诺贝尔奖精神描述为科学精神与人文思想的统一，是对诺贝尔奖历史和宗旨的一种概括和阐释。这个观点是对阿尔弗雷德·诺贝尔设立诺贝尔奖的初衷以及对诺贝尔奖历史影响的总结和提炼。

笔者在国家级一流本科课程"诺贝尔奖解析—医学篇"中提出"诺贝尔的一生是科学精神与人文思想交相辉映的一生"以及"诺贝尔奖精神是科学精神和人文思想的高度融合"等观点，这无疑是对诺贝尔奖深远影响的深刻理解和总结，强调了诺贝尔奖不仅表彰科学上的卓越成就，也体现了对人类福祉和文化进步的深切关怀。该观点被用来指导科学研究和教育实践，强调科学研究应服务于人类社会的全面发展和进步（图 2-1）。

图 2-1　"诺贝尔奖解析—医学篇"课程封面

一、诺贝尔本人的科学精神与人文思想

阿尔弗雷德·诺贝尔，这是一个在科学和人文领域都留下深刻印记的名字。他的一生，是对科学精神与人文思想完美统一的不懈追求。诺贝尔奖，作为他精神遗产的延续，不仅表彰了科学成就，也弘扬了人文价值。

课程宣传片

诺贝尔本人就是科学精神的化身。他的发明，如炸药，不仅推动了工业革命，也改变了战争的面貌。炸药的发明，是科学探索和技术创新的结果，体现了对自然界深刻理解和对技术极限不断挑战的科学精神。而诺贝尔对炸药的研究始于对矿工安全的关心。他不断实验，最终发明了更安全、更有效的炸药，这一发明极大地推动了隧道和运河的建设，也为矿业开采带来了革命性的变化。尽管炸药也被人用于战争，但诺贝尔的初衷是服务和平建设，这反映了他科学探索背后的人文关怀。其实，阿尔弗雷德·诺贝尔本人对于炸药的军事应用有着复杂的情感。一方面，他认识到炸药在和平建设中的重要作用，希望通过其发明改善工业和工程效率；另一方面，他也深知炸药在战争中的毁灭性危害。诺贝尔本人对和平有着深切的追求，他曾表示希望炸药能够用于和平目的，而不是战争。但诺贝尔目睹了炸药在战争中的破坏力，他对战争的悲剧和人员伤亡感到痛心。因此，诺贝尔在他的遗嘱中设立了诺贝尔和平奖，部分原因也是为了弥补他因发明炸药而对人类造成的负面影响。炸药的发明是一把双刃剑，其在推动社会发展和科技进步时，也带来了战争和破坏。诺贝尔对炸药的复杂情感反映了科学家在面对其发明可能被用于负面目的时的道德困境和责任感。这也提醒我们，科技发展需要伴随着对伦理和社会责任的深刻思考（图2-2）。

图 2-2　诺贝尔奖精神是科学精神与人文精神的完美统一

诺贝尔的人文思想体现在对和平的追求和对人类福祉的关心上。通过设立诺贝尔奖，鼓励那些为人类带来最大利益的科学发现和文学创作，这是对人类文明进步的深刻理解。其中，诺贝尔和平奖是他对和平理念的具体实践。诺贝尔和平奖表彰那些为促进国家之间的友好关系、解决国际争端、推动和平事业做出杰出贡献的个人和组织，逐渐成为国际和平与安全的重要推动力。诺贝尔和平奖的设立不仅体现了阿尔费雷德·诺贝尔的个人意愿，也体现了全人类的和平愿景，它不断提醒我们，和平是一个需要不断努力和维护的目标，每个人都可以为实现这一目标做出贡献。

二、科学与人文的结合推动了医学的进步

从诺贝尔奖设立之日始，一届又一届诺贝尔奖得主的科学精神和人文情怀构筑了人类巨大的精神宝库，一代又一代人们受到滋养和激励。诺贝尔奖的背后体现了一种真正的科学精神和人文情愫，这是一种坚持探索、追求真理、献身科技、造福人类的精神和情怀。其中，诺贝尔生理学或医学奖是科学与人文结合的典范。其不仅表彰了那些在医学领域做出突破性贡献的科学家，也强调了他们的伟大发现对提高人类健康水平和生活质量的重要性。以下举例加以说明。

青霉素的发现是医学史上的一个重大突破和里程碑事件，开启了抗生素时代，极大地改变了人类治疗细菌感染性疾病的方式。1945 年诺贝尔生理学或医学奖授予了亚历山大·弗莱明、钱恩和弗洛里，以表彰他们在青霉素发现和应用上的重大贡献。这三位科学家的合作使得青霉素从实验室走向了临床应用，挽救了无数人的生命，极大地改善了人类健康和延长了寿命。特别是在第二次世界大战期间，青霉素的使用极大地降低了战争中的感染死亡率。因此，青霉素的发现不仅体现了科学家们对微生物学的深入探索，也彰显了对人类健康的深切关怀，体现了科学进步对人类福祉的巨大贡献。

1962 年诺贝尔生理学或医学奖得主朗西斯·克里克和詹姆斯·沃森共同发现了DNA 的双螺旋结构，与相对论、量子力学一起被誉为 20 世纪最重要的三大科学发现，成为现代分子生物学的基石。他们的工作展示了对生命科学基本原理的深刻理解，同时也为遗传病治疗和生物技术的发展奠定了基础，对人类健康产生了深远影响。

1988 年的诺贝尔生理学或医学奖颁给了特鲁德·埃利恩、乔治·希钦斯以及詹姆斯·布莱克爵士。他们的工作开辟了基于生理生化基础研究结果创制新药的新途径，这种方法论的转变对于后来的药物开发产生了深远影响，特别是在器官移植后抗排斥反应药物的开发上。特鲁德·埃利恩的工作不仅在科学上具有划时代的意义，也在人文关怀上展现了科学家的社会责任。她的研究直接改善了无数患者的生活质量和生命预期，特别是在癌症、疟疾和器官移植等领域。她的成就也激励了后来的科学家，尤其是女性科学家，继续在科学领域追求卓越和创新。

1997 年诺贝尔生理学或医学奖获得者斯坦利·普鲁辛纳发现了朊病毒，这是一种新型的传染性病原体，对神经退行性疾病发病机制的理解产生了重大影响，展示了对未知领域的探索和对传统病毒理论的挑战，同时他的发现对治疗和预防多种神经系

统疾病，如疯牛病等具有重要意义。

再如 2015 年诺贝尔生理学或医学奖的获得者屠呦呦发现了抗疟药青蒿素，这一发现挽救了数百万人的生命，对全球公共卫生事业贡献了中国智慧，她的工作体现了对传统医学的守正创新和对人类共同命运的责任担当。

类似的例子还有很多，这些诺贝尔奖得主的成就不仅推动了医学科学的进步，也体现了对人类健康的深切关怀。他们的工作展示了科学探索的深度和广度，同时也强调了科学研究应服务于人类福祉的初心。

三、诺贝尔奖对科学和人文领域的影响

1. 对科学领域的影响

诺贝尔奖表彰了许多改变科学进程的重大发现，如 DNA 双螺旋结构的发现、青霉素的发现等，这些成就推动了科学的进步。许多科研人员将获得诺贝尔奖视为职业生涯的最高荣誉，因此，诺贝尔奖激励着全球科学家进行创新性研究，追求卓越。诺贝尔奖是一项国际大奖，其国际性质促进了跨国界、跨学科的科研合作，许多获奖成果是国际团队合作的结果。每年诺贝尔奖的颁发和深度解读都会引起公众对科学成就的广泛和高度的关注，这无疑提高了公众对科学的兴趣和理解，提高了民众的科学素养。同时，诺贝尔奖得主的研究领域常能吸引更多的科研资金和资源，从而影响科研资金的分配和科研政策的制定。此外，诺贝尔奖强调科学家的社会责任和伦理，如和平奖对核裁军和环境保护的关注，促进了科学伦理的发展。

2. 对人文领域的影响

诺贝尔文学奖通过表彰不同文化背景下的文学和文化成就，促进了全球文化多样性的保护和推广。诺贝尔文学奖提升了文学作品的价值，使获奖作品和作者得到国际认可，促进了文学的多样性和创新。诺贝尔和平奖表彰了那些为和平、人权、环境保护等领域做出贡献的个人和组织，推动了全球和平与理解。诺贝尔经济学奖则表彰了经济学领域的重大贡献，推动了经济学理论的发展和应用。诺贝尔奖通过表彰那些对人类社会有深远影响的人文成就，强化了人文关怀在社会发展中的重要性。诺贝尔奖得主的故事和成就被广泛用于教育和启发下一代，激励年轻人追求知识和真理。

其实，诺贝尔奖的这些影响不仅体现在科学发现和人文成就的表彰上，更在于其所传递的价值观和精神，即生产知识、促进和平、尊重人文，以及对人类福祉的不懈追求，这些影响持续塑造着全球的科学和文化景观。

诺贝尔奖精神还体现在对科学家社会责任和伦理的强调上。诺贝尔奖的获奖者，不仅要在科学上有所成就，还要展现出对社会的责任感和对伦理的尊重。诺贝尔奖得

主中的一些物理学家，如爱因斯坦和奥本海默，他们的工作与核能的开发密切相关。他们在推动科学进步时，也对核武器的威胁和核能的和平利用表达了深刻的关切，体现了科学家的社会责任和伦理意识。可见，诺贝尔奖精神不仅是对科学成就的认可，更是对科学家社会责任和人文关怀的肯定。这种精神鼓励我们不断追求科学真理，同时也关注科学成果对人类社会的影响，体现了科学与人文的和谐统一。

诺贝尔奖精神是科学精神与人文思想的完美统一。其不仅表彰了科学上的卓越成就，也弘扬了对和平、健康和教育的深切关怀。诺贝尔的一生和诺贝尔奖的历史，是对这一精神的不断追求和实践。在今天，诺贝尔奖精神仍然激励着全世界的科学家和思想家，为人类文明的进步和社会的发展贡献力量。

（王跃春）

第二节　诺贝尔奖之精髓：理论创新

人类对自然界有着与生俱来的好奇心，渴望了解自然现象背后的运作规律，并将这些规律应用于人类的生活和生产中。好奇心是科学创新的内在动力，其激发人们对自然现象和未知领域的探索欲望，促使人们迈出科学创新的第一步。科学创新是好奇心的实践延伸，是将对世界的好奇转化为具体理论和技术的过程，并进一步激发人类不断探究自然奥秘。科学创新的形式可分为两种类型：①理论创新，着重对自然界的运行规律及自然现象背后的本质提出理论解释；②技术创新，着重于技术上的发明和改进，让技术成为人类认识和改造自然界的重要工具。

理论创新指人类不断通过提出新理论阐释自然的奥秘，或者对现有的理论进行补充和完善以解释新的自然现象。开创性和奠基性的理论创新成为推动人类各个研究领域发展的关键力量，引领人类不断认识世界。诺贝尔奖中不乏理论创新成果，这些理论创新常具有划时代的突破性和广泛的实用性，对人类科学发展做出了杰出贡献。诺贝尔奖设立的初衷旨在表彰在科学领域做出卓越贡献的个人或组织，其根本是为了促进人类对自然界的探索，满足人类对世界的好奇心。诺贝尔奖为科学家的创新贡献提供财富和荣誉，极大地激发了科学家们的研究热情，同时诺贝尔奖作为公认的科学领域最重要的研究成果，获奖者的创新理论也因此受到广泛关注和认可，加速其在社会实践中的转化应用，以更好更快地造福于人类。

例如DNA双螺旋结构模型的提出，颠覆了此前人们对遗传物质结构的认知，揭示了遗传信息传递规律的理论——中心法则，为分子生物学的发展做出了开创性贡献，这些理论创新无疑为人类认识生命的奥秘提供了重要线索。中心法则指出，遗传信息从 DNA 传递至 RNA，再由 RNA 传给蛋白质，包含复制、转录和翻译三个过程。复制是遗传信息从 DNA 流向 DNA，一条 DNA 链复制成两条，用于细胞分裂，确保每个子代细胞都获得完整的遗传信息。转录是遗传信息从 DNA 流向 RNA 的过程，以 DNA 的一条链作为模板，RNA 聚合酶合成出携带着 DNA 基因信息的 mRNA，随后 mRNA 离开细胞核进入细胞质。翻译指遗传信息从 RNA 流向蛋白质的过程。在细胞质中，核糖体通过转运 RNA 的协助，以 mRNA 作为模板，将氨基酸按照特定的顺序连接成多肽链，最终形成具有特定生命功能的蛋白质。中心法则理论提出对后续遗传学研究产生了深远的影响，是生命科学最重要、最基本的规律之一。该理论创新为理解基因如何控制生物体的结构和功能提供了基础，极大地推动了现代生物学的发展和进步，也是诺贝尔奖中理论创新的经典案例（图 2-3）。

图 2-3　生命活动的中心法则

DNA　　　　　　　转录　　　　　　RNA　　　　　　翻译　　　　　　蛋白质

　　自从中心法则提出以来，人们对 RNA 功能的研究持续深入，不断挖掘 RNA 的新功能，对中心法则的理论进行完善和补充。其中关于 RNA 的不同于经典的基因转录功能，即在调节其他基因表达的新功能方面获得了重大突破，由此产生了两次诺贝尔奖：一次是 2006 年 10 月，两位美国科学家安德鲁·法尔和克雷格·梅洛，由于在 RNA 干扰（RNAi）现象的重大发现，获得了诺贝尔生理学或医学奖。另一次是在 2024 年 10 月，诺贝尔生理学或医学奖授予美国马萨诸塞大学医学院的维克多·安布罗斯和美国哈佛医学院的加里·鲁夫昆，以表彰他们发现了 microRNA（miRNA）及其在转录后基因调控中的作用。RNAi 和 miRNA 的两个新发现揭示了控制遗传信息流动的关键机制，扩展了人们对小分子 RNA 功能的新认识，开创调控细胞基因表达的新模式，帮助科学家开发出治疗疾病的新疗法。从这个案例可看出，理论创新的过程不是一蹴而就，而是通过理论研究的不断深入，对原有的理论进行补充，拓展人们对认识自然的深度，不断地接近终极真理。最初的中心法则不仅为分子生物学奠基，催生了基因工程等革命性技术，后续的 RNA 干扰与 miRNA 调控机制的发现两度斩获诺奖，印证了理论体系的持续发展，在自我修正中不断接近真理。正如克里克所言："中心法则不是教条，而是等待突破的起点。"

另一个诺贝尔奖中的理论创新案例是条件反射理论（图 2-4）。诺贝尔奖获得者俄罗斯生理学家伊万·彼德罗维奇·巴甫洛夫的条件反射理论突破了当时行为学派单纯的刺激 - 反应模式，提出了重复性的条件反射，可以使动物的某种行为得到强化并逐步形成习惯的理论。他发现通过反复训练，可以建立起一种非自然的，但又稳定持久的刺激 - 反应联系，即条件反射。该理论的核心观点是，一个原本不会引起特定反应的刺激（称为无关刺激），通过与一个能引起特定反应的刺激（称为无条件刺激）反复结合，最终可以使这个原本无关的刺激也能引起相同反应，这个过程被称为条件反射。以条件反射理论的著名实验为例，多次在喂食前摇铃铛，使原本不会引起狗唾液分泌的铃声，最终成为引起狗唾液分泌的条件刺激。巴甫洛夫的条件反射理论是一种解释生物体如何通过学习和经验建立新反应模式的行为学理论，对于我们理解动物和人类的学习与记忆过程具有重要意义。条件反射理论不仅对动物行为学研究产生了重要影响，也为心理学、行为矫正学等领域的发展奠定了坚实的理论支撑。比如将条件反射理论用于治疗焦虑症、强迫症等心理疾病，通过有计划的刺激 - 反应训练帮助患者建立健康的行为习惯，矫正其原有不良行为。

Ⅰ 狗见到食物后唾液分泌增加（流口水）

Ⅱ 狗对铃声的刺激不出现流口水的反应

Ⅲ 把铃声刺激和食物刺激进行多次结合

Ⅳ 条件反射：经过多次训练后，狗对单独的铃声刺激产生流口水的反应

图 2-4　巴甫洛夫条件反射理论的经典实验

自从巴甫洛夫开创了经典条件反射理论后，该理论便获得广泛关注，更多的人投身到该领域研究。很快一个创新的条件反射理论出现了，这就是行为主义学派的代表人物斯金纳提出的操作性条件反射理论，操作性条件反射是在基本反应的基础上施于

强化刺激，从而使这些反应出现更快或者基本不出现。斯金纳设计一种动物实验仪器，即著名的斯金纳箱，采用该装置来研究操作性条件反射作用。在斯金纳箱内放进一只白鼠，并设置一个杠杆按键，这个杠杆按键可控制食物掉落到箱子内。白鼠在箱内可自由活动，同时排除一切箱子外的刺激对白鼠活动的干扰，只要当白鼠用前爪按压杠杆时，就会有一团食物掉进箱子下方的盘中，白鼠就能吃到食物，经过多次尝试后，白鼠会自发的重复压杠杆的行为。斯金纳的实验与巴甫洛夫实验的不同在于：斯金纳箱中的被测试动物的反应不是由已知的某种刺激物引起，操作性行为（按压杠杆）是获得强化刺激（食物）的手段。斯金纳由此提出要区分"引发反应"与"自发反应"，并根据这两种反应提出了两种行为模式：应答性行为和操作性行为。

应答性行为指由特定的、可观察的刺激所引起的行为，如在巴甫洛夫实验里，狗看见食物就流唾液，食物是引起流唾液反应的明确刺激。而操作性行为指在没有任何特定外部刺激情境下的机体产生的行为反应，其似乎是自发的。例如白鼠在斯金纳箱中的按压杠杆行为就找不到明显的外部刺激物，一旦该行为偶然引起了后续掉落的食物刺激，掉落的食物刺激反过来会促使白鼠按压杠杆，这种行为后果对该自发行为有着强化作用，使白鼠按压杠杆的行为次数不断增加，不断重复最初偶然按压杠杆的自发行为。因此，应答性行为比较被动，由刺激所控制，而操作性行为代表着有机体对环境的主动适应，由行为的结果所控制。人类的大多数行为都是操作性行为，如个人爱好、写字、读书、旅游、运动、玩游戏等。斯金纳的操作性条件反射是对巴甫洛夫提出经条件反射理论的补充，因此，巴甫洛夫提出的条件反射又称为经典条件反射理论。两种条件反射理论共同构建行为学理论基础，印证了理论创新的叠加效应，新理论并非推翻旧的理论体系，而是在原有框架上构建更全面而完善的知识体系。可见，理论创新本身也处在不断的完善和深入发展中，呈现为螺旋式上升。

理论创新与技术创新有很大的不同，前者通常需要跳出既有理论的条条框框，构建全新的、颠覆性的理论体系，其产生过程常是基于对自然界的深刻的洞察和长期的深入思考。技术创新则侧重于新技术和设备的发明，是人类为了认识自然奥秘而不断寻找新的革命性工具。理论创新和技术创新是科学发展的两个重要方向，各有自己研究的焦点，在科学探索中，两者常是密不可分的，相互促进的关系，理论创新为技术创新提供理论指导，技术创新为理论创新提供必要的物质准备。常言说："工欲善其事必先利其器。"所谓事，可以理解为科学中要解决的关键问题，而器则是指解决该问题所必需的工具和技术。

1906年，意大利生理学家卡米洛·高尔基和西班牙组织学家圣地亚哥·拉蒙·卡哈尔获得了诺贝尔生理学或医学奖，这个奖项就是理论创新和技术创新完美结合并最终取得巨大成果的案例，这也是神经科学史上的第一个诺贝尔奖项。两位科学家首次确立了神经系统的微观结构，而在这之前人们对神经细胞的结构一直搞不清楚，因为使用传统的苏木精-伊红染色技术看不清楚神经细胞的完整形态和结构。直到高尔基在 1884 ~ 1887 年间创立了新的细胞染色技术，即铬酸盐-硝酸银染色法，第一次完整地展现了大脑神经细胞的形态和神经细胞之间连接所形成的复杂网状结构，于是他提出了大脑结构和功能的"网状理论"。该理论认为大脑类似于循环系统，神经细胞相互连通形成网状结构行使大脑的功能，这种观点在当时得到了广泛认可。

与高尔基同时代的卡哈尔并不认同这个主流观点，他也采用高尔基开创的银染法观察神经元的结构，却针锋相对地提出了新的"神经元理论"（图 2-5）。该理论认为神经元是大脑结构和功能的基本单位，神经细胞之间并没有直接融合连通，而是通过一种特殊的结构（后来被命名为突触）传递信号，该理论奠定了现代神经科学的细胞学基础。尽管两人在理论上存在分歧，但他们的染色技术和理论假说相辅相成，因为没有技术创新——高尔基发明的染色法，便不会有卡哈尔的理论创新——神经元理论。神经元理论提出后，也促进了人们进一步采用更先进的技术去研究神经元的结构，明确哪种理论才是正确的，符合实际的情况。随着更为先进的电子显微镜技术的发明，这比传统光学显微镜有更强的分辨能力，能够看清楚更细微的细胞结构，人们终于能够看到神经元和神经元之间的结构，它们之间并没有相互联通，而是存在着间隙。这个间隙的距离非

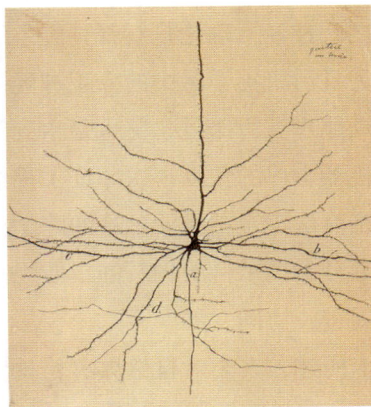

图 2-5 1904 年卡哈尔绘制的大脑皮质的锥体神经元
[图片来源：Cajal Institute（CSIC），Madrid]

常小，只有 10 ~ 20 nm 宽，相当于头发丝直径的万分之一。由于间隙极其微小，因此在普通光学显微镜下看起来神经元似乎是连接在一起的。这个案例说明理论创新和技术创新常是密不可分的，在科学发现的过程中，两者是相辅相成，协同发展的关系。

2024 年 10 月，瑞典皇家科学院宣布诺贝尔物理学奖授予约翰·霍普菲尔德与杰弗里·辛顿，表彰他们在使用"人工神经网络"进行机器学习的基础性发现。这次物理学奖之所以颁给了人工智能领域的"人工神经网络"，是因为人工智能之所以在近十几年取得突飞猛进的进展，主要归功于机器采用了人工神经网络进行学习的策略，

而人工神经网络正是借鉴了人脑的学习和认知的基本原理和机制。人脑是通过庞大而复杂的神经网络进行学习和认知，这也是人脑具有高度智慧的物质基础。从某种意义上来说，两位诺贝尔物理学奖得主约翰·霍普菲尔德与杰弗里·辛顿使用物理学训练人工神经网络，开发出当前机器学习的基础方法，也是模拟了人脑的神经元理论。目前基于人工神经网络的机器学习正在彻底改变人类的科学、工程技术、教育、工作和日常生活。这个创新的机器学习理论的来源终究还是建立在人脑学习的神经元理论基础之上，此次物理学诺贝尔奖也是对前人研究的神经元理论的致敬。神经元理论清楚地表明了神经元之间的信息传递过程，神经元之间通过突触间隙中释放神经递质来传递信息，把上一个神经元上的电信号转化为神经元之间的化学信号，化学信号通过突触间隙传递到下一个神经元后，再次转化为神经电信号，这样就完成了神经元与神经元之间的信息传递。由此，两个的神经元之间通过神经元末梢的突触，进行化学信息传递，实现将所有的神经元信息传递连接在一起，形成了一个无比庞大而复杂的神经网络，最终可以完成对外界复杂信息的加工处理，产生智慧。

总之，神经元理论是解释神经系统工作原理，特别是大脑学习和认知活动的理论基础，为日后机器学习中的人工神经网络策略提供了坚实的基础。人工神经网络借鉴神经活动原理获得诺贝尔奖也是水到渠成，所不同的是人工智能是采用了一个新的角度，从机器学习的角度再次印证了神经系统工作的底层原理——神经元理论，机器的神经网络算法正是神经元理论的跨学科重生。这场"技术突破→理论革命→技术验证"的螺旋上升，揭示科研创新的本质规律，说明理论和技术创新有时是密不可分的，两者互相促进，协同发展。

综上所述，人类对自然界有着与生俱来的好奇心，这种本能驱动着我们对自然规律的探索。科学创新正是将好奇心转化为实践的过程，其形式可分为理论创新与技术创新：前者揭示自然本质，后者革新实践工具。理论创新是科学发现自然规律和本质的必然之路，在诺贝尔奖中占有重要的地位，不断地推陈出新，呈现出螺旋式上升的发展轨迹。同时理论创新与技术创新紧密结合，相辅相成，共同推动科学的不断取得重大进步和长足发展，满足人类对世界的好奇心并推动人类认识和改造世界。正如马克思所说："任何一个客观规律一经被认识和利用，就是实现了一个从必然王国进入自由王国的飞跃。"诺贝尔奖百年历程证明，理论和技术创新既是科学探索的终点，又是认知革命的起点。两者如鸟之双翼，共同承载人类认知的飞跃。在当今以人工智能、新材料、量子计算机、可控核聚变、清洁能源以及生物技术等新技术革命时代，这种创新精神将继续照亮人类的探索之路。

参考文献

［1］尼克尔斯（John G. Nicholls）. 神经生物学：从神经元到脑 [M]. 杨雄里，译. 北京：科学出版社，2015:6.

［2］周春燕，药立波. 生物化学与分子生物学 [M]. 北京：人民卫生出版社，2018:9.

［3］王庭槐. 生理学 [M]. 北京：人民卫生出版社，2018: 9.

［4］GOLGI C. Sulla struttura della sostanza grigia dell cervello, Gazz[J]. Med Lombarda, 1873(33): 224–246.

［5］GOLGI C. Sulle alterazioni degli organi centrali nervosi in un caso di corea gesticolatoria associata ad alienazione mentale[J]. Riv Clin, 1874(4):361–377.

［6］WATSON JD, CRICK FH, Molecular structure of nucleic acids; a structure for deoxyribose nucleic acid[J]. Nature, 1953 (171): 737–738.

（肖　飞）

第三节　诺贝尔奖之精髓：技术创新

诺贝尔奖作为世界上最具影响力的奖项，代表着人类最高智慧的光芒。在诺贝尔生理学或医学奖的奖章上用拉丁文刻着"新的发现使生命更美好"，表明了该奖项的主旨含义。回溯历年的获奖内容，可以看出，"新的发现"代表着理论或技术的突破创新。

如前所述，一般情况下，新的技术和理论常相伴而行，相互促进提升发展。新的技术会带来新的尝试和新的问题，基于新的问题和发现可能产生新的理论，而新的理论又会提供新的技术靶标，成为新技术发展的源动力。新的理论发现可能不会在短时间内产生临床医学效应，但可能长久持续地影响某一领域的技术发展。新的重大技术革新，常能快速地产生颠覆性的临床医学效应，为患者带来福音。下文重点回溯诺贝尔生理学或医学奖历史中的重大技术创新。

在 21 世纪之前，诺贝尔生理学或医学奖中技术创新多是基于朴素直观的临床医学需求而开发的技术。而 21 世纪之后，随着分子生物学理论和相关技术的快速发展，诺奖多是基于相关理论而发展出的技术创新。下面我们以实例进行剖析。

1901 年诺贝尔生理学或医学奖颁发给了德国医学家埃米尔·冯·贝林（图 2-6），

因为他发现了抗毒素血清对治疗白喉和破伤风的治疗效果。1890年贝林及北里柴三郎合作研究将被白喉毒素免疫的动物血清（抗血清）注射到相应疾病的患者身上，发现具有显著的治疗效果，而且，未痊愈患者的血清也可用来医治患者。这是一种被动免疫疗法，之后成为传染病治疗的一项重要手段，应用于多种疾病。彼时，研究人员并不知道这种疗法的理论原理，后续基于这一技术的研究发现促进了免疫学相关理论的发展。

1890年法国总统遭刺伤，门静脉被划破，而当时医疗技术不具备血管缝合的能力，最终总统失血过多死亡。在里昂医学院学习的亚历克西·卡

图 2-6　埃米尔·阿道夫·冯·贝林肖像

雷尔目睹了治疗过程。在当时，面对这种血管破裂，压迫止血常造成组织缺血坏死，而直接缝合血管易导致吻合口崩裂而大出血，外科医生对这种情况常束手无策。基于此临床难题，卡雷尔决心开发血管吻合术。之后，他利用动物尸体反复练习，探索出一套被称为"三线法"的技术，既可有效地闭合血管创伤，又能避免形成血栓和血管缩窄。100多年后的今天，在器官移植手术中卡雷尔的方法仍被广泛使用。由于这一技术的巨大临床影响，卡雷尔实至名归地获得了1912年的诺贝尔生理学或医学奖。

20世纪初，欧洲梅毒病毒泛滥，感染神经系统后可导致麻痹性痴呆。朱利叶斯·瓦格纳·尧雷格医生通过细心观察发现麻痹性痴呆患者在染上伤寒痊愈后，麻痹性痴呆症状竟然也随之消失了。伤寒患者会经历反复高热的症状，因此尧雷格猜测是高热治愈了麻痹性痴呆。于是他用可引发高热的疟疾感染麻痹性痴呆患者，进行尝试治疗，尽管疟疾接种疗法的原理在当时是未知之迷，但无可置疑的疗效引起了诺贝尔委员会的高度关注并快速得到了公众的认可！1927年，诺贝尔委员会毫不犹豫地将诺贝尔生理学或医学奖授予了尧雷格。

20世纪20年代，贫血是当时临床高发，但医生却无计可施的疾病。乔治·惠普尔认为贫血很可能是营养不良导致的，于是他建立了一群实验犬的贫血模型，给它们饲喂各种食物以补充营养，并观察有无疗效。这种方法犹如大海捞针，幸运的是，惠普尔的猜想方向是正确的，他很快发现猪肝具有显著的疗效。进一步研究发现，猪、牛、羊的肝脏都能改善实验犬的贫血状况。受到惠普尔实验的启发，哈佛大学的两位教授乔治·迈诺特和威廉·墨菲随后在恶性贫血患者身上开展了试验，并很快地证实了惠普尔的发现。迈诺特和墨菲进一步精确地计算出了每日需要服用的肝脏剂量，患者

只要依据剂量摄入，便能有效改善病情甚至治愈，这就是贫血的"肝脏疗法"。这项技术革新解决了当时的临床医学难题，改善了众多贫血患者的生活质量，因此，1934年的诺贝尔生理学或医学奖授予了惠普尔及哈佛的迈诺特和墨菲两位教授。其实，早在 600 多年前中国典籍就有记载太医刘纯采用猪肝和牛肝治疗贫血，比惠普尔的发现早了 500 多年。

1900 年，现代"遗传学之父"托马斯·亨特·摩尔根在对果蝇开展遗传学实验时发现有些现象不符合孟德尔的精典遗传学说。经过一系列实验，摩尔根最终建立了遗传学的第三定律并获得了 1933 年的诺贝尔生理学或医学奖（图 2-7）。在此过程中，摩尔根的学生赫尔曼·约瑟夫·穆勒认为摩尔根剽窃了他的设想，于是两人之间出现了嫌隙。穆勒为了证明自己，决定独立开发人工诱发果蝇产生突变的方法。1914 年，穆勒用 X 射线照射果蝇，发现辐射不但能够诱发突变，而且突变增加的程度与辐射剂量成正比。这一实验成果，证明人工干预也可诱导基因突变，将遗传学的研究效率向前推进了一大步，在生物学和遗传学研究上有着非同寻常的重大意义，开创了新的科学分支。基于此技术的影响，1946 年，诺贝尔委员会将诺贝尔生理学或医学奖授予了穆勒。更可贵的是，穆勒在研究过程中深深认识到，人类的某些不负责任的活动可导致人类的基因突变，从而给人类带来灾难。为此，他到处呼吁保护人类免受辐射的污染，反对不负责任地使用核燃料和开展核武器实验。1955 年，作为反对辐射危害的先行者，穆勒参与签署了《罗素—爱因斯坦宣言》，提出应该禁止核武活动，直接推动了国际社会控制核武活动的一系列相关工作的开展。创新技术能够帮助人类进步，但不当的使用也可危害社会。希望创新的技术永远掌握在像穆勒一样的文明人手中。

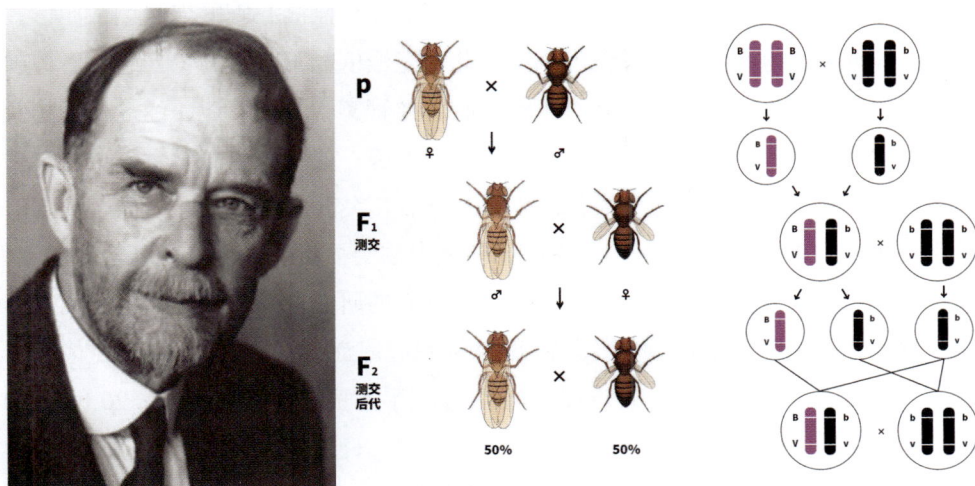

图 2-7　摩尔根实验用的果蝇和其染色体的连锁与互换示意

不当的认识和技术使用可能会带来巨大的伤痛。1949 年，诺贝尔生理学或医学奖颁发给了一名葡萄牙医师安东尼奥·埃加斯·莫尼兹，因为他发明的"前脑叶白质切除术"，解决了精神病患者的疑难杂症。这可能是诺奖历史上最大的"污点"。彼时，精神病被认为是无法医治的重症。莫尼兹设计出一种被其称为"脑白质切断器"的器械，用来损毁患者前脑叶与其他脑区之间联系的神经纤维。该器械可在大脑前额叶区域吸走或者旋动切除部分脑组织，从而达到切断大脑神经连接的效果。由于该手术不需要打开颅骨，莫尼兹根本看不到具体切除位置，只能凭借经验感觉操作。这是一种风险很大的手术，莫尼兹却侥幸地完成了，而且并没有明显的并发症，术后性情急躁的患者性格变得温顺起来。莫尼兹大受鼓舞，接二连三给 20 例患者做了这种手术，患者全都幸存了下来，也没有表现出很严重的后遗症。随后该手术风靡当时的精神病院，仅美国就做了 4 万～5 万例。日本许多小孩儿甚至因为比较活泼被愚昧无知的父母给送去做了这种手术，这让莫尼兹获得了更多威望，在 1949 年赢得了诺贝尔生理学或医学奖。可是，莫尼兹获奖仅不到一年，评价立即从"天堂"跌到了"地狱"，全世界对他的发明的批判声淹没了赞许声。20 世纪 50 年代后，大批学者认为"前脑叶白质切除术"的安全性不具备充足的科学依据。因此，苏联在 1950 年最先宣布全面禁止"前脑叶白质切除术"，之后到 20 世纪 70 年代，全球绝大多数国家和地区都陆续禁止了该手术。

在 20 世纪 30 年代之前，心脏病患者生存率非常低下。因为当时的医学界对心脏持高度敬畏的态度，几乎无人敢做心脏手术。即使有个别医生敢做，但为了保证手术的成功，他们希望提前"看到"心脏，以便准确知道心脏什么位置出了状况，这在当时是无法做到的。活人的心脏隐藏在黑暗中，有限的几种监测心脏的方法包括叩诊、听诊、X 线检查和心电图，都不够精准，诊断几乎完全依赖于医生的个人经验。德国外科医生沃纳·福斯曼在求学期间就对于动物心脏导管实验非常着迷，经过在动物身上的反复实验后他冒天下之大不韪用自己的身体做实验，建立了心脏导管插入术，首次让"光"照进心脏（图 2-8）。不幸的是，由于第二次世界大战爆发，福斯曼被迫中断了他的研究。1941 年，美国医学家库南德和理查兹受福斯曼的心脏导管术的启发，他们改进后开展了血流动力学及循环呼吸生理学方面的研究，并将获得的主要成果公之于众。从此，福斯曼的心脏导管术才在医学界引起广泛重视。至 1945 年，他们已积累了 1200 次心脏导管术方面的经验，为心脏介入手术奠定了坚实基础。20 世纪 50 年代后，福斯曼的心脏导管术在临床上应用更为广泛，日趋成熟，可测定心内和血管各部分的压力及血液含氧量，对进行直接心血管造影术以及研究心、肝、肾的代谢功能，均有重要的临床价值。因此，福斯曼和库南德、理查兹于 1956 年共同被授予了诺贝尔生理学或医学奖。

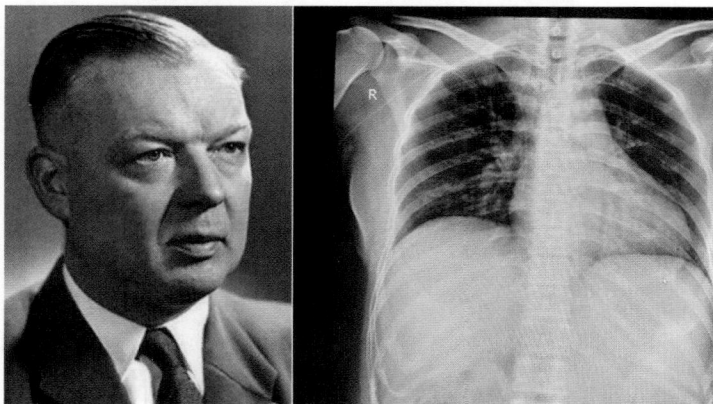

图 2-8 福斯曼与心脏导管术

在 20 世纪 50 年代，研究人员发现在多数 II 型糖尿病患者中，胰岛中分泌胰岛素的 β 细胞功能是正常的，血糖升高的原因难以解释。而且，当时检测血液胰岛素水平的技术手段匮乏，严重阻碍了相关研究的开展。罗莎琳·萨斯曼·耶洛和伯森将碘 131 标记的胰岛素注射入糖尿病和非糖尿病患者体内，在数小时后收集他们的血液样本，测量放射性强度。意外的是，糖尿病患者血液中放射性胰岛素存在时间比非糖尿病患者组更长。他们还发现，在从未接受过胰岛素治疗的糖尿病患者中，放射性胰岛素减少速率与对照组相同。所以，II 型糖尿病的致病原因并不是患者体内胰岛素含量过低导致的。在进一步生物化学分析之后，他们发现接受胰岛素治疗的患者体内，碘 131 标记的胰岛素并非游离态，而是与 γ - 球蛋白相结合的状态。罗莎琳和伯森敏锐地意识到，这极有可能是一种抗体。与抗体的结合延长了胰岛素在患者体内血液中的半衰期，也阻碍了胰岛素对血糖的调控。罗莎琳和伯森揭示了 II 型糖尿病的真正病因——胰岛素抵抗，而非胰岛素不足。随后，他们继续致力于研发测量胰岛素含量的精准、便捷方法。经过大量实验和复杂计算，他们得出了胰岛素与抗体结合反应的平衡常数和结合亲和力。1960 年，罗莎琳和伯森发表了里程碑级的实验成果：胰岛素的放射免疫分析法（radioimmunoassay，RIA），该方法后续在医学领域被广泛应用，不仅可测量胰岛素水平，RIA 还能快速准确地测量激素、酶、维生素、病毒、药物和数百种其他物质的浓度，大大提升了多种疾病的检测、诊断和治疗能力。罗莎淋也因 RIA 在内分泌领域的应用斩获 1977 年的诺贝尔生理学或医学奖，RIA 作为 20 世纪最重要的临床基础研究工具之一，其潜在的应用领域非常广泛，商业利润也异常丰厚。但罗莎琳和伯森始终不为经济收益所动，坚持不申请专利，而是致力于在医学领域的推广和应用。世界各地的科学家来到他们的实验室接受培训，临走时还会获赠一瓶珍贵的自制抗体。

使用器官移植的方法治疗病患是自古以来一直存在的医学诉求，大量的历史典籍对此有记载描述。例如，中国古籍描述了扁鹊的换心术，印度古籍记载了用患者自身皮肤重建鼻子，欧洲有牙齿移植的实践尝试。由于旧世界时期相关技术匮乏，尽管尝试不断，却鲜有成功的案例。基于前文中介绍的卡雷尔和许多外科医生前赴后继地技术革新，器官移植的技术框架在21世纪前基本建立了起来。但研究者们发现，即使手术成功，异体器官移植时也会发生排斥反应，被移植的器官会受到宿主的严重影响。为了解开谜团，外科精英们不断尝试。初期的研究主要集中于肾移植研究，1952年法国的库思和杜布斯特医生从被处决的罪犯体内摘取肾脏用于移植手术，手术取得了技术性成功，但随后发生了免疫排斥，患者不幸死亡。同年，休姆和同事在美国的波士顿医院开展了9例肾移植手术，均发生了免疫排斥现象，但他们从中汲取了大量宝贵经验。1954年，休姆的同事约瑟夫·默里对两名同卵双胞胎兄弟开展了肾脏移植术。这次手术取得了前所未有的成功，手术顺利完成，移植的肾脏功能完好，没有发生排斥反应。这是人类历史上首例成功的肾移植手术，证明了如果没有免疫排斥，器官移植术可以取得宏大的成就。这台载入史册的手术也令默里医生获得1990年诺贝尔生理学或医学奖。在成功开展肾脏移植后，各类器官移植技术百花齐放。1963年开展了第一例肝移植和第一例肺移植，1966年开展了第一例胰腺移植，1967年第一例心脏移植，1987年开展了第一例肠道移植。在众多医生精湛的医术支撑下，发展出了一个全新的临床学科。器官移植从一种实验性手术逐步发展为一种临床服务，为各类患者带来了新生。当代的器官移植领域仍在不断产生新的突破，例如通过离体维持系统延长器官保存时间，通过对动物的基因编辑提供无免疫排斥的异种器官供体，通过生物工程技术制造人工器官等。

据统计，大约10%的夫妇因为生殖系统疾病无法自然受孕。这无疑给全世界千万个家庭带来了巨大痛苦和遗憾。在20世纪70年代之前，受限于技术和伦理问题，临床上对不孕不育症几乎是没有治疗办法的。20世纪50年代，罗伯特·爱德华兹在英国爱丁堡大学攻读博士学位期间就开始了生殖医学领域的研究。他和外科医生帕特里克·斯特普托希望运用体外受精的方法解决不孕不育症。在此之前，已经有科学家发现，兔子的卵细胞能够在试管内完成受精。爱德华兹希望把这一实验应用于人类，他将实验素材与手术切除的卵巢组织混合起来培养，最终在玻璃试管里形成了人类的受精卵。起初，这些受精卵并没有像在子宫内那样不断分裂、生长，而是始终保持着单细胞的样子。在经过无数次的技术方案调整后，终于在1968年，两位科学家第一次在体外培养出了人类胚胎。但是，在随后的胚胎移植实验中，一直未能实现患者的成功受孕。经过细致的分析和排查，他们修正了手术方案，1978 年 7 月，在经历了 20 年的坎坷之后，53 岁的爱德华兹和 65 岁的斯特普托缔造出了第一例试管婴儿布朗的诞生。在找到爱德华兹之前，布朗的父母尝试了 9 年都没能怀孕成功。成功的同时，非议也同样扑面而来。除了宗教人士外，不少科学家也惶恐不安。有人批评爱德华兹，在临床应用之前，应该先在黑猩猩等高等动物上进行实验验证；还有人担心，一旦爱德华兹的试验出现任何问题，所有在人体上进行的创新性研究可能会一起受到教会的限制与批评。30 多年的艰苦研究早已让爱德华兹对这些非议淡然，在 2008 年接受的一次采访中他说，"没有什么比小孩更特别了，生命中最重要的事情是孕育新生命"。进入 21 世纪之后，爱德华兹建立的辅助生殖技术被广泛推广，超过 400 万个生命因为这一技术而诞生，鉴于爱德华兹和斯特托普杰出贡献，2013 年诺贝尔生理学或医学奖无可争议的颁发给了爱德华兹，斯特托普因过世遗憾地未能领奖，但相信世人会永远铭记他的贡献！

　　胚胎干细胞是着床前胚胎中存在的一类具有能够分化为机体所有细胞类型能力的细胞。传统理论认为，随着发育进程的推进，机体中的细胞几乎都处于终末分化的状态，不能再逆转回干细胞的状态。但是英国科学家约翰·戈登认为，卵细胞具有起始生命的能力，可能也可将终末分化的组织细胞逆转回干细胞状态。于是，他使用了一种被称作体细胞克隆的技术（先将卵细胞的细胞核在显微镜下移除，然后再将另外的组织细胞注射到卵细胞中）在蛙上面证明了，在一定条件下终末分化的细胞可以重返干细胞状态。尽管体细胞克隆技术在操作上具有比较强的局限性，但这首次向世人证明了终末分化的细胞是可以被逆转回胚胎干细胞状态的。1981 年，小鼠的胚胎干细胞被成功分离并在体外实现长期培养（2007 年获得诺奖）。2006 年，日本科学家山中伸弥在借鉴小鼠胚胎干细胞分离培养工作的基础上，尝试通过转基因的方法逆转小鼠的皮肤回干细胞状态，在 24 个可能参与干细胞特征维持的转录因子中，通过不同组合测试，筛选出了 4 个可以使终末分化的细胞返回干细胞状态的方法（细胞重编程技术），这项技术一经问世，就被迅速推广开，为药物筛选和临床细胞移植治疗提供了更优的选择（详见第四章第三节）。6 年后山中伸弥与戈登一起获得了诺贝尔生理学或医学奖，以表彰他们在细胞重编程领域的技术革新。这一技术的应用能够有效降低免疫排斥风险，为再生医学和临床试验提供新路径，并规避了使用胚胎引发的伦理道德问题。

　　2019 年暴发的新型冠状病毒肆虐全球，对公众健康造成了沉重打击。面对突如其来的疫情，各个国家都未能快速地找到解决的办法。传统疫苗制备周期长，有效性低，副作用大，而新型冠状病毒变异快，疫苗生产难以跟上疫情变化的速度。在与疫情斗争的过程中，一类新型的 mRNA 疫苗发挥了巨大作用。这种疫苗递送的 mRNA 能指导细胞制造新型冠状病毒刺突蛋白，从而引发人体的免疫反应，达到疫苗接种的效果。而且 mRNA 序列合成快速，生产高效，可根据病毒变种随时进行修订。但过去几十年的时间里，mRNA 疫苗被认为是不可行的，合格疫苗需满足两个基本条件：首先是安全性，由于疫苗通常用于大规模人群接种免疫，即使极低的风险也需要格外重视；其次是有效性，只有达到一定保护率才能真正遏制疾病的扩散。而初始阶段的 mRNA 疫苗在这两方面的表现都不够理想。将 mRNA 直接注射到实验动物体内可引发强烈的非特异性免疫反应，严重的可导致死亡；而且，mRNA 稳定性比较差，因此在体内表达效率不高（无法产生足量病原蛋白质），无法真正激活免疫系统建立抗病毒的能力。因此科学界和制药界对 mRNA 应用前景并不看好，许多研究者在经过尝试后选择了放弃。而卡塔琳·卡里科和德鲁·魏斯曼坚定地认为 mRNA 可以成为更优质的疫苗，经过不断的探索，他们在 2005 年发现，将 mRNA 中一种称为尿苷的分子替换成类似的分子假尿苷，能消除 mRNA 本身的免疫原性，为 mRNA 的临床应用扫除了最大障碍。然而，在未遭遇重大病毒疫情时，其重要性并未显现出来。新冠疫情的暴发，让 mRNA 疫苗走入了公众的视野。作为被寄予厚望、结束新型冠状病毒感染大流行的关键工具，《纽约时报》2020 年 4 月发表长文介绍了 mRNA 疫苗。随后卡里科和魏斯曼创立的公司生产的针对新型冠状病毒的 mRNA 疫苗在阻击疫情过程中发挥了至关重要的作用。卡里科最终与魏斯曼因为合作解决了 mRNA 疫苗应用过程中的关键技术问题，最终获得了 2023 年的诺贝尔生理学或医学奖。

以上是基于临床或生物学基础研究的技术成果获奖的范例，除此之外，还有一部分是基于基础物理学研究衍生出的医学诊断技术，如心电图装置、CT、MRI。虽然这些技术似乎在医学领域使用过程中的创新性并不是非常强，但是对医学进步的推动作用却是不可取代的，真真切切地实现了诺贝尔生理学或医学奖让人类生命更美好的主旨。

参考文献

［1］RAO K. Nobel prize for scientist Professor Robert G Edwards[J]. J Hum Reprod Sci, 2010, 3(3):120.

［2］JOHNSON MH, Robert Edwards.the path to IVF[J]. Reprod Biomed Online, 2011, 23(2):245-262.

［3］DOLGIN E, LEDFORD H.mRNA COVID vaccines saved lives and won a Nobel -

what's next for the technology?[J]. Nature, 2023.

[4] OCHI M.Shinya Yamanaka's 2012 Nobel Prize and the radical change in orthopedic strategy thanks to his discovery of iPS cells[J]. Acta Orthop, 2013, 84(1):1-3.

[5] KAUFMANN SH. Remembering emil von behring: from tetanus treatment to antibody cooperation with Phagocytes[J]. mBio, 2017, 8(1): e00117-17.

[6] ORTIZ-HIDALGO C. George H. Whipple. Nobel Prize in Physiology or Medicine in 1934. Whipple's disease, pernicious anemia, and other contributions to medicine[J]. Gac Med Mex, 2002, 138(4):371-376.

[7] GARTLEHNER G, STEPPER K.Julius Wagner-Jauregg: pyrotherapy, simultanmethode, and 'racial hygiene'[J]. J R Soc Med, 2012, 105(8):357-359.

[8] VERNON G. Alexis Carrel. 'Father of transplant surgery' and supporter of eugenics[J]. Br J Gen Pract, 2019, 69(684):352.

（郭祥玉）

本章数字资源　　　　本章习题

第三章 诊疗技术篇

引　言

本章按时间顺序深入探讨了医学诊断领域的七大关键检测技术，这些技术在揭开疾病奥秘、提高诊断准确性和改善患者预后方面发挥着至关重要的作用。

第一节心电图——生命跃动的电波。讲述了心电图仪的发明和发展历程，特别是埃因瑟芬在心电图学领域的开创性工作。不仅介绍了心电图的发明、改进和应用，也强调了埃因瑟芬的科学精神和人格魅力对后人的启示。

第二节医学影像——疾病的照妖镜。聚焦于医学影像学领域的重大突破，包括 X 射线、CT 和 MRI 的发现和应用。通过介绍这些技术的发展历史和工作原理，以了解其在提高疾病诊断率和治疗效率方面的关键作用。此外，探讨了这些技术背后的诺贝尔奖精神。

第三节血型——开安全输血新纪元。回顾人类输血史和血型发现的漫长历程，阐明 ABO 以及 Rh 血型系统的确立及其对安全输血的重要性。此外，探讨了血型系统在法医学和临床上的应用，以及诺贝尔奖对科学人文精神的启示。

第四节杂交瘤——量产抗体的诀窍。介绍单克隆抗体技术的诞生和发展。通过探讨单克隆抗体技术的制备方法和应用，以理解这一技术在疾病诊断和治疗中的革命性影响。

第五节辅助生殖——创造生命奇迹。讨论了辅助生殖技术（试管婴儿技术）的建立、发展和影响。通过回顾罗伯特·爱德华兹在辅助生殖技术方面的开创性工作以了解该技术如何帮助无数不孕不育夫妇实现生育梦想。

第六节 CRISPR/Cas9——基因之魔剪。聚焦 CRISPR/Cas9 基因编辑技术的发现和应用，通过介绍 CRISPR-Cas9 技术的工作原理和应用前景，以了解基因编辑技术在医学和生物科学中的潜力。

第七节 miRNA——转录调控新机制。讨论 miRNA 在转录后基因调控中的作用，通过介绍 miRNA 的调控机制和应用潜力，以了解这一发现对理解基因表达调控和疾病治疗的重要性。

总之，本章不仅展示了医学诊断技术的发展和进步，还强调了这些技术背后的科学精神和人文关怀。

第一节 心电图——生命跃动的电波

威廉·埃因瑟芬是荷兰生理学家，因对心电图学的开创性工作和无与伦比的贡献而被誉为"心电图之父"（图 3-1），并于 1924 年获诺贝尔生理学或医学奖。当下，世界范围内的心血管疾病的发病率越来越高，心脑血管疾病已经成了危害中国人寿命的三大"杀手"之首。因此，及时诊治心血管疾病成了重中之重，而心电图仪的发明及应用，为挽救患者的生命，改善患者的生活质量带来了福音。

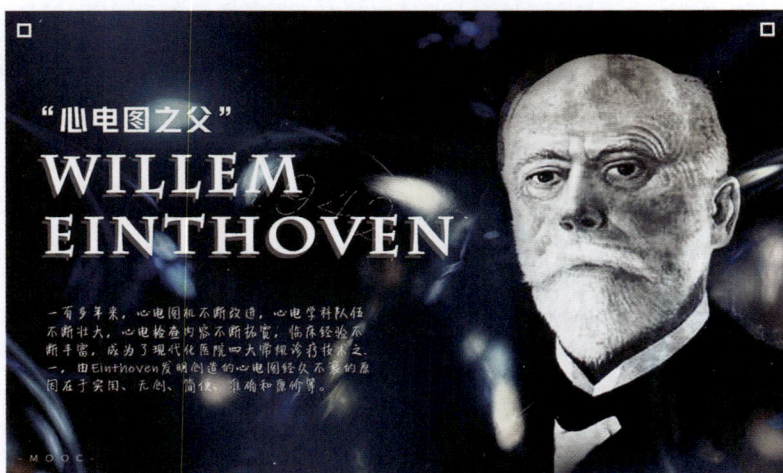

图 3-1 心电图之父——埃因瑟芬肖像

一、心电机制及心电图仪的发明

在 1842 年，法国的一位科学家首先发现了心脏的电活动；1878 年，荷兰学者恩格尔曼绘制了第一幅有锯齿波形的动物心电图；到 1886 年，英国的生理学家沃勒用毛细静电计首先记录了第一幅人类的心电图；但由于毛细静电计不够灵敏，当时记录到的心电只反映了心室活动的变化，所以图中只有心室的 V_1、V_2 波，心房 P 波未能被记录。1895 年，埃因瑟芬改进了德·阿森瓦尔氏的镜影电流计，在一定程度上提高了记录的灵敏度。1901 年，莱顿大学附属医院接诊了一位危重的心脏病患者，正当医生们束手无策时，一旁的埃因瑟芬说："让我试一试。"他拿出自制的心电记录仪连接到患者身上，居然得到了很好的显示效果。这个患者的最终情况虽然没有被记载，但是埃因瑟芬自制的仪器开始受到医学界的关注。为了便于观察、记录、保存心脏活动的电位及变化，他进行了不断的探索，终于在 1903 年取得突破性进展，发明了弦线式电流计，可以灵敏地记录出心脏的各种不同电位。他在一条徐徐移动的感光纸上清晰地记录下了第一幅真正意义上的人类心电图（图 3-2）。后来他又将记录到的心电图波形依次命名为 P、QRS、T 波等，并一直沿用至今。

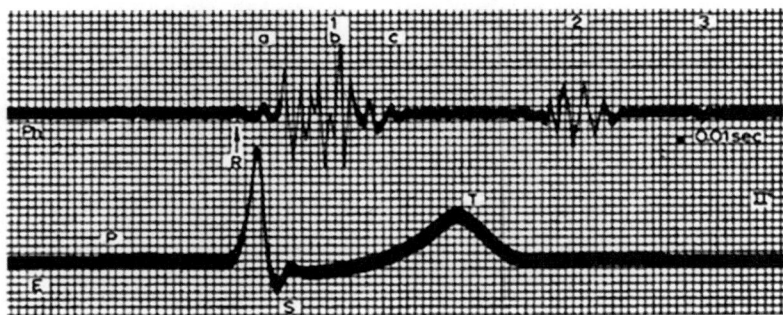

图 3-2 埃因瑟芬在诺贝尔奖领奖讲座上展示的心电图

当年进行人体体表心电图记录的装置非常笨重，据说重达 272 kg，需要 2 个房间才能容纳，还需要 5 个人进行操作。在做心电测试时，受试者的两只手和一只脚需要放在 3 个盛满盐溶液的容器中，整个检测过程比较费时、费力（图 3-3）。直到 1911 年，在一家仪器公司的帮助下，埃因瑟芬的心电图仪才得以"瘦身"成功，摇身变为台式仪器，很快便广泛用于临床，为无数患者带来了福音。经过 100 多年的发展，今天的心电图仪已日臻完善，不仅记录清晰、抗干扰能力强，而且便于携带并具有自动分析和诊断等功能。埃因瑟芬的功绩也随心电图仪的广泛应用而永留史册。人们为了纪念埃因瑟芬的伟大贡献，就把他的头像印在了邮票上面，以表达对科学家的尊敬和爱戴。

图 3-3 埃因瑟芬时代的心电图仪及检测方法

二、埃因瑟芬对人类心电图学发展的主要贡献

首先埃因瑟芬发明了弦线电流计，这是他的其他贡献的基础。在经历了多次的失败后，他终于寻找到了直径只有 0.002 mm 的镀银石英丝，用以替代原来笨重的动圈和反射镜。他将石英丝悬于两个磁极之间，这样一来即使有微弱电流通过，石英丝也会发生偏转，极大提高了记录的灵敏度，使心电周期性活动可以得到准确的记录。埃因瑟芬不仅将心电图的各个波形统一命名为 P、QRS、T、U 波，他还描述了一些心血管系统疾病的心电图特点。但是，上述的心电图记录及命名只是埃因瑟芬迈出的第一步，与其同样重要的是心电图记录导联系统的建立与完善。1906 年，埃因瑟芬提出双极肢体导联的概念，他将位于患者右臂、左臂和右腿的记录电极两两连接后，可记录出振幅高、图形稳定的双极肢体导联心电图（包括 Ⅰ、Ⅱ、Ⅲ 导联），而将 3 个记录电极顺序连接后则形成心脏电位的等边三角形。遗憾的是，直到 1913 年，双极标准肢体导联心电图才正式问世，并独自应用了 20 年。

此外，埃因瑟芬还确定了心电图的标准测量单位，当年用的细网格纸一直沿用到现在（即现在通用心电图纸）。他规定心电图纸上的每一小格在横坐标上代表 0.04 s，在纵坐标上表示 0.1 mV，通过测量这些小方格，我们就可以记录到心电图各个波形的持续时间和波幅（图 3-4）。

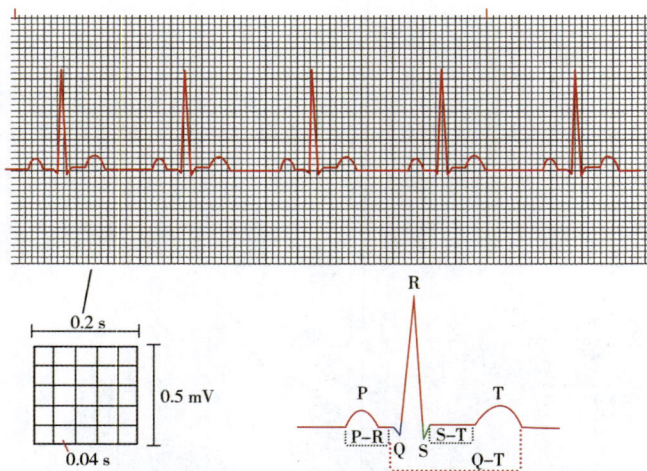

图 3-4　通用心电图纸及典型心电图

举例来说，从 P 波的开始到 QRS 波的开始，这样的一个时间间隔叫作 PR 间期，对不同性别和不同年龄段的人来说，PR 间期都有一个正常值范围，即 0.12 ~ 0.20 s。如果一个人的 PR 间期远超过了其所在的正常范围，就意味着这个人存在不同程度的

房室传导阻滞。虽然现在心电记录仪器已经从实验室中的笨重设备改进为今天非常便携的装置，并且可进行实时动态的心电图分析和诊断，但我们现在仍使用他所确立的方法解读与分析心电图。

三、心电图仪的改进、发展及应用

在人类医学发展史上，埃因瑟芬发明的心电图仪给临床上及时诊断和治疗心血管疾病，挽救患者的生命，改善患者的生活质量都带来了福音。现在医院中常规使用的心电图仪，除了埃因瑟芬当年创建的肢体导联电极之外，还增加了一些球形电极，而且目前临床上的心电图基本采用标准 12 导联。那么，12 导联系统是如何建立起来的呢？除了埃因瑟芬外，还有谁在心电图记录方面做出了重要贡献呢？

首先来了解一下什么是心电图导联。在人体不同部位放置电极，并通过导联线与心电图机电流计的正负极相连，这种记录心电图的电路连接方法称为心电图导联。目前广泛采纳的国际通用导联体系称为常规 12 导联体系，包括与肢体相连的肢体导联和与胸部相连的胸导联。其中，肢体导联包括标准肢体导联 Ⅰ、Ⅱ、Ⅲ 和加压单极肢体导联 aVR、aVL、aVF。而标准肢体导联又称双极导联，是埃因瑟芬在 1913 年首先创立的，反映的是两肢体之间的电位差。如标 Ⅰ 是左上肢连心电图仪正极，右上肢连负极；标 Ⅱ 是左下肢连正极，右上肢连负极；标 Ⅲ 是左下肢连正极，左上肢连负极（图 3-5）。需要注意的是导联已在心电图仪内部连接，但在外部需要按照电极板的颜色正确连接。而单极肢体导联是在两个电极中，仅一个电极显示电位，而使另一电极的电位等于零；这是从"某一点"上观察心脏电活动，但这一点的电动势实在太弱，此时所形成的波形振幅较小，而通过心电图仪增加 50% 电压，可使心电图的波形更清楚以便于检测，这就是加压单极肢体导联。

胸前导联又称威尔逊（Wilson）导联，其本质是单极胸前导联，可以从胸前的某个点更加近距离地观察心脏的电活动。胸导联包括 $V_1 \sim V_6$ 导联。检测时正电极应安放于胸壁规定的部位，另将肢体导联 3 个电极分别通过 5K 电阻与负极连接构成中心电端。常规心电图检查时，双极、加压单极肢体导联和 $V_1 \sim V_6$ 共 12 个导联即可满足需要。如疑有右位心、右心室肥大、心肌梗死时，需加做 V_7、V_8、V_9 和 V_3R 导联，V_7 在左腋后线 V_4 水平；V_8 在左肩胛线 V_4 水平；V_9 在左脊旁

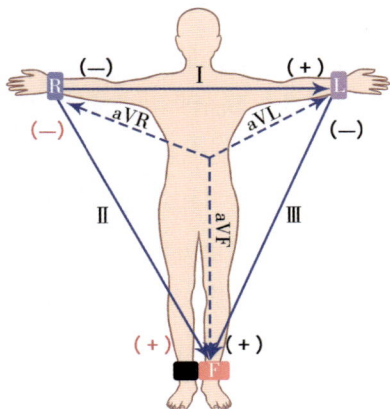

图 3-5　心电图检测的肢体导联

线 V_4 水平；V_3R 在右胸前 V_3 相对应部位。那么，为什么要使用多个导联记录心电图呢？这是因为多导联记录比单导联记录能更清晰、更全面地反映心脏电活动，从而更客观更准确地检测心脏的结构和功能障碍（图3-6）。

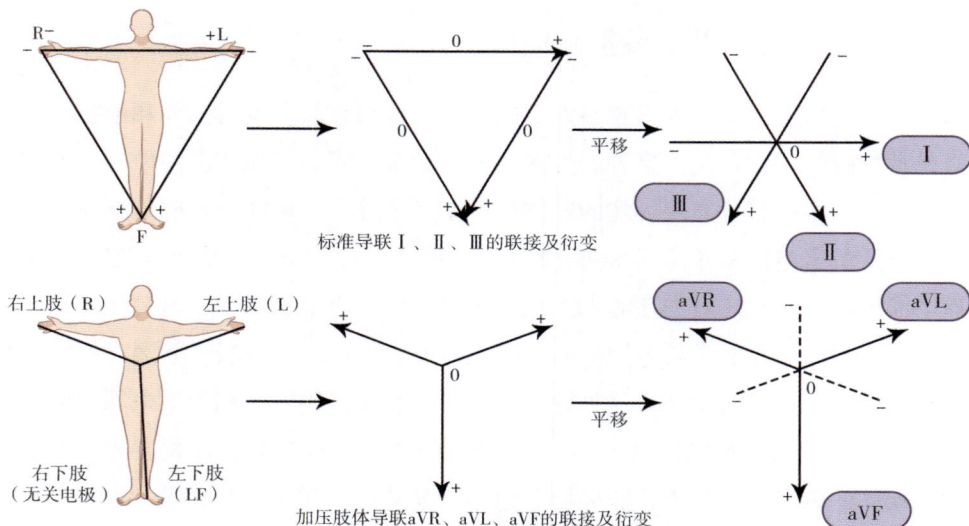

标准导联Ⅰ、Ⅱ、Ⅲ的联接及衍变

加压肢体导联aVR、aVL、aVF的联接及衍变

图3-6 肢体导联

包括标准肢体导联Ⅰ、Ⅱ、Ⅲ及加压肢体导联aVR、aVL、aVF。肢体导联的电极主要放置于右臂（R）、左臂（L）、左腿（F），连接此三点即成为所谓Einthoven三角

现在我们来梳理一下心电图导联系统建立和完善的时间轴：1906年埃因瑟芬提出双极肢体导联的概念，1913年埃因瑟芬双极肢体导联心电图正式问世。1920年路易斯（Lewis）提出单极导联的概念，1933年威尔逊最终完成单极导联心电图，确定了6个单极胸前导联 V_1~V_6；1942年戈德伯格（Goldberger）发现如果用加压单极肢体导联来记录心电图，电压会变得很高，可以看得更清楚，所以在原来的基础上增加了3个单极加压肢体导联aVL、aVR、aVF。至此，通过许多人几十年的不懈努力，12个标准导联全部建立起来，一直沿用至今，并且应用范围是越来越广，灵敏度、精确度、特异度也越来越高。通过对整个心电图记录系统发展历程的分析，不难看到：一项技术的发明和完善，是很多人共同努力的结果（图3-7）。

心电图记录方法的改进推动了心血管疾病的诊断和治疗。1930年，预激综合征被发现，随后病窦综合征、长/短QT综合征、J波综合征、Epsilon波等新的临床心电疾病相继被提出，从此心电图应用范围不断扩大。目前，心电图可以记录人体正常心脏的电活动；诊断心律失常；诊断心肌缺血、心肌梗死、判断心肌梗死的部位；诊断心脏扩大、心肌肥厚；判断药物或电解质对心脏的影响；判断人工心脏起搏的状况等。此外，心电图检查的应用范围已超出心血管病的诊治，其对脑血管病（例如尼加拉瀑布样 T 波）、呼吸系统疾病（例如肺栓塞）的诊断都有特异度强、灵敏度高的表现。

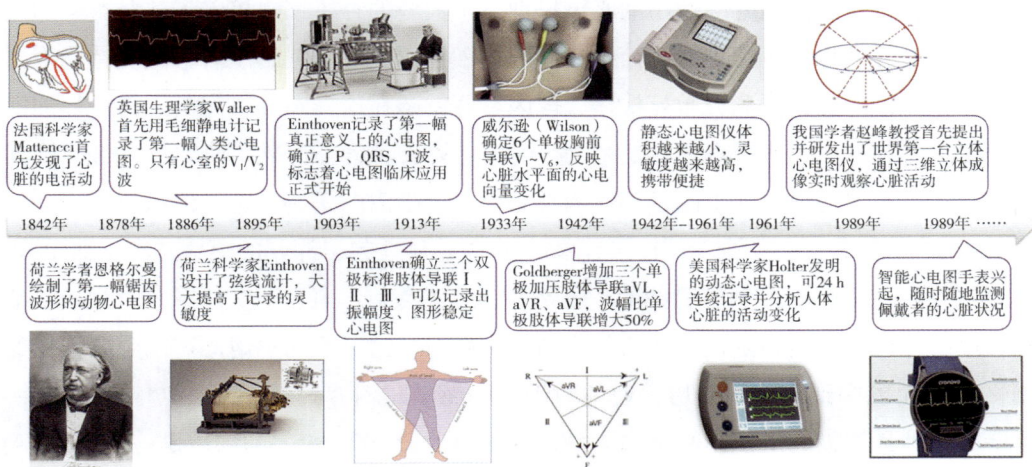

图 3-7　心电图仪的发明及改进历程

　　经过一百多年的革新和发展，如今的心电图仪已经变得非常的轻巧，最小的数字式心电图机只有两个烟盒大小，可以随身携带以进行 24 h 动态观察（称 Holter），而市面上已经有手表式/腕式心电图仪出现。手表的屏幕上有动态的心电波，同时可显示重要数据信息（如心率、心率变异度等）（图 3-7）。患者可以将心脏活动的波形和参数直接发送给他的主治医生，从而得到随时随地的医疗指导，极大提高了心血管疾病患者的生活质量。而且，现在的心电图仪抗干扰能力很强，记录非常清晰，且具有自动分析诊断的功能；甚至母腹中的胎儿的心电活动也可以被记录出来，以利于进行胎心监护！此外，心电图是医学数据化的起点之一，其分析逻辑（从波形到诊断）为现代数字医疗（人工智能辅助诊断、远程监护）提供了范式参考。

　　100 多年来，随着心电图仪的不断改进，心电学科队伍也不断壮大，临床经验不断丰富，心电检查已成为现代化医院四大常规（心电图、临床检验、放射、超声）诊疗技术之一。由埃因瑟芬发明创造的心电图检查经久不衰的原因在于实用、无创、简便、准确和廉价等。我们衷心地感谢这些献出整个生命的时间为人类做出贡献的科学家们，是他们让我们的生活更健康、更美好。

四、诺贝尔奖启示

（一）从小立志矢志不渝

埃因瑟芬于 1860 年 5 月份诞生在印度尼西亚的一个医学世家，父亲是荷兰殖民者派驻当地的军医，母亲是法国医生的女儿。埃因瑟芬的父亲医术精湛且医德高尚，他就诊回来常会抱着埃因瑟芬跟他描述白天里发生的一些有趣的事情，讲述他是怎么抢救患者的，这在埃因瑟芬幼小的心灵里埋下了大爱的种子，也培养了其对医学的兴趣。埃因瑟芬的母亲也很善良，面对一些因贫困付不起医药钱的患者，她支持埃因瑟芬的父亲无偿给患者看病，救死扶伤。埃因瑟芬就是在这样在一个充满人文情怀的家庭环境中慢慢长大。但是很不幸，在他 10 岁时父亲因病去世了，他的母亲带他回到了家乡——荷兰。值得一提的是，埃因瑟芬有一个姓洪的奶妈，她是广东新会人。她对埃因瑟芬视如己出，悉心照料，二人亲如母子，建立起了深厚的感情。从 4 岁开始，埃因瑟芬与洪妈在上海生活了 6 年，还到洪妈的家乡（广东乡下）住了几个月。从某种程度上可以说，他跟洪妈的感情甚至超过了她对自己母亲的感情。埃因瑟芬在他的回忆录里面也提到这一段经历，说他对中国的感情很深厚。然而，1877 年不幸又一次降临，他最亲爱的洪妈因心脏病去世。她的离世让时年 17 岁的埃因瑟芬万分悲痛。埃因瑟芬从小就决定做一名医生，但是研究方向还未确定。洪妈的离世使他明确了终身的奋斗目标：研究心脏病。这也是促使他日后坚持不懈地从事心电图仪研究和发明的一个动因。

埃因瑟芬从马来西亚回到荷兰以后，凭着优秀的成绩考上了历史悠久以医科闻名于世的乌得勒支医学院。他在医学院求学期间非常勤奋，得到了很多人的赏识。其中，不得不提的是荷兰著名的医学家杜德，他非常器重埃因瑟芬，在他退休之前，他把多年积累的研究资料全部交给埃因瑟芬，并再三叮嘱："心脏病的研究现在还很不理想，你要大胆走，莫回头！"他看到当时很多人因心脏病得不到及时的诊断和治疗而去世，他认为这个领域大有发展前途，所以再三启发埃因瑟芬立志研究心脏疾病。这也许是埃因瑟芬潜心钻研心电图仪的另一个重要原因。后来，在获得 1924 年诺贝尔生理学或医学奖之后，埃因瑟芬重回印度尼西亚，祭奠长眠在那里的洪妈。这时他终于可以自豪地告慰洪妈：自己可以诊断夺去她生命的疾病了。

（二）擅长多领域交叉研究

许多诺贝尔奖得主都有其独特的人格魅力，埃因瑟芬的人格魅力体现在哪里呢？他在大学期间的爱好非常广泛，研究涉及的领域也很多，而且对进入他兴趣范围的几乎所有学科，他都能够进行深入研究，并且一直坚持到可以得到合乎逻辑的结论为止；这也许就是他人格魅力的体现。除了心电机制的研究及心电图仪的发明外，他的研究课题还涉及支气管肌肉的活动，眼科的几何光学，人眼的近视调节等。他晚年时还与他儿子一起研究无线电通信。埃因瑟芬在 1882 年完成了学士论文《腕关节及前臂前旋和上翻作用》；在 1885 年完成了他的博士论文《颜色分辨和立体视觉》；博士毕业一年后，莱登大学就聘任他为病理学教授，后来成为荷兰皇家科学院成员。可以看到，埃因瑟芬的学士论文和博士论文研究的方向完全不同。关于他的学士论文，还有一个有趣的故事。据说他在大学期间很爱运动，有一次他参加一项活动时不小心把手腕摔断了，必须在病床上休养。但埃因瑟芬闲不住，开始研究起他的手腕运动，等他病好了以后，他就写了一篇有关前臂前旋和上翻作用的论文，并且顺利地通过了论文答辩。此外，在埃因瑟芬成为病理学教授之后，他还转入物理系学习了一年。当时大家都很不理解，甚至有人认为他有点不务正业，但有谁知道正是那一年的物理学习促进了他在日后设计和发明了弦线式电流计，使心脏微弱的电流得以从体表记录。正是因为埃因瑟芬兼具了医学和物理学背景，才有可能将电磁学原理应用于生理信号的检测，极大加快了心电图仪的诞生。

（三）重视体育运动 拥有高尚品格

埃因瑟芬在大学期间学习非常勤奋，但常感到力不可支，他意识到做科研要有一个好的体魄，于是，他不仅自己积极运动，还号召他的同事一起去运动，喊出了"不要让身体枯萎"的口号。他曾经是荷兰体操和击剑联合会的主席，也是学生划船俱乐部的创建人之一。很多诺贝尔奖得主不仅知识面和爱好很广泛，体质也非常健硕；大家知道，获得诺贝尔奖的研究成果常需要经过长达 20 年之久的时间的考验和实践检验；而诺贝尔奖只颁发给活着的人。所以，如果想在科学领域有所成就，除了有顽强的毅力、拼搏的精神和足够的信心和使命感之外，大家还要积极锻炼身体，只有这样，才能登上科学的高峰并摘取科学领域的最高荣誉——诺贝尔奖的桂冠。

埃因瑟芬对人类的健康事业做出了卓越的贡献，他被尊称为"心电图之父"是当之无愧的，他获得诺贝尔奖也是实至名归，但是他自己却不这么看，他认为：贡献比我大的人大有人在，我领这项科学大奖，深感受之有愧。他在诺贝尔获奖演讲结束时说"心脏病的科学进入了新的篇章，它不是靠一个人的工作，而是许多天才的科学家，超越了任何政治藩篱，潜心钻研而成。他们在世界各地，为了科学的进步，为了达到造福于深受疾病折磨的人类的目标，贡献了全部的精力"。他总是把众人的功绩放在第一位，把自己看成是战斗队伍中的一个成员。埃因瑟芬有一个技术与智慧极高的技术员 Van der Woerd，埃因瑟芬很感谢这位助手，认为心电图的问世与他的功绩是分不开的，因此在 1924 年获奖之后，他还将诺贝尔奖奖金的一半赠送给这位已去世技术员的亲属。他不仅是一个谦逊的人，而且他的大师风范和崇高人品更令人敬重。

（四）追求真理至死不移

埃因瑟芬在 1924 年获得诺贝尔奖之后，奖章和奖金并没有让他在这一殊荣上坐享其成，裹足不前；即使在成为皇家科学院院士之后，他还亲自参加各种辩论，并且对学术讲座中的不足和错误之处毫不留情地提出尖锐的批评。他这样做并非要来显示自己的权威，因为他完全是就事论事，并不针对个人，这就形成了一个为追求真理而自由辩论和交流的良好的学术氛围，促进了专业和学科的快速发展。

埃因瑟芬于 67 岁因腹部肿瘤而逝世，临终前他还拍摄了几张珍贵的微血管脉动波形照片，诠释了“科研到生命最后一刻”的信仰，这无疑也是给后人留下了一种永恒的科学精神。埃因瑟芬无愧于“心电图之父”的称谓，无愧于诺贝尔奖的荣誉，无愧于全世界对他的崇敬。

参考文献

[1] EINTHOVEN, W. The string galvanometer and the human electrocardiogram[J]. Pflüger's Archiv für die gesamte Physiologie,1903,99: 472-480.

[2] FYE W B. A history of the origin, evolution, and impact of electrocardiography[J]. Circulation, 1994, 90(4):2128-2141.

[3] BAROLD S S. Willem einthoven and the birth of clinical electrocardiography[J]. J Int Cardiac Electrophysiol, 2003,8(3):175-177.

[4] MACFARLANE P W, LAWRIE T D V. Comprehensive electrocardiology: theory and practice in health and disease[M].Springer, 2010.

[5] ROSEN M R, JANSE M J. The link between basic and clinical cardiac electrophysiology[J]. Circ Res, 2010,107(4): 436-438.

[6] SNELLEN H A. Willem einthoven (1860-1927): father of electrocardiography[M]. Springer, 1995.

（王跃春）

第二节 医学影像——疾病的照妖镜

在诺贝尔奖奖章背面上，可以看到用拉丁字母写着一句话：“新的发现使生命更美好。”1998 年诺贝尔生理学或医学奖得主路易斯·伊格纳罗说过：“摘取诺贝尔奖的任何科学发现都不应束之高阁，而应普惠大众。”今天，X 射线、B 超、CT、MRI 等影像检查极大提高了疾病的诊断率，使很多疾病都可以得到及时、准确的诊断和治疗，从而提高了人民的健康水平。而所有这一切都要归功于一百多年来各个领域的科学家们的共同努力和卓越贡献。那么，一个世纪以来，医学影像界涌现出了哪些大科学家？他们都取得了哪些成就？能带给我们哪些启示呢？

医学影像学领域与诺贝尔奖的联系非常紧密，历史上有多位科学家因其在该领域的杰出贡献而获得诺贝尔奖。包含了至少 12 项诺贝尔奖，其中物理学奖 8 项，化学奖 2 项，医学奖 2 项。这些获奖者的成就极大地推动了医学影像学的发展，提高了疾病诊断和治疗的效率和准确性。本专题我们主要给大家介绍医学影像学领域的三大利器——X 射线（1901）、CT（1979）和 MRI（2003）影像检查。

一、X 射线的发现

威廉·康拉德·伦琴于 1895 年 11 月 8 日发现了 X 射线，为开创医疗影像技术铺平了道路，他因此在 1901 年被授予首次诺贝尔物理学奖，成为世界上第一位获得这一特殊荣耀的人（图 3-8）。

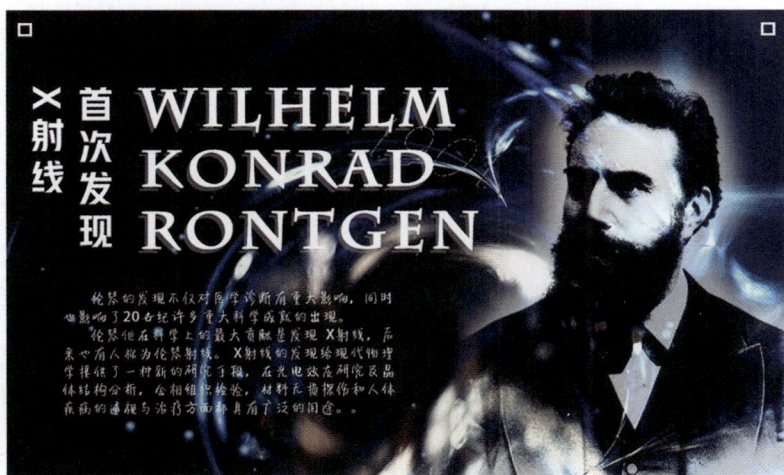

图 3-8　威廉·康拉德·伦琴

（一）X 射线的发现过程

1836 年，英国科学家迈克尔·法拉第（Michael Faraday）发现了"阴极射线"，继而许多物理实验室都开始致力于"阴极射线"的研究。伦琴也不例外，他对这个物理学的热门课题很感兴趣。

1895 年 11 月 8 日，伦琴正在实验室里进行阴极射线的实验。他突然发现在不超过 1 m 远的小桌上有一块亚铂氰化钡做成的荧光屏发出闪光。他觉得很奇怪，就将荧光屏移远继续试验。当时，房间一片漆黑，放电管用黑纸包严，只见荧光屏的闪光仍随放电管放电过程的节拍断续出现。他取来各种不同的物品，包括书本、木板、铝片等，放在放电管和荧光屏之间，发现不同物品的挡光效果很不一样，有的根本挡不住，有的起到一定的阻挡作用。伦琴意识到这可能是某种特殊的从来没有被观察到的射线，具有特别强的穿透力。于是，他立刻集中全部精力对此现象进行深入研究。他把密封在木盒中的砝码放在这一射线的照射下拍照，得到了模糊的砝码照片；他把指南针拿来拍照，得到金属边框的深迹；他把金属片拿来拍照，拍出了金属片内部不均匀的情况……

他深深地沉浸在对这一新奇现象的探索中，达到了废寝忘食的地步。他一连许多天把自己关在实验室里，连自己的助手和家人都不告知。6个星期过去了，当伦琴已经确认这是一种新的射线时，他才告诉自己的亲人。1895年12月22日晚上，他说服夫人过来做实验对象。当他把夫人的手放在荧光屏和阴极射线管之间时，她简直不敢相信，荧光屏上这只显示婚戒和骨骼的影像就是她自己的手。这也成了具有纪念意义的世界上第一幅X线片。

这时伦琴确信自己已发现了一种新的神秘射线。1895年12月28日，他给维尔茨堡物理学医学学会递交了一份认真、简洁的通信报告，题目为《一种新的射线，初步报告》。伦琴在他的报告中把这一新射线称为X射线（图3-9）。

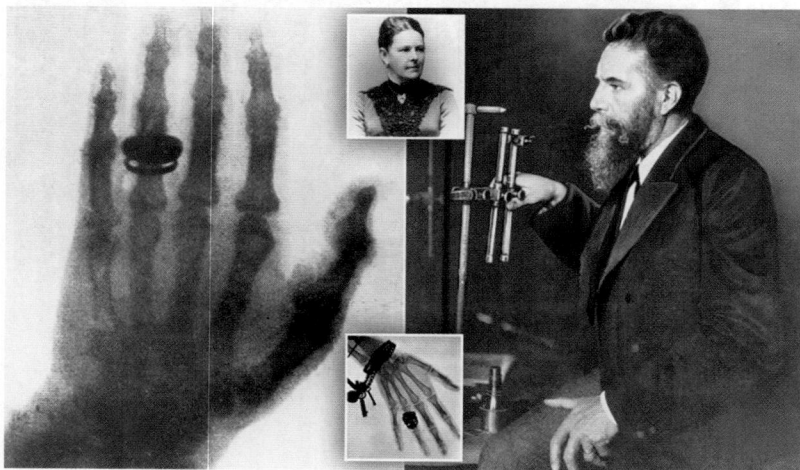

图 3-9　第一幅人类 X 线照片

（二）X 射线的应用及其发现意义

发现 X 射线的消息很快传遍全球。由于这一射线有强大的穿透力，能够透过人体穿透骨骼和薄金属，显示其中的缺陷，这在医疗和金属检测上有重大的应用价值，因此引起了人们的极大兴趣。1个月内许多国家都竞相开展类似的试验。一股研究热潮席卷欧美，盛况空前。所以，X 射线迅速被医学界广泛利用，成为透视人体、检查伤病的有力工具，后来又发展到用于金属探伤，对工业技术也有一定的促进作用。今天，为了纪念伦琴的成就，X 射线在许多国家都被称为伦琴射线，另外第 111 号化学元素 Rg 也以伦琴命名。

X 射线的发现把世界带入了原子时代，开创了放射学先河，这一发现不仅对医学诊断有重大影响，还直接影响了 20 世纪许多重大科学发现。例如安东尼·亨利·贝克勒尔就因发现天然放射性，与居里夫妇共同获得 1903 年的诺贝尔物理学奖。

（三）X 射线发现的启示

1. 博学多才　伦琴一生在物理学许多领域中进行过实验研究工作，如对电介质在充电的电容器中运动时的磁效应、气体的比热容、晶体的导热性、热释电和压电现象、光的偏振面在气体中的旋转、光与电的关系、物质的弹性、毛细现象等方面的研究都做出了一定的贡献。由于他发现 X 射线而赢得了巨大的荣誉，以至于上述这些贡献大多不为人所注意。

2. 低调谦逊　1896 年 1 月 23 日，伦琴在自己的研究所中作了第一次报告。报告结束时，他用 X 射线拍摄了维尔茨堡大学著名解剖学教授克利克尔一只手的照片；克利克尔带头向伦琴欢呼 3 次，并建议将这种射线命名为"伦琴射线"；伦琴却坚持用"X 射线"这一名称，而将产生 X 射线的机器叫作 X 射线机。

3. 淡泊名利　科学家忙着研究可谓司空见惯，但有人居然忙得连领诺贝尔奖都没空，他就是德国科学家伦琴。他凭着发现 X 射线，获得 1901 年第一届的诺贝尔物理学奖，当诺贝尔委员会邀请他前往斯德哥尔摩领奖时，伦琴的回信却出人意料："前往斯德哥尔摩的路途遥远，需向校长请假才行，麻烦得很。可以将奖牌与奖金寄过来吗？"瑞典的答复："奖牌不能寄，还是请阁下亲自到来。"伦琴无奈地到了斯德哥尔摩，但他领奖后就立即打道回府，连获奖后的例行讲座也被他取消。并且，获奖后他立即将诺贝尔奖奖金转赠给维尔茨堡大学物理研究所以添置科研设备。

4. 偶然蕴含着必然　对于伦琴来说，他当然没有料到在重复阴极射线实验时，会发现一种新的性质特殊的射线，但是他的发现并不是因为运气好，而是由于几十年的科研实践培养了他良好的观察力和判断能力，使他对这一偶然现象不轻易放过，务必研究至水落石出，所以，发现 X 射线对于伦琴来说既是偶然的，又是必然的。

二、CT 扫描仪的发明

伦琴发现 X 射线为人类带来了福音，特别是在诊断肺部疾病上立下了汗马功劳。但是，X 射线透视在诊断很多其他疾病（如肿瘤）时，常显得力不从心。因为人体是立体的，而照在一张平面的底片上的影像会互相重叠，前面的影子挡住了后面的影子，所以就分不清楚病变到底出在哪里了。这种情形引起了科学家们的高度关注和深度思考，最终促进了CT成像技术的发明和不断升级。

（一）CT及其基本原理

CT的英文全称是computed tomography，翻译成中文就是"计算机X线断层扫描"，顾名思义，CT用的能量还是X射线，但X线片是一个重叠的扫描照片，分辨力较差；而不断改变X射线源的位置，通过多次显影就可以解决影子重叠的问题，这就是CT的基本原理（图3-10）。

可见，CT是近代飞速发展的电子计算机控制技术和X线检查摄影技术相结合的产物。CT的问世在医学放射界引起了轰动，被誉为自伦琴发现X射线以后放射诊断学上最重要的成就。有两位非医学界的科学家对此做出了重要贡献。1955年南非物理学家科马克提出了一个初步的工作原理和主要的设计框架。此后，英国电器公司的电子工程师豪斯菲尔德以科马克的CT扫描仪设计蓝图为基础进行实验，经过10余年的努力，终于在1972年宣布研制出第一台CT扫描仪。

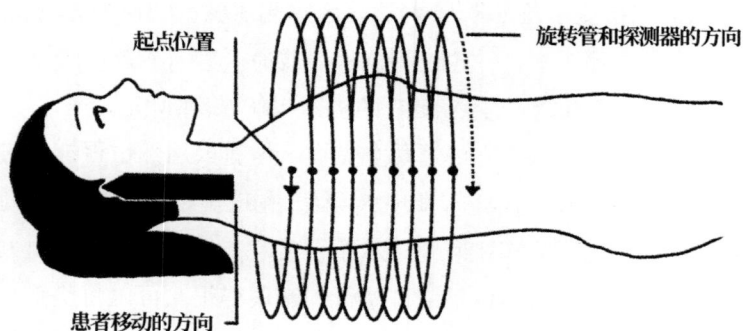

图3-10　CT扫描仪的基本原理

（二）两位诺奖得主的具体贡献

1955年，科马克在一家医院放射科作兼职物理学家，因为按照南非的法律，医院在进行放射性治疗时必须有物理学家的监督。观察力敏锐的科马克在工作中很快就发现X射线在诊断上存在缺陷，由此萌发了要改进放射治疗的念头。在这期间，他发现，对于象头骨等基本上呈圆形的器官，用一般方法拍得的X线片效果不好。片子上的是二维图像，不具备三维空间的分辨能力，因此必须从不同角度拍摄若干张片；但即使是这样，效果也并不理想。

1956年，科马克首先研究各种物质对于X射线吸收量的数学公式，他开始用铝和木头制成圆柱体做实验，然后逐渐过渡到人体模型。经过十几年的研究，他初步形成了一套理论体系，解决了CT技术的理论问题。1963年，他首次提出用X射线扫描进行图像重建，并给出了精确的数学推算方法。在20世纪70年代初，他设计了一种"CAT扫描器"，CAT即"计算机轴向断层扫描（computerized axial tomography）"。当该扫描器上的发射器绕着患者的头部（或其他部位）转动时，会发出一系列短脉冲辐射并为同时一道转动的电子探头接收。用计算机对接收来的信号进行分析后，便可得到检查部位有关情况的三维图像。虽然科马克没有最终发明CT这项技术，但他为这项技术的诞生奠定了理论和算法的基础。

那么，是谁最后研制出CT扫描仪的呢？这人就是英国科学家豪斯菲尔德。豪斯菲尔德1918年出生在英国的农村，从小就喜欢动手，13岁时就用一些零件制成了一台电唱机，15岁时又制成一台收音机。1951年，他在电气工程学院毕业后不久就主持研究了英国第一台晶体管电子计算机，因此他是一位计算机专家。

1967年，豪斯菲尔德首先研究了模式的识别，然后制作了一台能加强X射线放射源的简单的扫描装置，用于对人的头部进行实验性扫描测量。后来，他又用这种装置去测量全身，获得了同样的效果。

1971年9月，豪斯费尔德与一位神经放射学家合作，在伦敦郊外的一家医院安装了他设计制造的这种装置。10月4日，该医院用它检查了第一位患者，患者在完全清醒的情况下朝天仰卧，X射线管装在患者的上方，围绕检查部位转动，同时在患者下方安装一个计数器，使人体各部位对X射线吸收的数量反映在计数器上，再经过电子计算机处理，人体各部位的图像便可以在荧屏上显示出来。

1972年4月，豪斯费尔德在英国放射学年会上首次公布了这一结果，正式宣告了CT扫描仪的诞生。这一消息引起科技界的极大震动，被认为是继伦琴发现X射线后，工程界对放射学诊断的又一划时代贡献。随着工业界的加入与合作，很快就有批量生产的CT扫描仪投入应用。早期的CT扫描仪运行缓慢而且仅限于头部扫描，到了1975年，扫描仪已经可以创建整个身体的影像。在随后的几十年里，CT运行速度变得越来越快、功能越来越强大。CT的发明还标志着一个根本性的变化，即数字计算机第一次成为获取和分析医疗信息不可或缺的一部分。

（三）CT发明的启示

CT的发明与应用是美国理论物理学家科马克和英国科学家豪斯菲尔德共同努力的成果，他们因此获得了1979年诺贝尔生理学或医学奖（图3-11）。值得一提的是，这两位科学家都不是学医出身，而且都没有取得博士学位。他们当初都没有想到自己将来会获得诺贝尔奖，但正因为他们不是以获奖为目的而忘我工作，才最终获得了成功。可以说，没有CT扫描仪，现代医院的许多科室（如神经内科和神经外科）根本就无法很好地开展工作。所以，他们对促进人类健康事业做出了杰出的贡献，他们的功绩将永远地载入史册。纵观诺贝尔奖的百年历史，大部分的诺奖得主都拥有一颗探索科学世界的好奇心和极大的科研热情，正是因为他们出于自己的热爱而去研究，他们才能排除万难，胜不骄败不馁，最后提出新理论，发明新技术，以此造福社会并进一步推动科技的发展，正所谓：新的发现使生命更美好！

图 3-11　科马克和豪斯菲尔德

三、MRI 技术及达马迪安与劳特伯尔之争

英国科学家豪斯菲尔德和美国理论物理学家科马克通过不懈努力，最后共同摘取了 1979 年医学领域的诺贝尔奖桂冠，其实，医学影像学界的第三大利器——MRI 也是非医学领域科学家精诚合作的产物。

2003 年，诺贝尔奖评委会将诺贝尔生理学或医学奖授予美国伊利诺伊大学化学、生物物理学和计算生物学教授劳特伯尔和英国诺丁汉大学物理学荣誉教授曼斯菲尔德，以奖励他们在研发 MRI 技术上的贡献（图 3-12）。具体而言，劳特伯尔发现在磁场内应用磁性梯度技术可产生二维结构图像，而这是用其他方法所不能看到的。曼斯菲尔德则进一步发展了梯度技术在磁场内的应用并且解决了信号处理问题，使 MRI 发展成为一个实用的影像技术。他后来还找到了实现快速成像的方法，而这是使 MRI 成为临床医学实用工具的关键一步，如可以看到身体各部位的活动情况，增加了 MRI 的功能。

图 3-12　劳特伯尔和曼斯菲尔德

（一）MRI 及其原理

磁共振成像（Magnetic Resonance Imaging，MRI）是一种基于核物理现象的医学成像技术，其理论基础为核磁共振（NMR）。NMR 涉及物质磁性与磁场的相互作用，具体表现为低能量电磁波（射频波）与具有角动量和磁矩的核系统在外磁场中的相互作用。这一现象不仅可用于分析物质成分，还能揭示其微观结构。

MRI 技术正是利用这一原理，通过特定的射频脉冲序列激发人体组织的原子核，使其处于高能状态。当移除高频电磁场后，原子核会返回平衡状态并释放射频脉冲信号。探测器捕捉这些信号，并将数据传输至计算机进行处理和转换，最终在屏幕上生成重建图像，这类似于多角度拍摄后的拼图效果。

从 NMR 的发现到 MRI 设备的问世，历经了几代物理学家和医学专家数十年的不懈努力。而有关 NMR 现象的发现及应用，可能是获得诺贝尔奖最多的领域之一，如 1943 年、1944 年及 1952 年的诺贝尔物理学奖均授予了与 MRI 基础研究相关的科学家。虽然 NMR 现象很早就被发现，但把其带入医学领域的科学家是劳特伯尔和曼斯菲尔德，他们因此获得了 2003 年诺贝尔生理学或医学奖。

（二）两位诺贝尔奖得主的具体贡献

美国化学家保罗·劳特伯尔 1929 年生于美国俄亥俄州小城悉尼，于 1962 年获得费城匹兹堡大学化学博士学位。1963 ~ 1984 年，劳特伯尔作为化学和放射学系教授执教于纽约州立大学石溪分校。在此期间，他在稳定的主磁场里添加了一个不均匀的磁场，引入梯度磁场的概念，推动了 MRI 技术的产生。而英国物理学家彼得·曼斯菲尔德于 1933 年出生于英国伦敦，1962 年获伦敦大学物理学博士学位。他于 1962 ~ 1964 年担任美国伊利诺伊大学物理系助理研究员期间，发现不均匀场强的快速变化可以更好地显示一个物体内部的结构图像。并且，他用了一个充分重建图像的算法对图像做数学分析，使 MRI 能够极快地形成有用的图像。这些工作发展了有关在稳定磁场中使用附加梯度磁场的理论，促进了第一台 MRI 仪应用于人体检测。

1973 年劳特伯尔和曼斯菲尔德在荷兰的中心实验室搭建完成了最初的 MRI 系统，并对充满液体的物体进行了成像，得到了著名的 NMR 图像"诺丁汉的橙子"（图3-13）。受到成像结果的鼓舞，1978 年荷兰中心实验室组建了"质子项目"研究团队，该团队研制出了 0.15T 的 NMR 系统，并于 1980 年 12 月 3 日，得到了第一幅人类头部 MRI 图像，1981 年 7 月 30 日获得第一幅第二维傅里叶变换后的图像（图3-14）。

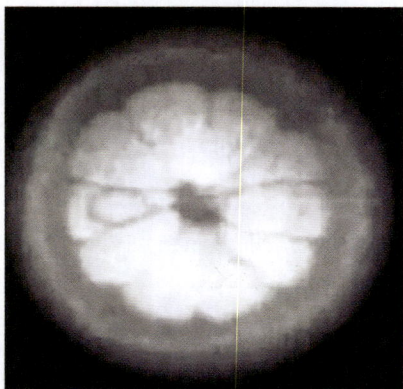
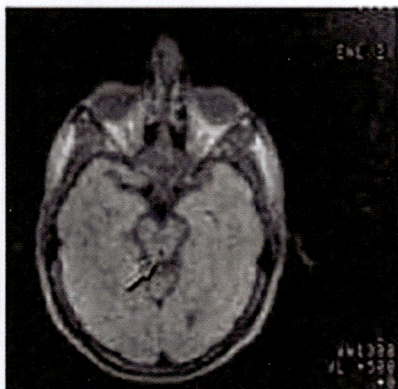

图 3-13　MRI 结果"诺丁汉的橙子"　　图 3-14　第一幅第二维傅里叶变换后的图像

（三）达马迪安与劳特伯尔之争

通过以上的叙述，不难看到，劳特伯尔及曼斯菲尔德在 MRI 技术领域都取得了的突破性成就，他们获得 2003 年诺贝尔生理学或医学奖是实至名归，当之无愧的。但这个奖项却引发了一场"达马迪安与劳特伯尔之争"，这究竟是怎么一回事呢？

就在劳特伯尔及曼斯菲尔德获得诺奖之后，美国科学家达马迪安在《纽约时报》上称自己最早的突破性发现才是所有核磁成像技术的基础，他希望两位诺贝尔奖得主能够站出来主持公道，向诺贝尔奖委员会呼吁，把他也列在当年的获奖名单上。达马迪安的这种做法有些疯狂，他与劳特伯尔之间的争斗也旷日持久。

客观地说，NMR 技术在鉴别肿瘤细胞和正常细胞中的应用其实是由达马迪安先提出来的。劳特伯尔虽然首先提出了添加不规则磁场成像的想法，但他想到梯度场的概念应该是受到了达马迪安的启发。因为，1969 年达马迪安首次想到通过测定 NMR 的弛豫时间将癌细胞与正常细胞区分开来。1971 年他在《科学》杂志发表论文，报告了他用小鼠做实验的结果，声称他已成功地用 NMR 技术分辨出癌组织和正常组织。

第二年，他将其扫描方法申请了专利，并于 1974 年获得专利（图 3-15）。而在 1971 年，纽约州立大学石溪分校的一名研究生在重复达马迪安的实验时，劳特伯尔碰巧在场。他在看了该实验之后，认为达马迪安采用的技术并不实用，无法用来诊断肿瘤。此后，他在一家汉堡包店用餐时突然想到了一个主意：再加一个变换位置的弱磁场以产生磁场梯度，这样就能得到扫描图像。他立即在记录本中记下了他的想法，并请人签字作证。之后，劳特伯尔开始进行有关实验，终于拍出了第一张蛤蜊的 MRI 图像，首次展示了活体组织的清晰结构，并于 1973 年 3 月在《自然》杂志发表论文。尽管劳特伯尔在其原始记录本中提到达马迪安，但是发表在《自然》上的论文中却没有引用达马迪安的论文。劳特伯尔后来解释说这是因为参考文献的篇幅有限，难以详尽引用。达马迪安无法接受这个解释，认为劳特伯尔是故意抹杀自己的贡献。于是，达马迪安对劳特伯尔产生了敌对情绪；此后，达马迪安为维护自己 MRI 发明人的地位，不惜大兴诉讼，状告生产 MRI 扫描仪的通用电器公司侵犯其专利，并于 1992 年胜诉，获得 1.28 亿美元的巨额赔偿。

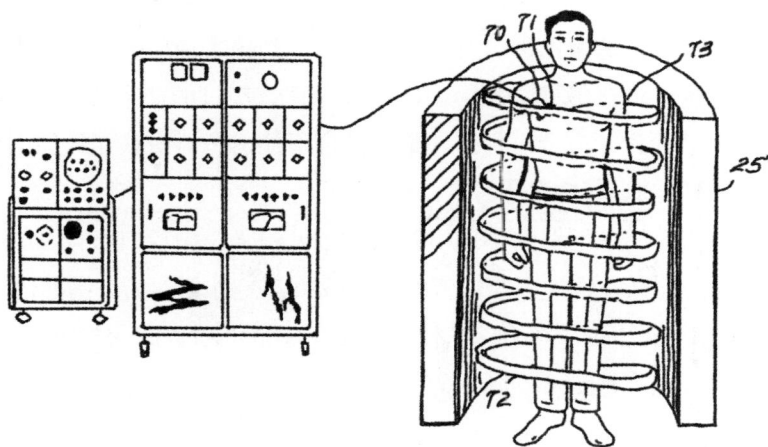

图 3-15　MRI 专利图

（四）诺贝尔奖启示

2003 年诺贝尔奖表彰了在 MRI 技术领域的突破性成就，这是医学诊断和研究领域的重大成果。但这次诺贝尔奖并没有颁发给第一个提出这个想法的人，即达马迪安。应该怎么看这个问题呢？我们先来分析一下达马迪安不被授予诺贝尔奖的原因：

1. 可行性与可信性　认为达马迪安不该获奖的人表示，诺贝尔奖表彰的是 MRI 在医学中的应用，而达马迪安发明的扫描技术既不能成像，又不能用于诊断，他至多只能算是个有先见之明的人；还有人指出达马迪安发表在《科学》上的那篇论文，别人重复不出其结果，应算是错误的论文。比较而言，劳特伯尔提出梯度磁场概念，通过空间编码技术实现断层成像，解决了从 NMR 信号中提取解剖结构信息的关键难题；而曼斯菲尔德开发了快速成像算法（如平面回波成像 EPI），大幅缩短了扫描时间，使 MRI 从实验室走向临床。两位科学家的贡献直接推动了 MRI 技术的实际应用，使其成为诊断工具。而诺贝尔奖倾向于表彰将理论转化为实用技术的关键突破（并非单纯的理论提出）。可以认为达马迪安的贡献属于早期探索（"从 0 到 0.5"），而劳特伯尔和曼斯菲尔德完成了"从 0.5 到 1"的跨越。这也提醒我们：科学史不仅记录"谁第一个想到"，更铭记"谁第一个做到"。

2. 身份和态度　诺贝尔奖一般授予那些一直活跃在科研第一线的科学家，而达马迪安自 20 世纪 80 年代起就已脱离学术界成为商人；且他为人傲慢，动不动就威胁要控告他人侵犯其专利，在学术界人缘不好。诺贝尔奖更关注"纯粹科学贡献"，其评选可能回避涉及商业纠纷或争议性人物。此外，达马迪安是著名的神创论者，"MRI 的发明人相信神创论"一直被神创论的宣传品所津津乐道。达马迪安的神创论信仰虽与科学无关，但其引发的舆论争议可能间接影响评奖决策，反映了科学界对公众形象的无形考量。按照规定，有关某次诺贝尔奖提名、评选经过的档案要 50 年后才能公开。诺贝尔奖评选委员会为什么宁愿空出一个名额也不让达马迪安获奖的原因，恐怕要等到 2053 年才有可能知道其内幕了。

最后，我们来总结一下医学影像学领域的诺贝尔奖获得者们所具有的一些共同的研究特点。首先是创新性：许多获奖者的研究成果都是开创性的，例如伦琴发现 X 射线，科马克和亨斯菲尔德开发 CT 技术，以及劳特布尔和曼斯菲尔德在 MRI 技术领域的突破性成就，基本都是从 0 到 1 的创新；其次是跨学科合作：医学影像学的发展常涉及物理学、化学、生物学和医学等多个学科的交叉融合，例如 MRI 就是物理学、化学和医学融合创新的产物，对医学影像学产生了深远影响；最后是对疾病诊断和治疗具有重大影响：这些诺贝尔奖得主的工作极大地推动了医学影像技术的发展，从而提高了疾病诊断的准确性和治疗的有效性。例如，CT 和 MRI 技术已成为现代医学中不可或缺的诊断工具。这些共同特点不仅体现了诺贝尔奖获得者们在医学影像学领域的卓越成就，也展示了他们对科学进步和人类健康所做出的巨大贡献，无疑可以给后来者带来深刻的启示。

参考文献

［1］RÖNTGEN W C. On a new kind of rays[J]. Nature, 1895,53(1369): 274-276.

［2］CORMACK A M. Representation of a function by its line integrals, with some radiological applications[J]. J Appl Phys, 1963, 34(9): 2722-2727.

［3］HOUNSFIELD G N. Computerized transverse axial scanning (tomography): part 1. description of system[J]. Br J Radiol, 1973, 46(553): 1016-1022.

［4］LAUTERBUR P C. Image formation by induced local interactions: examples employing nuclear magnetic resonance[J]. Nature, 1973, 242(5394): 190-191.

［5］MANSFIELD P, GRANNELL P K. NMR "Tomo-Graphy" using conjugate gradient methods[J]. J Phys E, 1977, 10(10): 909-914.

［6］DAMADIAN R.Tumor detection by nuclear magnetic resonance[J]. Science, 1971,171(3976):1151-1153.

［7］DAMADIAN R. The story of MRI[J]. IEEE Trans Med Imaging, 1989, 8(3): 199-211.

［8］https://www.nobelprize.org/prizes/medicine/1979/summary/.

（王跃春）

第三节　血型——开安全输血新纪元

卡尔·兰德斯坦纳（Karl Landsteiner）是奥地利著名医学家和生理学家，被誉为"血型之父"（图3-16）。兰德斯坦纳在1900年发现了人类的A、B、O 3种血型，这是人类血型分类的开始。1902年，兰德斯坦纳的两名学生在实验中发现了第4种血型，即AB型。1927年，经过国际会议公认，血类分型采用了兰德斯坦纳原定的字母命名，即A、B、O、AB 4种类型，至此现代ABO血型系统正式确立。兰德斯坦纳因为这一重大发现，于1930年获得了诺贝尔生理学或医学奖。

一、人类输血的发展史

史上有记录的输血是在动物和动物之间进行的。早在1665年，英国人罗威尔看到一条狗因为失血过多面

图3-16　卡尔·兰德斯坦纳

临着死亡，他善心大发，突发奇想。他用鹅毛管将这只狗的静脉和另外一只健康狗的静脉相连，没想到竟然拯救了这条狗的生命！这可能是人类有记载的最早的输血试验。到了 1667 年，法国国王的御医丹尼斯首先进行了将动物血液输入人体的试验。他将 400 mL 羔羊的血注入一个失血多病的青年人的静脉，这个青年人竟奇迹般地活了下来，从而开创了人类输血成功的先例。此后他又进行了一次次输血试验，患者也都安然无恙。然而，他在 1668 年的一次输血却以失败而告终，患者在第 3 次输血后死亡。死者妻子随即状告丹尼斯犯有杀人罪，为此，法国议会通过法律禁止为人类进行输血，这个禁令长达 150 年之久。19 世纪，英国医生布伦德尔治疗的一个产妇因为难产大失血而生命垂危。布伦德尔救人心切，不得不对患者进行输血，但这一次他是把一位健康人的血输给了这位患者，并且患者得救了！这是第一次在人体之间进行的输血。然而，此后再用同样的方法在人和人之间进行输血，有时患者得救，有时患者会发生严重的输血反应而立刻死亡，这种现象一直困扰着人们，也使输血成为一件非常冒险的事情（注：部分历史记载认为该案例可能为传说）。所以，在没有掌握血液的奥秘和输血规律的情况下，输血能否成功充满着偶然性，而给患者输血的过程就是一个拿生命做赌注的过程。这是由于当时的人们没有认识到不同血型的存在，所以输血事故时常发生。

直到 1900 年，奥地利科学家卡尔·兰德斯坦纳用自己的智慧和勤奋为人类揭示了血液的奥秘，才使安全输血成为可能。正是因为他的伟大发现，挽救了不计其数挣扎在死亡线上的患者的生命，也改善了无数人的生活质量。所以，他当之无愧地获得了 1930 年的诺贝尔生理学或医学奖。

二、血型发现的漫漫长路

在人类的输血史上有个难题一直不能得到解决，这就是：为什么有的人输入别人的血液会安然无恙，而有的人却会出现不良反应，甚至会立即死亡？这个问题同样也困扰着卡尔·兰德斯坦纳，使他常常陷入苦思冥想之中。1900 年兰德斯坦纳在研究血液时发现：甲者的血清有时会与乙者的红细胞发生凝集反应，于是他想到：会不会是输入的血液与受血者的血液混合产生病理变化，从而导致受血者死亡呢？随后，他请求 22 位同事协助实验，他抽取他们的血液进行交叉混合，发现有些人的红细胞和别人的血清发生凝聚反应，但和另外一些人的血清并不发生凝集反应。为了摸清其中的规律，他将 22 人的血液实验结果编写在一个表格中，按红细胞和血清中的不同抗原和抗体分成许多类型。之后他将血型分为 ABC 3 种类型（C 型后来改称为 O 型）。1902 年，他的两个学生把实验范围扩大到 155 人，这时就发现了 AB 血型。因为 AB

血型比较稀少，所以兰德斯坦纳在最初研究的 22 人中没有发现这个类型。

兰德斯坦纳在其论文《关于正常人血液的凝集现象》中详细描述了实验过程：他采集了不同人的血液样本，先分离血清和红细胞；再将不同个体的血清与红细胞混合，他观察到特定组合下红细胞发生凝集（如 A 型血清与 B 型红细胞混合会发生凝集）；然后通过系统性分类，最终提出了 A、B、O（最初称为 C 型）3 种血型抗原，后来其学生补充了 AB 型（图 3-17）。

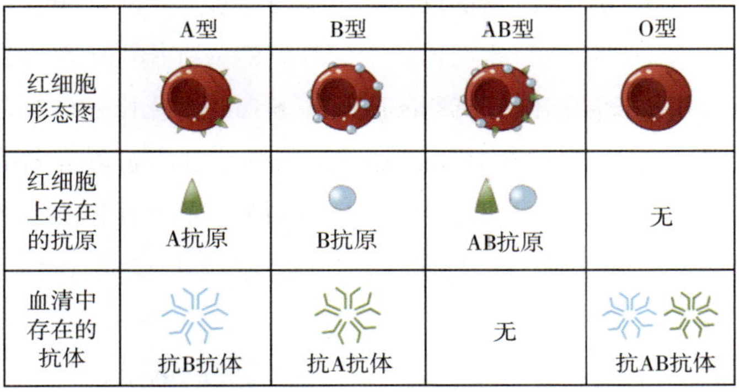

	A型	B型	AB型	O型
红细胞形态图				
红细胞上存在的抗原	A抗原	B抗原	AB抗原	无
血清中存在的抗体	抗B抗体	抗A抗体	无	抗AB抗体

图 3-17 ABO 血型系统

此后，兰德斯坦纳和美国免疫学家菲利普·列文在 1927 年共同发现了 M、N、P 因子，之后又确定了 MNS 血型系统，从而比较科学、完整地解释了某些人在多次输同型血后发生的溶血反应以及妇产科中新生儿可能发生溶血的问题。科学是无止境的，对于血型的研究也不例外。1941 年，兰德斯坦纳赴美国洛克菲勒医学研究所与亚历山大·所罗门·维纳共同研究发现了 Rh 血型系统。他们用恒河猴的红细胞注射到豚鼠腹腔，经反复注射后，发现豚鼠血清中出现了抗恒河猴红细胞的抗体（即 Rh 抗体）。他们用含有 Rh 抗体的血清与人的红细胞混合，发现有 85% 的白种人血液发生凝集，说明这些人的红细胞中含有 Rh 抗原，故称 Rh 阳性血型；另外 15% 的人血液不发生凝集，说明其红细胞不含 Rh 抗原，故称 Rh 阴性血型。至此，兰德斯坦纳一共发现了 3 种血型系统。

三、血型系统确立的意义及应用

血液之于机体，犹如阳光和空气之于花草，机体如果得不到足够的血液滋润，生命之花就会枯萎；而当机体失血太多而得不到及时补充时，生命就会走向终结。所以，无偿献血，挽救生命，我为人人，人人为我！大家知道，献血的主要目的是给急需血液的患者进行输血，治疗其疾病，挽救其生命。但是，输血之前要进行严格的交叉配血实验，否则会引起严重的输血反应，甚至死亡。因此输血及血型有着密切的联系。

在日常生活和临床实践中，严重失血事件时有发生，比如交通事故、外伤、手术意外等。这种情况，应该怎么处理呢？首先当然是及时止血，然后再进行输血。在现在的医疗条件下，只要我们有足够的血源，及时输血可以挽救很多人的生命，而输血是非常安全的和有效的。也有些血液系统的肿瘤，如白血病等，需要输注造血干细胞才能得到根治；而血小板减少性紫癜则需要进行成分输血，因为患者除血小板之外的其他血液成分正常，因此，只需要输入所缺乏的血小板即可。可见，输血在急性损伤和慢性疾病的治疗中都发挥着救死扶伤、治病救人的关键作用。然而，在血型发现之前，输血是一件极为冒险的事情，有时不仅治不了疾病，反而还会加速患者的死亡。因此，兰德斯坦纳建立的 ABO 血型系统使得安全输血成为可能。兰德斯坦纳最初研究血液凝集现象时，并未直接以"解决输血问题"为目标，但这一基础发现彻底改变了临床上安全输血的医学难题。此外，他的发现不仅拯救了无数生命，还为器官移植、法医学（如亲子鉴定）和群体遗传学研究提供了工具。他的工作标志着现代免疫血液学的开端，并启发了后续对 Rh 因子等其他血型系统的探索。

人们为了纪念兰德斯坦纳，将其生日（1868 年 6 月 14 日）定为每年的"世界献血者日"。首次"世界献血者日"定于 2004 年 6 月 14 日，其主题是"献血，赠送生命的礼物，感谢您"。其实，我们最要感谢的人应该是兰德斯坦纳。接下来就让我们走近这位伟大的"血型之父"，探寻他成功的足迹。

四、诺贝尔奖启示

兰德斯坦纳于 1868 年 6 月 14 日出生在奥地利首都维也纳。他的父亲在他 6 岁时就因心脏遭受重创而去世，他的母亲将他抚养成人。

在他家乡有一个叫威海米娜的医院，当医学生们在学习解剖学时，他总是趴在窗外跟着学习，他对人体解剖不仅不怕，而且非常感兴趣，但一个小孩子怎么能被允许进入解剖室呢？所以，他只能在窗户外面跟着学习。此外，他还设法到图书馆借了一些人体解剖学方面的书，这样一来，他白天在窗外学习，晚上一边回想着白天上课的内容，一边看书！就这样，他学到了很多的医学方面的知识。1885 年当他考到维也纳大学学医时，他积累的医学知识已经非常丰富了，以至于人们还误以为他来自一个医学世家。正是因为他学习非常勤奋，成绩非常优秀，老师们也特别重视对他进行培养，所以他 23 岁（1891 年）时就获得了医学博士的学位。

博士毕业后他到了德国，在著名化学家的指导下，用了两年时间学习化学，这个经历为他日后发现血型系统奠定了化学的基础，因为他把一些化学的方法带入了血清免疫学领域。1896 年兰德斯坦纳成为卫生研究所的一个助手，主要研究免疫学的原理和抗体的实质；1898～1908 年，他在维也纳大学病理解剖学系做助教，以后又获得了教授的职称。就在这段时期，他用血清免疫学原理救活了一个患者，从此声名大噪，这使他之前对血型的研究结果得到了肯定和推广。此后，1927～1941 年兰德斯坦纳发现并确立了 3 种血型系统。

1943 年 6 月 26 日，兰德斯坦纳因心脏病突发在美国纽约的实验室逝世，享年 75 岁。

回顾兰德斯坦纳的一生，我们能得到哪些启示呢？

首先，兰德斯坦纳兴趣爱好非常广泛，坚持做自己感兴趣的事，朝着一个领域或者方向进行深入研究。比如说对血型的研究，从 1901 年开始一直到他生命的最后一刻，他都在这个方向上一直坚持研究，发现了非常重要的 3 种血型系统（即 ABO、MNS、Rh 系统）。值得一提的是在获得了诺贝尔生理学或医学奖之后，他并没有在这一殊荣上停留，而是继续进行科学研究，直到 1943 年 6 月 26 日，兰德斯坦因心脏病突发在美国纽约的实验室逝世！可以说他是把一生都献给了血清免疫学的研究，直到生命最后一刻，他也是手持吸量管在工作岗位上离去，可谓生命不止，科研不息，这种献身科研的精神令人肃然起敬。

其次，兰德斯坦纳将生理学、免疫学和遗传学等多学科的知识进行交叉融合并应用于临床，可以说兰德斯坦纳的最大的功绩之一就是他把化学的方法带到了血清免疫学的研究之中，他也是第一位研究免疫的物理过程的科学家。多学科交叉融合在当今的科学研究中显得更为重要，现代医学问题（如癌症治疗、基因疾病）需整合生物学、计算科学、工程学等多领域知识。

再次，科学突破常源于对细微现象的敏锐观察和系统性验证。兰德斯坦纳通过简单的血清和红细胞混合实验发现血型差异，关键在于他注意到凝集反应的规律性并进行了系统性研究。这提示在科研和生活中，要重视对"异常现象"的观察与分析，这很可能成为创新的起点。

兰德斯坦纳走向成功的要素还有他对患者的同情和大爱之心。当年他在威海米医院听到一位患儿母亲撕心裂肺的痛哭，他出于同情，冒着身败名裂的风险，对当时挣扎在死亡边缘的患儿进行了血清免疫学的救治，并成功地挽救了孩子的生命，获得了大家的尊重，从而使他潜心研究和建立的血型系统得到认同和推广应用。否则，作为默默无闻的一名医生，他当年的这些研究成果可能还要被埋没很多年。可以这么说，正是兰德斯坦纳不惜一切治病救人的悲悯之心，使他得以把科研成果推向临床应用从而造福民众。

最后，虽然兰德斯坦纳生长在单亲家庭，但他从不自怨自艾，而是自强不息，通过自己的勤奋和努力，在科学领域里取得了丰硕的研究成果，获得了世人的尊敬和爱戴。

参考文献

［1］LANDSTEINER K. The discovery of human blood groups[J]. Science, 1930, 72(1866): 245-249.

［2］LANDSTEINER K, WIENER A S. An agglutinable factor in human blood recognized by immune sera for rhesus blood[J]. Proc Soc Exp Biol Med, 1940, 43(1): 223-224.

［3］WIENER A S. The Rh blood group system: a review[J]. Am J Clini Pathol, 1948, 18(5): 489-498.

［4］Speiser P, Smekal F G. Karl landsteiner: the discoverer of the blood groups[M]. Springer,1975.

［5］Storry J R, Olsson M L.The ABO Blood Group system revisited: a review and update[J]. Immunohematology,2009, 25(2): 48-59.

［6］https://www.nobelprize.org/prizes/medicine/1930/landsteiner/biographical/

［7］Mollison P L. Blood transfusion in clinical medicine [M]. 10th ed. Blackwell Science, 1997.

［8］DANIELS G. Human Blood Groups [M]. 3rd ed. Wiley-Blackwell, 2013.

［9］WATKINS W M.The ABO blood group system: historical background[J]. Transfusion Medi, 2001,11(4): 243-265.

（王跃春）

第四节　杂交瘤——量产抗体的诀窍

　　1984 年诺贝尔生理学或医学奖由以下三位科学家共同获得：尼尔斯·卡伊·杰尼（Niels K. Jerne，丹麦 / 英国双重国籍）、乔治斯·克勒（Georges J.F. Köhler，德国）和塞萨尔·米尔斯坦（César Milstein，英国 / 阿根廷双重国籍），表彰他们发明的单克隆抗体技术这一项伟大成就所展现的巨大医学潜力和革新性贡献（图 3-18）。

图 3-18　尼尔斯·卡伊·杰尼、乔治斯·克勒和塞萨尔·米尔斯坦

一、单克隆抗体的产生

众所周知，人体免疫系统是机体内复杂的防御系统，具有识别和清除细菌、病毒等病原微生物和异常细胞的能力，而作为免疫系统组成成分之一的抗体在此过程中发挥着重要作用。抗体（Antibody）是机体在接受病原微生物等抗原（Antigen）的刺激下由浆细胞产生的具有特异性的"Y"型免疫球蛋白（Immunoglobulin），其具有极高的专一性，即一种抗体只能作用于具有特定抗原决定簇的抗原，对于其他抗原则难以发生作用，正如一把钥匙对应一把锁的关系或拼图的对应拼接关系。人体内，抗体是由一种称之为浆细胞的淋巴细胞产生，而浆细胞的种类繁多，并非所有的浆细胞都产生同样的抗体，而是每种浆细胞产生着各式各样的抗体，这也被称为抗体的多样性。正如上述所说，抗体是在抗原刺激下产生的，而针对非特异的抗原，即其表面具有多个抗原决定簇时，机体的各种浆细胞释放的抗体就会多种多样，而这些抗体也被称为多克隆抗体（Polyclonal Antibodies）；与之对应的，由同种浆细胞专门产生释放的抗体，具有高度特异性和一致性，便叫作单克隆抗体（Monoclonal Antibodies，简称 mAbs）。那么，单克隆抗体有什么意义呢？研制出其制备方法解决了什么问题又给医学的发展带来什么重大影响呢？这就需要了解一下抗体早期的人工制备方法了。

在 20 世纪 70 年代单克隆抗体出现之前，人们用抗原（可以是蛋白质、肽或免疫系统识别为外来物质的其他分子）去免疫动物（如山羊、鼠）刺激其免疫反应，这时动物的免疫系统就会产生针对抗原多个表位的抗体，这些抗体由不同的 B 淋巴细胞（也就是浆细胞）克隆分泌，便形成了识别抗原各个部分的抗体混合物。之后将含有多克隆抗体的血清与红细胞分离，并将血清进行抗体纯化以便最终获取，这便是当时普遍采用的抗体制备方法，也叫作多克隆抗体的生产制备。尽管这样的抗体制备操作简单，来源广泛，却因为得到的抗体是多克隆的，导致其特异性不高，还容易产生交叉反应。那么如何获得针对一个抗原表位即一种抗原决定簇的单一抗体呢？这便是20世纪70年代初两位科学家乔治斯·克勒和塞萨尔·米尔斯坦共同面对的一个科学挑战。为了解决这个问题，两人开始了多年的合作研究，其突破性工作始于1975年。他们首先采用免疫小鼠的方法使其体内产生抗体，接下来从免疫小鼠的脾脏中提取了B细胞，即抗体的制造"工厂"；因为B细胞的寿命有限不能无限增殖，两位科学家采用了一种名为"杂交瘤技术"（Hybridoma Technology）的方法，将被免疫激活的B细胞和具有无限生长和分裂能力的骨髓瘤细胞融合到了一起，得到了杂交瘤细胞（Hybridoma Cells）。神奇的是，融合得到的杂交瘤细胞既保持了骨髓瘤细胞那样在体外无限增殖的能力，又具有B淋巴细胞产生特异性抗体的能力，至此，单克隆抗体制备技术诞生了（图3-19）。

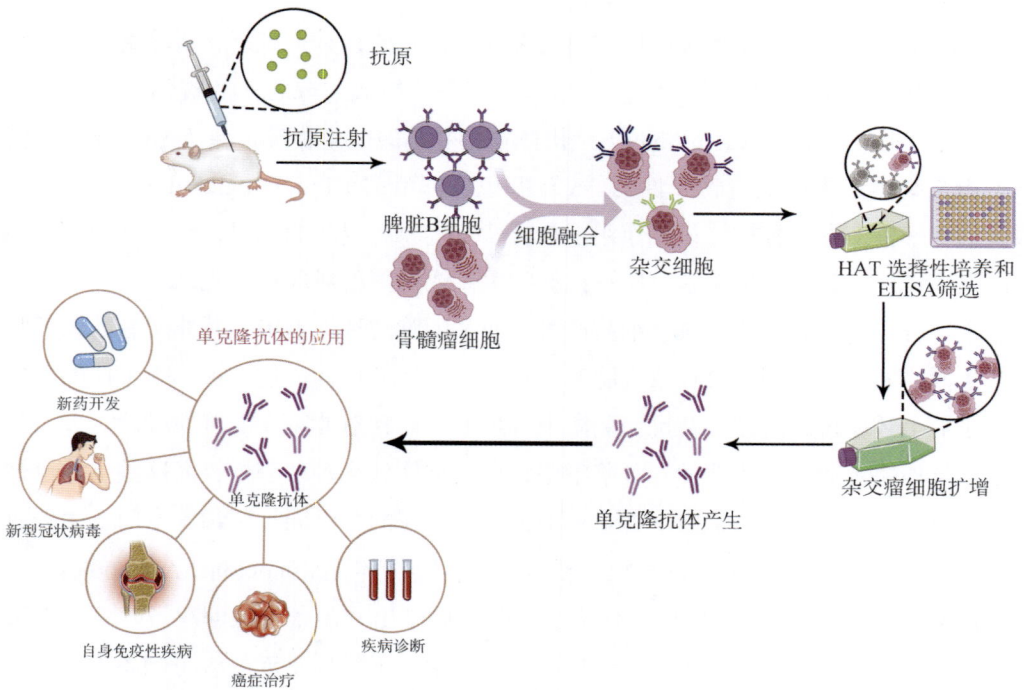

图3-19 单克隆抗体的制备和应用

将抗原注射进小鼠体内后，从其脾脏分离出能产生特异性抗体的B细胞，再将B细胞与骨髓瘤细胞融合得到杂交瘤细胞，经过HAT培养基培养和ELISA筛选后，得到能够无限增殖并分泌单一抗体的杂交瘤细胞，之后经过扩增，即能产生大量的单克隆抗体。单克隆抗体的应用十分广泛，在疾病诊断、癌症治疗、自身免疫病和传染病治疗以及新药开发等多个方面发挥了极其重要的作用。

在单克隆抗体的制备过程中，确保每个杂交瘤细胞都能稳定且大量地生产同一类型的抗体是关键，这就需要将融合细胞接种在适当培养基并添加特定抗原筛选出能够分泌抗体的杂交瘤细胞，然后对筛选的阳性细胞进行单细胞克隆，培养出来源于单一杂交瘤细胞的纯化群体，便获得了稳定的单克隆抗体生产细胞系。最终，从这些细胞株中提取到的抗体，便不再是多种抗体的混合物，而是具有高度特异性和一致性的单克隆抗体！这便是乔治斯·克勒和塞萨尔·米尔斯坦两位科学家的革新性技术成就。

这项革命性技术提供了一种大量生产纯净、特异性抗体的方法，与多克隆抗体相比，除了高特异性和消除交叉反应外，还克服了其批次差异、产量短和供应有限的问题，从根本上解决了无法产生单克隆抗体的技术难题。得益于单克隆抗体技术的出现，人们可以获得应对各种疾病、各种病原微生物的高效专一的抗体，单克隆抗体也因此成为人们对抗疾病的强大武器。更值得庆幸的是，与其说它是个武器，不如说它是一个天生抵抗疾病、存储着丰富装备的武器库，是疾病诊断和治疗药物研发的百宝箱。因为自该技术诞生以来，它在疾病诊断和疾病治疗方面推动了风云般的变化，不仅在自身免疫病和传染病的治疗中居功首位，在针对令人闻风丧胆的肿瘤的开拓治疗中更是功不可没难掩锋芒。

二、细胞杂交融合——单克隆抗体技术的关键

将两个不同类型的细胞合并成一个，这听起来像是科幻小说的情节，但实际上，乔治斯·克勒和塞萨尔·米尔斯坦正是通过掌握这样的技术来产生单克隆抗体的，这一技术被称为细胞融合，是单克隆抗体产生的关键步骤。细胞融合就像是细胞界的"婚姻"，让两个来自不同家庭的细胞结合，生出拥有双方特征的"后代"。正如前文所提到的，这项技术的原理基于将 B 淋巴细胞和骨髓瘤细胞进行融合，创造出了既能无限繁殖又能分泌单一特异性抗体的杂交瘤细胞。在实验室里，科学家会使用一些特殊的媒介，比如聚乙二醇（一种化学物质）或者电脉冲，帮助两个细胞靠近并最终融合在一起。这个过程有点像把两个肥皂泡慢慢靠近，直到它们合二为一。融合后的新细胞称之为杂合细胞，它继承了亲代两个"父母"细胞的所有特性。然而不是所有结合都能成功，为了让这个过程更有效，科学家们需要精心地设计实验条件，比如调整细胞的数量、培养液的酸碱度和温度，确保两者的结合能够顺利进行。融合完成后还需要通过一系列的筛选，就像挑选种子一样，找出那些真正融合成功的细胞而去除那些没有成功"结婚"的"单身汉"。细胞融合技术在科研中非常重要，它能让科学家们创造出拥有特殊功能的细胞，比如能够生产特殊蛋白质的细胞，这对于药物研发、疾病治疗和生物工程都有巨大的意义，单克隆抗体便是依靠这样神奇的细胞融合实现

生产的（图 3-20）。

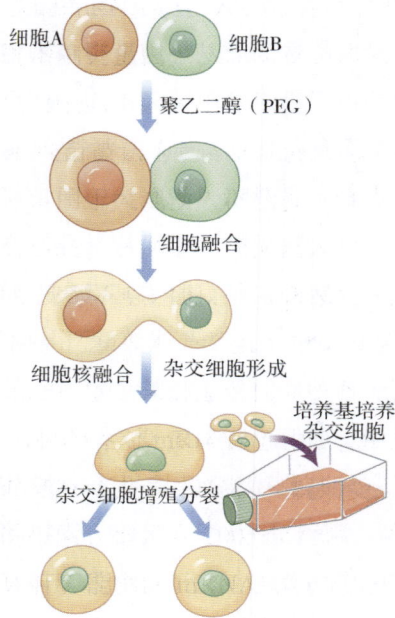

图 3-20　细胞杂交融合过程

　　两种不同特征的细胞在聚乙二醇（PEG）存在的条件下发生融合，先是细胞质融合到一起，随后细胞核开始融合，最终形成新的细胞即杂交细胞，经过培养基培养后，细胞增殖分裂可以获得更多的杂交细胞。

三、单克隆抗体的应用及开发

（一）用于诊断疾病

　　正因为单克隆抗体具备高度特异性，能够精确识别和结合特定抗原分子的特点，使单克隆抗体的应用十分广泛。首先在疾病诊断领域，单克隆抗体是一种极为重要的工具，其经过特异性地识别目标抗原，从而对目标抗原是否存在以及其含量进行准确检测，即便是极其相似的抗原分子也不能混淆其"视听"。此外，单克隆抗体的一致性保证了每次检测的结果都是可重复的，增加了实验的准确性和可靠性，所以在疾病诊断中发挥了重要作用，而这些是多克隆抗体不能实现的。在免疫组织化学中，通过使用特定的单克隆抗体标记，可以确定肿瘤细胞中的生物标志物，进行组织病理学分型和分期，从而更有针对性地进行治疗。在影像诊断中，也可以用单克隆抗体作标志物来追踪和诊断特定的疾病。例如，放射性标记的单克隆抗体可以用于肿瘤成像，帮助医生定位实体瘤位置。在流式细胞术中，单克隆抗体被用来标记细胞表面的特定蛋白，从而将细胞群中的亚群给分析出来，帮助血液疾病的诊断。以白血病为例，这是一种恶性的血液性肿瘤，可以采用 CD19 单克隆抗体对其进行诊断，因为 CD19 是一种存在于 B 细胞表面的特定蛋白质抗原，在白血病的一些类型，如急性淋巴细胞白血病（ALL）中，B 细胞异常增生导致了 CD19 抗原表达水平也异常增高，针对 CD19 的单克隆抗体能够精确地识别和结合 CD19 抗原而不会错误识别其他非目标蛋白质。采用单克隆抗体和从患者骨髓中获取的细胞样本进行反应，同时采用流式细胞术以识别 CD19 抗原的表达情况，进而识别出异常增生的 CD19 阳性 B 细胞，便可以得到诊断结果；此外还能结合免疫组织化学，用 CD19 单克隆抗体进行组织切片染色，再通过显微镜观察到阳性细胞的分布和数量。同样地，利用单克隆抗体特异性高强的特点可以针对很多疾病进行判定和诊断，这无疑为疾病"早发现、早诊断、早治疗"的疾病二级预防加注强大的推进力。

（二）作为对抗癌症的"杀手锏"

自单克隆抗体技术诞生以来，利用单克隆抗体对肿瘤进行治疗的形式越来越多，使单克隆抗体一跃成为扼杀肿瘤药物中的"大内高手"，当然这一切要归功于单克隆抗体的强大特异性这一特点。癌细胞是正常细胞基因发生一定突变导致的，在癌细胞表面常表达有特殊的信号分子，利用这点科学家便可以精确地设计出专门针对这些信号标志的单克隆抗体，以阻断信号分子对肿瘤组织发出的生长指令。例如，用于治疗人表皮生长因子受体 2 阳性的乳腺癌药物——曲妥珠单抗就是一个单克隆抗体药物，其能特异性识别并结合乳腺癌细胞表面表达异常增加的人类表皮生长因子受体 2 型 HER2（Human Epidermal Growth Factor Receptor 2）（其参与细胞生长和分裂，导致癌细胞的过度增殖），从而阻止了癌细胞增殖的信号，达到抑制肿瘤发展扩散的治疗效果。另外，利用单克隆抗体可以将癌细胞给标记住，这样给癌细胞贴上"罪犯"的标签，好让人体内的防卫"警官"免疫细胞将其搜寻和逮捕消灭。例如利妥昔单抗就是通过结合癌细胞上被称为 CD20 的分子使免疫系统找到并杀死肿瘤细胞。最后，单克隆抗体还能作为药物运输的载体，将杀灭肿瘤的药物和单克隆抗体连接在一块，通过单克隆抗体的导向作用找寻表面含有特殊标志的癌细胞，当抗体结合在癌细胞的靶标上时，药物就会输送到癌细胞并将其杀死，而对周围正常的细胞则没有杀害作用，这便是著名的"生物导弹"，即抗体药物偶联物（Antibody Drug Conjugates，ADC）。

（三）单克隆抗体的其他应用和开发

单克隆抗体技术的突破，无疑是现代生物医学史上的一座丰碑，得益于它的问世，人类对抗疾病的方式发生了深刻的改变，这一技术为人类提供了前所未有的治疗手段。特别是在面对全球性的公共卫生挑战——新型冠状病毒大流行时，单克隆抗体技术展现了其不可替代的价值。在新型冠状病毒感染疫情暴发初期，科学家们迅速行动，利用单克隆抗体技术开发出了针对新型冠状病毒 SARS-CoV-2 的治疗方案。通过筛选和培育能产生针对病毒关键蛋白（如刺突蛋白）抗体的杂交瘤细胞，研究人员成功制备了多种单克隆抗体，这些抗体不仅能中和病毒，阻止其进入人体细胞，还能激活免疫系统的其他成分，如补体系统，以增强对病毒的清除效果。在临床应用上，单克隆抗体已被证明可以显著降低重症新型冠状病毒感染患者的病毒载量，降低住院和死亡风险，为全球抗疫斗争做出了重要贡献。

单克隆抗体技术的发展不仅在抗击新型冠状病毒感染等传染病方面发挥了关键作用，更在肿瘤免疫疗法中开辟了新天地。近年来，随着对肿瘤免疫逃逸机制的深入理解，科学家们开始探索如何利用单克隆抗体激发或增强机体自身的免疫反应，以对抗癌症。这类抗体，被称为免疫检查点抑制剂，它们能阻断肿瘤细胞用来逃避免疫攻击的信号通路，如 PD-1/PD-L1 和 CTLA-4 轴，通过恢复免疫细胞对肿瘤的识别和杀伤能力，单克隆抗体在黑色素瘤、肺癌、肾癌等多种癌症的治疗中取得了突破性进展，为患者带来了长期生存的希望。随着研究的不断深入和技术的不断创新，单克隆抗体将继续在未来的医疗实践中扮演核心角色，引领生物医学领域的进步。

四、诺贝尔奖启示

乔治斯·克勒和塞萨尔·米尔斯坦之所以能在众多杰出的科学家中脱颖而出，荣获诺贝尔生理学或医学奖，不仅因为他们具备了科学家应有的创新思维、严谨的实验态度和对科学进步的执着追求，还在于他们面对挑战时展现出的独特品质和经历。

在 20 世纪 70 年代，抗体的生产主要依赖于动物免疫，这导致了抗体的不均一性和低效性，克勒和米尔斯坦的突破在于他们将免疫学与细胞生物学创造性地结合，设计了一套全新的实验体系即细胞融合技术，用于生产单克隆抗体。在实验初期，克勒和米尔斯坦就面临了重重困难，细胞融合技术的开发并非一蹴而就，他们经历了无数次的失败，包括细胞融合率低、杂交瘤细胞难以筛选等问题。然而，他们没有放弃，而是持续优化实验条件，比如调整融合剂浓度、改进筛选方法、优化细胞培养条件等，直至最终成功。米尔斯坦曾回忆说，有一次在圣诞节假期期间，他们几乎每天都在实验室度过，不断地尝试不同的实验方案，这种对科学的热爱和对目标的执着，是他们能够克服重重难关的关键。

克勒和米尔斯坦的合作不仅是两个领域的简单相加，而是深入了实验设计、数据解读和结果应用的每个环节，米尔斯坦的免疫学专业知识与克勒的细胞培养技术相结合，产生了 1+1>2 的效果。他们不仅在实验室内紧密合作，还与其他科学家、工程师乃至工业界建立了联系，共同推动了单克隆抗体技术的成熟与应用。这种跨学科合作的深度与广度，不仅加速了技术的创新，也确保了其在实际应用中的成功转化。从单克隆抗体如此广泛而深远的影响来看，不管在当时还是如今，两位科学家获得诺奖是当之无愧而实至名归的。结合他们令人感动的科学品质和事迹，不仅构成了他们独特而卓越的科学生涯，也为后来的研究人员树立了科学家的标杆。

参考文献

［1］ESPARZA J, LEDERMAN S, NITSCHE A, et al. Early smallpox vaccine manufacturing in the United States: Introduction of the "animal vaccine" in 1870, establishment of "vaccine farms", and the beginnings of the vaccine industry[J]. Vaccine, 2020,38(30):4773-4779.

［2］FU Z, LI S, HAN S, et al. Antibody drug conjugate: the "biological missile" for targeted cancer therapy[J]. Signal Transduct Target Ther, 2022, 7(1):93.

［3］KÖHLER G, MILSTEIN C. Continuous cultures of fused cells secreting antibody of predefined specificity[J]. Nature, 1975,256(5517):495-497.

［4］LUM LHW, TAMBYAH PA. Outbreak of COVID-19 - an urgent need for good science to silence our fears?[J]. Singapore Med J, 2020,61(2):55-57.

［5］SWAIN SM, SHASTRY M, HAMILTON E. Targeting HER2-positive breast cancer: advances and future directions[J]. Nat Rev Drug Discov, 2023,22(2):101-126.

［6］TAYLOR PC, ADAMS AC, HUFFORD MM, et al. Neutralizing monoclonal antibodies for treatment of COVID-19[J]. Nat Rev Immunol, 2021,21(6):382-393.

（代小勇）

第五节　辅助生殖——创造生命奇迹

辅助生殖技术（试管婴儿技术）是 20 世纪影响最为深远的技术发明之一，堪称"现代医学发展里程碑"。英国科学家罗伯特·爱德华兹（Robert. G. Edwards）因在辅助生殖技术方面的贡献而被授予 2010 年诺贝尔生理学或医学奖。他帮助全球无数不孕不育的夫妇免受无法生育的困扰，无愧"试管婴儿之父"的称号（图 3-21）。而他和合作伙伴斯特普托的工作堪称科学家和临床医生合作的典范。

图3-21 罗伯特·爱德华兹

一、试管婴儿是试管里长大的婴儿吗?

随着时代的进步和科学知识的普及,关于两性关系以及人类后代的产生途径已经不是什么难于启齿的话题。一个新生命的产生历程其实并不神秘:由卵子与精子结合,受精卵分裂,经过大约270天的发育,最后离开母体来到人世。一个孩子的诞生说起来如此简单,但对不少人而言却是不可能完成的任务。医学统计显示,世界上每10对夫妇中就有1对为不育症所困扰,而爱德华兹创立的体外受精技术解决了这个重要的医学难题。所谓"试管婴儿",并非人们所想象的是在试管里长大的婴儿。这里的"试管"是指孕育生命的关键步骤,即"卵子与精子结合"是在体外的器皿里完成的。由于早期体外受精实验经常使用试管,这项技术因此被称作试管婴儿技术。其实受精卵形成胚胎之后,还是要被移植到母体子宫中继续发育成熟,直至足月分娩出婴儿。

目前,经典的试管婴儿技术主要包括以下几个阶段。①超排卵:通过注射促排卵药物,使女性在一个周期内产生多个成熟的卵子,并使用超声波设备定期监测卵泡的生长情况,确保它们在合适的时间成熟。②取卵手术:当卵泡成熟时,通过手术取出卵子。③精卵体外处理:对取得的精子和卵子进行一系列的实验室处理,以优化它们的受精条件。④体外受精:处理过的精子与卵子在实验室条件下发生结合形成受精卵。⑤胚胎的体外培养:将受精后的胚胎在实验室条件下进行培养,并确保其正常发育。⑥胚胎移植:将培养成熟的胚胎移植到女性的子宫内,通过着床和胚层分化及胚体形成等过程最终发育成健康的胎儿(图3-22)。

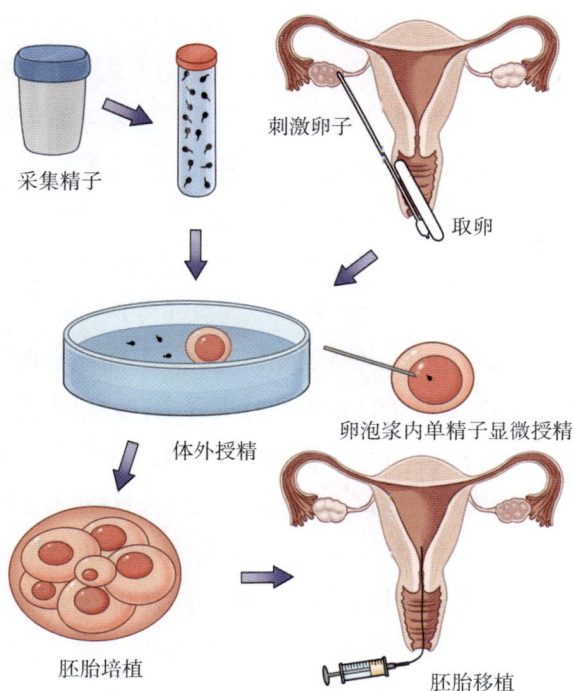

采集精子
刺激卵子
取卵
体外授精
卵泡浆内单精子显微授精
胚胎培植
胚胎移植

图 3-22　经典的试管婴儿技术

二、试管婴儿技术建立的艰难历程

罗伯特·爱德华兹因创立了体外受精技术而独享 2010 年诺贝尔生理学或医学奖，他是如何走上辅助生殖这条研究道路的呢？这与其学生时代的兴趣爱好直接相关。爱德华兹 1925 年 9 月 27 日出生于英国曼彻斯特的一个普通工人家庭，从小就对生物的繁殖很感兴趣。二战结束从英国陆军部队退役后，他进入了北威尔斯大学学习农业学。但爱德华兹对植物的研究缺乏兴趣，反而迷恋于动物的繁殖。在大学期间，爱德华兹在自己专业外，仍然选修了动物学的课程，这为以后的相关研究进行了大量的知识储备。大学毕业后，爱德华兹在社会上徘徊了几年，在一次偶然的机会中得知著名的遗传学家康拉德·沃丁顿（Conrad Waddington）决定在爱丁堡大学开设一门面向研究生的遗传学课程，爱德华兹决定前往投师。他经过努力工作攒够了学费，在 1951 年 10 月进入了爱丁堡大学。他在攻读生物学博士时主要研究老鼠胚胎发育。通过研究，他了解了如何用激素调控老鼠的子宫功能，如何用激素促进卵母细胞成熟及排卵。1951 年，在伍斯特实验生物学研究所工作的中国科学家张民觉发现了著名的"精子获能"现象，完成了兔子的体外受精实验。这让爱德华兹坚信，人类体外受精实验也一定可以成功。进而，他萌生了让人类卵子在体外受精的想法。1955 年，爱德华兹获得爱丁堡大学动物基因研究博士学位，此后继续在此工作了几年，并有了新的进展。1958 年，33 岁的爱德华兹离开爱丁堡大学，成为英国国立医学研究所研究人员。源于兴趣和前期的研究成果，他将人类卵子的体外受精技术作为研究方向，并立志将其用以治疗不育症。爱德华兹于 1963 年转至剑桥大学工作后开始尝试人类体外受精实验。

爱德华兹进行这项研究无疑是摸着石头过河，难度可想而知。而且即使成功了，也将会承受伦理上的压力。在一次次的失败后，1965 年，在 25 h 的煎熬等待后，奇迹发生了！爱德华兹成功地完成了体外受精的过程。然而卵子在体外受精后，只分裂了一次就停止了发育。同时，如何在恰当的时机安全有效地从人体内提取卵子，也是一个棘手的技术难题。有一天，爱德华兹发现一篇文章讨论了一种称为腹腔镜的新技术，这或许能解决自己的问题。这篇文章的作者正是妇科专家帕特里克·斯特普托。1968 年，在一次学术会议上，爱德华兹见到了自己一生的合作者——帕特里克·斯特普托。两位技术和背景正好互补的科学家恰好都有共同的理想：帮助不孕的夫妇生育自己的孩子。两人一拍即合，很快就解决了上述的技术难题，然而新的问题又产生了。

爱德华兹和斯特普托尚在暗夜中探索，反对声却越来越强烈。英国医学研究委员会以"不符合伦理"的理由停止了对这个研究项目的资助，而欧尔德哈姆总医院也认为他们的研究占用了医院的资源，决定不再为他们提供房屋和设施。紧接着，各大报纸连篇累牍地对试管婴儿技术进行了抨击，使试管婴儿技术成为众矢之的，也让爱德华兹的研究一次次面临着停滞的危险，他们甚至找不到志愿者成为世界上第一对试管婴儿的父亲和母亲。但这一切都没有压垮两位坚定的研究者。爱德华兹尝试从一些私人基金会获得研究经费，斯特普托则自掏腰包购买了一些试剂和设备。两人在一家社区医院找到了几间房子，用作手术室和实验室。尽管帮助研究的护士和助手全是志愿者，没人领取工资，但是整个团队却气氛融洽，团结一致。直到 1977 年布朗夫妇主动找上门来，此项研究才取得突破。由于妻子患有输卵管堵塞症，布朗夫妇结婚 9 年一直没有的孩子。他们得知爱德华兹研究建立的技术可能实现两人的心愿，便千里迢迢地找上门，表示愿意成为第一对试管婴儿的父母亲。就这样，1978 年 7 月 25 日，一个重约 2.6 kg 的女婴通过剖宫产在英国曼彻斯特郊外降生。这个有着漂亮的蓝色大眼睛、金色卷发的小女孩，就是世界上第一例通过"试管婴儿"技术降生的露易丝·布朗（图 3-23）。

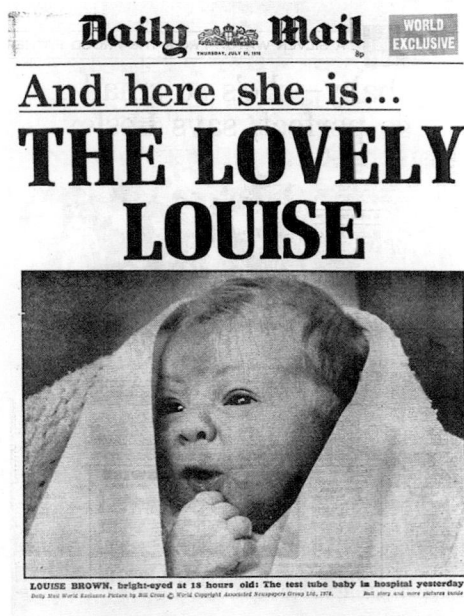

图 3-23 世界上第一个试管婴儿路易丝·布朗（1978 年）

世界上第一个试管婴儿的诞生标志着人类胚胎学研究领域的重大突破，同时也让很多家庭看到了希望。自 1978 年以来，全球已经有近千万试管婴儿诞生，人类对生命奥秘的探索永无止境，而探索带来的惊喜则是推动人类走向更高阶梯的强大动力。在中国，随着二孩政策的全面开放，试管婴儿助孕的方式成了治疗首选，不断攀升的不孕人数也导致中国每年做试管婴儿的人数越来越多。据统计，目前每年做试管婴儿的人数高达 20 多万，我国已经成为试管婴儿诞生最多的国家。

张丽珠被誉为"神州试管婴儿之母"以及"送子观音"，拯救了无数无法生育的夫妇。她 1921 年 1 月出生于上海，毕业于上海圣约翰大学，是我国著名医学家、北京大学第三医院妇产科创始人、生殖医学中心名誉主任。她一生致力于妇产科，于 1986 年展开了第一个试管婴儿技术的应用研究，1988 年 3 月 10 日，我国大陆首例试管婴儿郑萌珠在北医三院诞生（巧的是她成年选择回到北医三院生殖中心工作，从事病案管理工作，并在 31 岁时在本院生产），接着第二例、第三例试管婴儿陆续诞生。这不仅是新生命的诞生，更是标志着医学领域的一大突破。

通过试管婴儿技术，数以千万的父母实现了自己哺育后代的愿望。但试管婴儿技术问世后，遭到了很多的质疑：这种有悖人类自然生殖过程产下的孩子是否正常，是否聪明？事实可能让人们惊诧：几年前法国一个研究小组对 400 名居住在不同地区的 6 ~ 13 岁试管孩子测试的结果证明，他们的智商极高者超出普通孩子（以自然方式孕育的孩子）一倍多，一半的试管孩子在班上的成绩排名在前 20%。调查显示试管孩子绝大部分生活在高收入家庭，双亲受教育程度也比普通家庭高。这些调查至少可以说明科学家已经掌握了将试管婴儿培养成健康正常人的技术。

虽然试管婴儿技术诞生时曾饱受争议。但随着越来越多的试管婴儿出生并健康成长，大众对试管婴儿的态度开始转变。所以，2010年，试管婴儿技术的创立者罗伯特·爱德华兹获得了诺贝尔生理学或医学奖。

三、试管婴儿技术的不断发展

体外受精的过程需要从雌性体内收集一定数量的卵子。然而，爱德华兹发现小鼠通常在午夜时分排卵，并且只有在这个时间点采集的卵子才能达到最佳的实验效果。这使他的工作经常需要持续到深夜。爱德华兹决定改变这种工作模式。在借鉴他人的研究成果的基础上，他与鲁思·福勒合作开发出一种新的方法，通过给雌性小鼠注射一定量的激素，从而成功地控制小鼠的排卵时间和数量。这一方法被称为福勒·爱德华兹法，极大地简化了实验过程，避免了深夜取卵的限制，并为进一步研究生殖过程的早期问题奠定了坚实的技术基础。尽管爱德华兹的实验在人类生殖领域取得了巨大成功，但他的实验方法仍然需要不断改进和完善，试管婴儿技术历经了不同的发展阶段。

（一）第一代试管婴儿技术

第一代试管婴儿技术也称常规试管婴儿技术，主要解决因女性因素导致的不孕，在辅助生殖技术中具有非常重要的地位，适用于输卵管堵塞、排卵障碍等女性因素引起的不孕症。

（二）第二代试管婴儿技术

第二代试管婴儿技术主要解决因男性因素导致的不育问题，与第一代技术区别在于受精过程不一样。在完成取卵和取精步骤后，医生会用一个纤细的管子将精子直接注入到卵子的细胞质内，等到发育成 4 ~ 8 个细胞的早期胚胎后，再将胚胎移植到女性子宫进行后续的生长发育，直到分娩。它从根本上解决了常规受精失败的问题，极大提高了体外受精的成功率。

（三）第三代试管婴儿技术

第三代试管婴儿技术主要是促进优生优育，实际上是移植前遗传学诊断，即当胚胎发育到 4 ~ 8 个细胞时，在显微镜下取出 1 或 2 个细胞进行遗传学检查，将没有遗传病的胚胎移植到子宫内，使之继续生长发育，以避免遗传病患儿出生。适合人群有高风险遗传病和先天缺陷患者，如地中海贫血、唐氏综合征、血友病及染色体异常遗传性疾病患者等。

（四）第四代试管婴儿技术

第四代试管婴儿技术主要是解决高龄女性因卵子质量下降（如线粒体功能异常或卵胞浆老化）导致的不孕问题。核心技术包括卵胞浆置换技术和卵子干细胞技术。前者是将年轻健康女性的卵胞浆（含线粒体）部分注入高龄女性的卵子中，以改善卵子能量代谢和发育潜能。后者则是利用女性卵巢中存在的卵子干细胞，通过体外培养诱导其分化为成熟卵母细胞，为卵巢功能衰退或早衰患者提供新的卵子来源。

需要说明的是，虽然试管婴儿目前已经发展到第四代，但是试管婴儿第一、二、三、四代之间没有优劣之分，主要的区别在于每代适应不同的人群，患者应该根据自己的实际情况，遵循医嘱选择（表 3-1）。

表 3-1 四代试管婴儿技术的比较

技术代际	核心适应证	技术特点	局限性
第一代	女性输卵管阻塞、排卵障碍	体外受精，精卵自然结合	无法解决精子质量问题
第二代	男性严重少 / 弱精症	单精子显微注射	无法避免遗传疾病传递
第三代	遗传病携带者、染色体异常	胚胎植入前遗传学检测	无法改善卵子或胚胎质量
第四代	卵子老化、线粒体疾病	卵胞浆置换或干细胞再生卵子	伦理争议大，技术安全性待验证

随着环境污染和生活方式的变化，越来越多的人出现了不能正常生育的现象；随着二胎和三胎的开放，有些夫妇想拥有自己的第二个孩子，但因为年纪较大有时会担心生出不够健全的孩子。但这些问题在今天已经不是什么难题，很多人都如愿以偿，最终得到了健康、聪明、可爱的孩子！这一切都得益于"试管婴儿技术"的建立和发展。但试管婴儿技术并非万能，它需要严格的技术要求和伦理规范，需要科学家、医生和伦理学家密切合作，以确保技术的安全、有效和可持续。

四、诺贝尔奖启示

2010 年 10 月 4 日，瑞典卡罗林斯卡医学院宣布，将 2010 年诺贝尔生理学或医学奖授予罗伯特·爱德华兹，以表彰他在体外受精技术领域所做出的开创性贡献。然而，他的合作伙伴帕特里克·斯特普托这时已经与世长辞，无法与爱德华兹一同分享这份至高无上的荣誉。爱德华兹及其试管婴儿技术的坎坷传奇经历，不仅见证了科学探索的艰辛与伟大，也带给我们诸多启示。

（一）坚持自己心中的热爱

科学研究常是一条漫长而孤独的道路，大部分时间是枯燥乏味的。科研人员需要在实验室里反复进行实验，面对一次次的失败和挫折，甚至可能在数年甚至数十年间看不到任何成果。这种高强度的工作和巨大的心理压力，使很多人望而却步。然而，爱德华兹却能在这样的环境中坚持下来，关键在于他对事业的热爱和对社会的高度责任感。他深知自己的研究能够为无数不孕不育的家庭带来希望，这种使命感让他在面对困难时能够始终不言放弃。爱德华兹曾说："我一生都在为那些渴望孩子的家庭而工作。"正是这种热爱和责任感，让他能够在科研的道路上不畏险阻奋力前行，最终取得突破性的成果。这也启示我们，无论是科研还是其他领域，只有真正热爱自己的事业，才能在面对困难时不退缩，才能在漫长的岁月中保持初心，最终实现自己的目标。

（二）默契合作才能共赢

"物以类聚，人以群分。"爱德华兹因为体外受精技术的研究，曾被视为敢冒天下之大不韪的"疯子"。无独有偶，他的合作伙伴帕特里克·斯特普托医生在将腹腔镜技术用于妇科检查时，也曾因技术过于超前而在业内饱受非议。然而，正是这两位志同道合的"拓荒者"携手合作，才攻克了体外受精技术的重重难关。

在他们的合作中，爱德华兹专注于胚胎学和生殖生理学的研究，为体外受精技术提供了坚实的理论基础；而斯特普托则凭借其精湛的外科技术和丰富的临床经验，将理论转化为实际操作。这种跨学科的合作不仅加速了技术的突破，也为后续的研究奠定了坚实的基础。

他们的合作并非一帆风顺，但在长达20年的共同努力中，两人始终保持着高度的默契和信任。正如爱德华兹所说："没有斯特普托，体外受精技术不可能成功。"他们的故事告诉我们，合作是科学研究中不可或缺的力量，而信任和默契是合作成功的关键。只有通过跨学科、跨领域的合作，才能汇聚各方智慧，攻克看似不可能解决的难题，最终实现共赢。

（三）自由探索催生研究突破

每当一项新技术诞生时，总会有人担心它会对社会的发展产生负面影响。早在工业革命初期，就有人担心大工厂的生产方式会导致许多农民失去工作。然而，历史证明，这种担心是多余的。随着工业化的推进，失业的农民通过再培训和转岗，进入了第二产业和第三产业甚至如今的第四产业，社会并没有出现大规模的失业现象。

类似地，体外受精技术在诞生之初也曾面临诸多争议。有人担心这项技术会破坏自然生育的伦理，甚至可能引发一系列社会问题。然而，随着时间的推移，人们逐渐认识到，试管婴儿技术为无数不孕不育的家庭带来了希望，改善了他们的生活质量，同时也推动了生殖医学的进步。

这启示我们，面对新技术和新观念时，应保持客观平和的心态。科学探索的本质是不断突破未知，探索生命的奥秘。我们不应因一时的担忧而限制科学家的自由探索，而应给予他们更多的时间和鼓励，让他们在探索中验证技术的安全性和可行性。只有这样，人类才能在科技的道路上不断前行，创造更加美好的未来。

　　爱德华兹及其团队的故事，不仅是科学探索的传奇，更是对科学精神的生动诠释。他们的经历告诉我们，坚持、合作与自由探索是科学研究中不可或缺的要素。正是这些要素，推动了科学的进步，也让我们对未来充满希望。

参考文献

［1］STEPTOE P C, Edwards R G. Birth after the reimplantation of a human embryo[J]. Lancet, 1978, 312(8085):366-367.

［2］ZHANG L, QIAO J.Assisted reproductive technology in China: history, current status, and future challenges[J]. Fertil Steril, 2018,110(1):18-22.

［3］COHEN J. Ooplasmic transfer in mature human oocytes[J]. Mol Hum Reproduct, 2005,11(12):843-848.

［4］SHENFIELD F. Ethical issues in the use of assisted reproduction technologies[J]. Hum Reproduc, 2010,25(5):1077-1082.

［5］HAMMOND E R. Intelligence and cognitive function in children born after assisted reproductive technology[J]. Hum Reproduc, 2017,32(3): 622-631.

［6］TACHIBANA M. Mitochondrial replacement in human oocytes carrying pathogenic mitochondrial DNA mutations[J]. Nature, 2013,493(7434):627-631.

［7］SMITH J, BROWN L. Ethical considerations in assisted reproductive technologies[J]. J Med Ethics, 2023, 49(5): 345-352.

［8］JOHNSON A, WILLIAMS S. Advances in IVF technology and clinical practice[J]. Fertil Steril, 2022, 118(3): 234-240.

［9］DAVIS K, THOMPSON M. Legal issues in assisted reproductive technologies[J]. J Law Med, 2024, 32(2): 123-130.

（王跃春）

第六节　CRISPR/Cas9——基因之魔剪

　　2020 年的诺贝尔化学奖比较少见地由两位杰出的女性科学家获得，一位是来自法国的埃玛纽埃勒·沙尔庞捷（Emmanuelle Charpentier），另一位是来自美国的珍妮弗·道德纳（Jennifer A. Doudna）（图 3-24）。她们的主要贡献是开发了一种能够简洁、高效进行基因编辑的方法——基因魔剪技术（CRISPR/Cas9）。

图 3-24 埃玛纽埃勒·沙尔庞捷和珍妮弗·道德纳（右）

一、基因魔剪技术的诞生

基因是我们生命信息的根源，目前已知有超过 17000 种基因变异可导致临床疾病的发生，例如血友病、地中海贫血、老年痴呆、帕金森病、癌症等。目前，对于基因突变引起的疾病，临床上还无法对致病基因进行修正性的治疗，只能开展对症治疗，减少患者的病痛，但无法治愈。导致这种局面的根本原因就在于缺乏一种可以精准、高效、安全编辑体内基因的工具。

1953 年，美国科学家詹姆斯·沃森（James Watson）和英国科学家朗西斯·克里克（Francis Crick）就提出了遗传物质 DNA 是以双螺旋结构存在的（1962 年获得了诺贝尔生理学或医学奖）。但是人类基因组的具体序列信息却一直并未明确，一方面因为人类基因组的序列太过庞大，另一方面因为当时还在使用第一代测序技术，效率比较低下。1985 年，美国科学家首先提出了人类基因组计划，希望集合全世界的科学力量，明确人类基因组中 2.5 万个基因，约 30 亿对碱基序列的准确信息，为全面开展基因组研究奠定基础。由于测序技术的不断革新和计算机算力的提升，人类基因组计划于 2003 年正式宣布完成。由此，科学和临床研究正式进入了研究基因功能与调控的后基因组时代。有了基因组的密码字典，自然而然地科研人员就希望针对具体的序列位点进行改造。其实，在特定位点切开 DNA 双螺旋结构的工具酶是很常见的，20 世纪 70 年代，科学家就已经在天然界发现了大量限制性内切酶（endonuclease），这类酶可在体外对特异的 DNA 序列进行切割，因此基因工程学科得以建立和发展。

然而，对活体细胞内的特异 DNA 序列的靶向精准切割却一直无法实现。关键的问题在于，细胞内的基因组 DNA 序列非常庞大，任何一种限制性内切酶都会在基因组中存在大量的切割位点，单独导入限制性内切酶会将基因组切得四分五裂，给细胞带来致死性伤害。而埃玛纽埃勒和珍妮弗发明的高明之处在于，他们发现了一种可人工编辑的向导 RNA（guide RNA，gRNA），该 gRNA 可以与一种 DNA 酶 Cas9 结合，人工设计的 gRNA 能够引导 Cas9 定位于基因组的任何指定位置，且该位置几乎是独有的，因此可实现 Cas9 对特定 DNA 位置的切割，精准编辑目标基因。该方法高效、简洁，几乎可以覆盖基因组任何位置，也不需要复杂的仪器设备，所有实验室都能独立自主地使用这种技术，为基因功能调控研究和基因治疗打开了一片新天地，这一技术后被称为 CRISPR/Cas9——基因魔剪。

CRISPR 是规律间隔的短回文结构簇（clustered regularly interspaced short palindromic repeats）的缩写，它是在古细菌里面被发现的一种获得性免疫防御的模板。20 世纪 80 年代，日本研究人员发现细菌里面存在很多这种间隔重复回文结构的 DNA 序列，回文结构就像一排数字"56788765"一样，对折后可形成两两配对的发卡结构，彼时，大家都还不知道这种结构存在的意义是什么。到 2002 年才把这种特征序列统一命名为 CRISPR，进一步研究发现 CRISPR 可与一类蛋白质相结合，这类蛋白质后被命名为 Cas（CRISPR associated protein）。CRISPR 与 Cas 结合以后就可以对入侵的外源性携带与 CRISPR 有互补序列的 DNA 进行切割，以达到抵御外源 DNA 入侵，保持自身基因组完整性目的，此过程类似于人类的获得性免疫过程（图 3-25）。

法国科学家埃玛纽埃勒长期对细菌的获得性免疫研究领域葆有兴趣，她认为可以对 CRISPR 进行人工改造，实现靶向切割特定 DNA 序列的目的。在一次学术会议上埃玛纽埃勒结识了来自美国的詹妮弗并分享了她的研究进展情况，詹妮弗敏锐地认识到该工作的重要性，随即就开始了与埃玛纽埃勒的合作。随后，她们在实验室里把 CRISPR/Cas 系统从细菌中分离出来，并把 CRISPR 人工改造为大概 22 个碱基左右的一段序列，命名为向导 RNA（guide RNA，gRNA）。gRNA 的碱基序列可以按照人为意愿合成匹配基因组中的靶向 DNA 序列，这使 gRNA 的靶向性可以覆盖每个基因，而且这种靶向匹配高度精准，制备起来也非常便捷、廉价。她们的研究成果于 2012 年发表，旋即轰动了整个生物医学界，随后该系统被证明同样可以在真核细胞包括人类细胞中发挥效用，在生物医学领域开辟了一片新天地。现在每个实验室都可以使用 CRISPR/Cas 系统开展工作，颠覆了基因功能研究的传统方法。鉴于埃玛纽埃勒和珍妮弗发现的巨大影响，2020 年诺贝尔奖委员会决定授予她们诺贝尔化学奖。

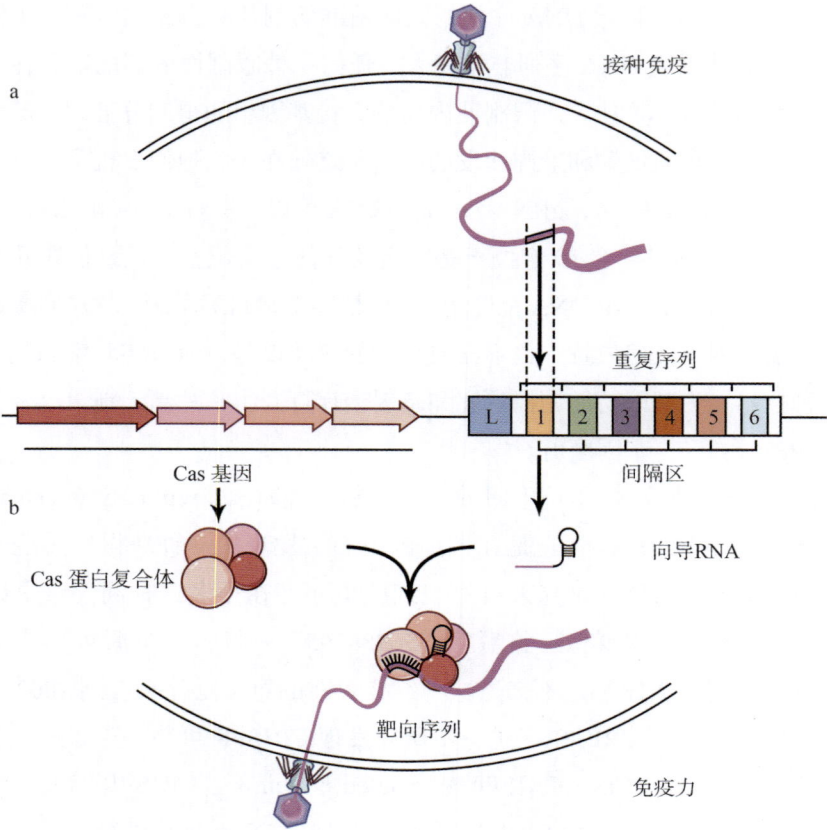

图 3-25　CRISPR 基本原理

a.噬菌体感染细菌，部分噬菌体DNA片段被整合入细菌基因组形成CRISPR；b.噬菌体再次感染可激活细菌的获得性免疫反应，Cas与gRNA结合，识别并降解侵入的噬菌体基因组。

二、基因魔剪的原理

靶向剪切特定 DNA 序列是基因研究工作中长久存在的需求，科研人员早就发现核酸内切酶具有切割 DNA 双链的功能。但是，内切酶识别的 DNA 序列位点通常在基因组中大量存在，无法在细胞内实现精准的基因剪切。为了克服此障碍，科学家设想给内切酶安排一个向导，向导是一小段可人工设计序列，与靶向基因序列具有互补性，同时在基因组内还需要具有唯一性，以免将内切酶导航错位置，造成不良后果。其实，在埃玛纽埃勒和珍妮弗之前，已经有 ZFN（zinc-finger nuclease）和 TALEN（transcription activator-like efector nuclease）系统被发明出来，他们与 CRISPR/Cas 系统类似，可以在人工设计的向导的引导下，使用 Fok Ⅰ 酶对基因组 DNA 特异位点进行切割。不过，ZFN 系统使用的向导是可与 DNA 双链结合的锌指蛋白（Zinc-Finger Protein），该蛋白可以被人工设计合成，但是其设计的局限性比较强，很多基因组序列无法被覆盖，实用性不甚理想。TALEN 系统是借助来源于黄单胞杆菌的 TALE 蛋白实现对靶向 DNA 序列的结合，同样地，TALE 蛋白的序列也可以被人工设计合成，虽然 TALEN 比 ZFN 系统的精准性和覆盖度有了明显提升，但仍具有较强的局限性，一般实验室难以设计使用。

不同的是，CRISPR/Cas 系统使用的向导是短片段 RNA 序列，设计合成非常简洁，靶向剪切 DNA 序列的能力非常强大。在使用时，通过转基因技术，将设计好的 gRNA 及 Cas9 表达载体导入目标细胞，他们即可利用宿主细胞的转录翻译体系，生产 gRNA 和 Cas9 蛋白，随后两者结合起来，gRNA 带领 Cas9 定位到人工设计好的与之互补的靶标 DNA 序列，Cas9 就会把靶 DNA 序列双链剪切开。DNA 是细胞内的核心物质，细胞内具有一套 DNA 损伤监管机制，当 DNA 双链被切开后，损伤修复系统就会被激活，DNA 修复中最为常见的一种策略叫非同源末端连接（non homologous end joining，NHEJ），是细胞在 DNA 双链被打开的危急状况下，为了保证生存采取的一种修补方法，这种模式是一种"弃车保帅"式的易错模式，修复后常会形成 indel（insert 和 deletion 的混称），indel 多数情况下会造成基因功能缺失。还有一类是同源重组介导下的修复（homology directed repair，HDR）途径，这种修复模式是在有与断裂位置相同序列 DNA 供体片段存在的情况下，由宿主细胞内的重组酶介导供体 DNA 替换损伤 DNA 区域的模式。如果在切开 DNA 时，人为地导入一个设计好的 DNA 供体模板，HDR 就有机会把模板整合到目的位置，把设计好的 DNA 序列片段在人为控制下，替换至目标基因位置，达到人工编辑基因的目的（图 3-26）。

虽然，CRISPR/Cas 系统非常简洁、高效，但仍有一些技术问题阻碍其在临床医学中大展拳脚。潜在的脱靶效应（off-target effect）便是非常重要的问题之一，gRNA 中起靶向定位作用的是一段 20 个碱基左右的 RNA 序列，人类基因组有约 30 亿个碱基对，无论如何精心设计，都会存在很多与 gRNA 序列非常接近的互补短序列，可能诱导 gRNA 产生错误配对，导致非预想的 DNA 剪切，这个现象就是脱靶效应（off-target effect）。此外，还有一个重要问题，CRISPR/Cas 系统要发挥作用有一个首要前提，它需要先顺利进入细胞内。如何才能高效进入目标细胞？这也是一个临床应用中目前需要解决的重要问题。另外，CRISPR-Cas 本身对于目标细胞来说是一种外源蛋白，具有一定的毒性，过多表达会引起细胞内的免疫应激，产生明显的细胞毒性，甚至导致原癌基因启动，增加细胞癌变风险。所以，虽然 CRISPR/Cas 系统具有突出的优点，但也存在一定的不足之处。因此，前沿的科学家一直在改进优化这个系统提高它的效率，减少毒副作用。其中，麻省理工学院的华裔科学家 David Liu 深耕 CRISPR/Cas 系统功能拓展领域，开发出了具有点突变和短序列修改功能的精准编辑系统，为系统的迭代升级做出了卓越的贡献。

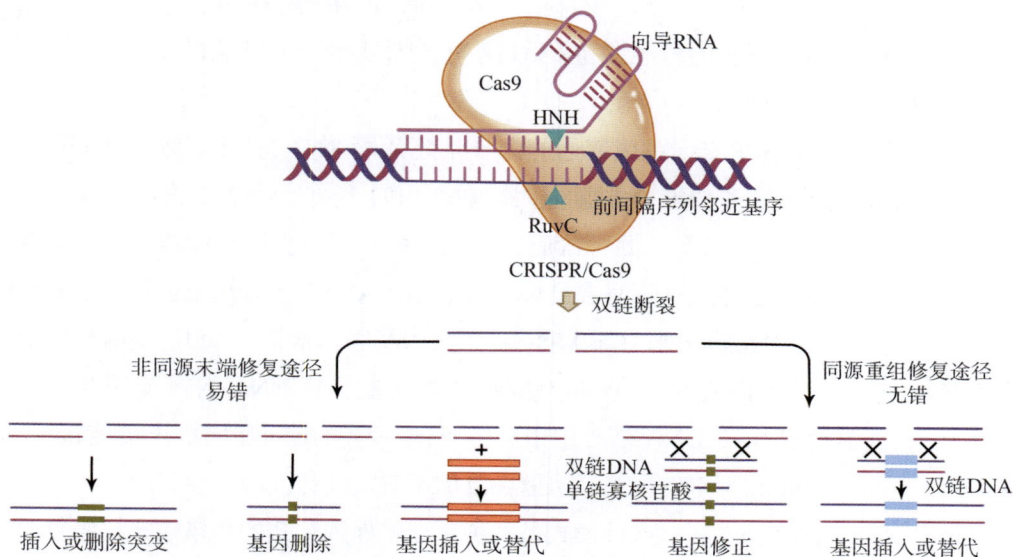

图 3-26　CRISPR/Cas9 系统靶向切断 DNA 双链后的损伤修复路径结果

　　安全性是临床治疗实践中最为重要的议题，在基因治疗领域，通常须先在动物模型上验证有效性和安全性，然后才能进行临床人体实验，检验其治疗效果。临床上，有些疾病的基因治疗其实并不需要修正所有携带基因缺陷的细胞。例如，重度地中海贫血，只要修正 20% 突变的细胞，就能让患者症状得到显著改善，保障其基本生活质量。这就增加了 CRISPR/Cas 系统的适用场景。还有一些免疫相关的疾病，比如获得性免疫缺陷综合征、红斑狼疮、多发硬化等，都是由于免疫系统过分地激活攻击了特定的组织而造成的疾病，可以通过修饰 B 细胞、T 细胞，进行免疫功能调节治疗。

三、基因魔剪技术的应用

　　除了在基因治疗领域的潜力外，由于其简洁、高效性，CRISPR/Cas 系统在农业领域也可以发挥诸多作用，例如农作物的性状改良、畜禽的性别调控等。如前文提到的，如何将 CRISPR/Cas 系统高效递送到目标细胞也是生产应用当中的一个非常关键的环节。目前，常见的介导 CRISPR/Cas 系统进入细胞的方式有腺病毒、腺相关病毒、慢病毒感染，脂质体、电穿孔、离子吸附等，各有优缺点，在不同的场景条件下，可根据具体的需求选择使用。该领域的研究进展，也是制约 CRISPR/Cas 应用发挥的关键因素。

　　CRISPR/Cas 如此简洁、高效，其商业价值每个生物医学创业者都无法忽视。华裔科学家张锋领导的哈佛和 MIT 团队在看到魔剪技术报道之后，立即意识到该技术可能对人类疾病治疗领域产生重大影响，率先对该技术进行了改良并在哺乳动物细胞中验证了其适用性，同时成立了商业公司 Editas Medicine，希望使用 CRISPR/Cas 系统开发基因治疗临床药物。英雄所见略同，一批类似的公司如雨后春笋般成立，投入到镰刀型贫血、视网膜色素病变、重度免疫缺陷、杜氏肌营养不良、黑色素瘤、囊性纤维化、赫勒综合征等疾病的基因药物开发中。目前，部分临床试验已进行了五六年，且有些已获得美国食品和药品管理局（FDA）认证，可以正式作为临床药物进行商业化推广。国内也涌现出一批 CRISPR/Cas9 基因疗法相关的研究机构和企业，例如博雅辑因（北京）生物科技有限公司、北京呈诺医学科技有限公司、中国人民解放军总医院、中山大学附属医院等也在奋力追赶前沿，相信未来在相关领域能够看到更多的中国力量！

　　CRISPR/Cas 系统适用范围广泛，不仅可以在动物细胞内发挥效用，对植物细胞也同样适用。因而也在农业、畜牧业领域有巨大的应用潜力，并且在这些领域的应用中涉及的伦理问题会比较少，推广速度可能会更快。比如说植物性状的改良，抗不利环境的能力，营养性状的改良等，预计未来 10 年在番茄、玉米、小麦、牛、羊等农畜产品品质改良方面会得到较大的发展。

四、诺贝尔奖启示

　　在获奖前，法国科学家埃玛纽埃勒的科研历程非常曲折、艰辛，她辗转了很多地方进行科研工作，可以称得上是颠沛流离。甚至在她获得诺贝尔奖前 2～3 年，她都还没有经费能够去聘用助理，几乎所有的工作都只能靠自己做。埃玛纽埃勒 1968 年出生于法国的奥尔日河畔，她在法国巴斯德研究所取得了微生物学博士学位并继续做博士后训练，于 1997 年赴美国纽约洛克菲勒大学做博士后工作，后续又辗转瑞典、匈牙利，最后在德国柏林马克斯·普朗克病原学研究室和柏林洪堡大学生物学系开展工作。为何她要辗转这么多地方？因为原创性的科研工作很多时候是非常艰苦的，做科研就要守得住寂寞，坐得住"冷板凳"。伟大的发现或发明常起始于冷门研究领域，需要独具慧眼的科学家持之以恒的钻研，最后才能做出具有重要影响力的工作。然而，开展生物类探索性实验，比较依赖经济支持，买设备、试剂、耗材，甚至实验室的水电费都需要科研主导者支付。然而，初始阶段，冷门研究常是不被大家关注和理解的，很难获得资助。所以，前期研究过程中，她处于坐"冷板凳"阶段，获得的经济支持比较少，是"迫不得已"地换了很多地方开展工作，但重要的是，他一直没有舍弃自己对于微生物获得性免疫这个研究领域的热忱，磨砺数十载，最终取得了令世人瞩目的研究成果。可谓是"不忘初心，方得始终"！

与埃玛纽埃勒一同分享诺贝尔奖的是来自美国的珍妮弗，她的事业发展可谓一路顺风顺水，哈佛大学毕业后就在世界名校加州大学的伯克利分校获得教职。在 2011 年的一次学术会议上，偶然认识了法国的埃玛纽埃勒，对她所开展的古生物天然免疫研究产生了浓厚兴趣。而后，二人联手，迅速推进了靶向基因修饰的原理与应用研究，一年后发表了奠定获奖的研究论文，在生物医学界产生了革命性的影响。她们的获奖速度非常之快，在诺贝尔奖历史上，诺贝尔奖的颁发通常与获奖的发现 / 发明会有几十年的间隔，甚至有些人的重要贡献，到去世后才被世人广泛认可。埃玛纽埃勒·沙尔庞捷和珍妮弗·道德纳从发表研究成果到获得诺贝尔奖仅用了不到 8 年时间，这也反映了她们这项工作的杰出性和社会影响力的重大性。

回首历程，埃玛纽埃勒在发表其获奖的研究工作之前，很难被同行和大众认为是一位出色的科学家。这应该引起思考，为什么科学管理体系和社会大众无法甄别出这类科学家，在其发展过程中给予充分的支持，更多、更快地培育这样的科学家？我们的科学管理制度漏洞在哪里？应该怎么改进？艰苦环境的磨难是不是他们成功的必要条件？如果这类科学家获得宽松的环境条件，他们是否会被世俗因素干扰，降低甚至失去动力，导致无法做出开创性的工作？这些都是我们在思考如何引导、培育出诺贝尔奖级人才时应该厘清的问题。

前文中提到基因魔剪技术一经问世，随即就被用于开展临床试验研究，这说明科学家和商业投资公司意识到了这项技术的巨大商业潜力。美国政府非常注重技术转化应用和知识产权保护，早在 1790 年就颁布了第一个专利保护法，埃玛纽埃勒和珍妮弗在发表论文之前，2012 年 5 月 25 日就将她们的发现提交了专利保护申请，但是她们走的是常规审查程序，受理和审理过程比较慢。而在她们的申请审查过程中，来自 MIT 的张锋团队同样敏锐地预见到这项技术的未来市场经济潜力，在对 CRISPR/Cas 系统进一步优化后，于 2012 年 12 月 12 日也向专利局提交了保护申请。虽然他们的申请提交时间比埃玛纽埃勒和珍妮弗晚了大概半年时间，但是他们申请了快速审查通道，因此他们于 2014 年 4 月 15 日早一步在美国获得了专利授权。埃玛纽埃勒和珍妮弗对此结果非常不满，立即提起了申诉。但是，经过两轮申诉，美国司法部门 2022 年 2 月 28 日依然坚持将北美地区的授权给了张锋团队。但是，埃玛纽埃勒和珍妮弗于 2017 年 5 月 10 日获得了欧洲专利保护授权，这意味着双方占据着不同地域的市场。然而，他们之间的争端直接导致了专利法的修改，改为优先保护先受理的申请者，中国的专利法现在也是使用这种判定方法。因为专利保护申请书一经提交，就相当于把自己的发明创造公布于众，可以证明申请人优先贡献。现在，由于信息技术进步，专利授权之前，专利局都会对受理的专利申请进行比对，避免发生后受理但优先获得授权的事情发生。他们的专利之争到目前一直延续了超过 10 年，仍然没有完全平息。每次专利权裁定结果都会对他们背后商业公司的股票产生严重影响，涉及巨大的商业经济利益，这也是他们旷日持久地争夺专利权的一个主要原因。虽然，他们诺贝尔奖级别的贡献值得世人称颂，但也希望科学家在商业化过程中能够注重科学人文精神，像因发现青霉素而获得 1945 年诺贝尔生理学或医学奖的科学家们学习，更多地让技术造福人类，弱化对经济收益的追求，避免技术出现只为特权阶级服务的现象。

当我们具备操控基因能力时，操控牛、老鼠、猪、狗、小麦、玉米、土豆的基因，改变其性状，大家可能都觉得没有什么问题，但是人的基因操控，在什么条件下可以进行？应该注意什么呢？其中涉及的不仅有技术问题，还有伦理问题。例如，我们是否可以将新生儿的一些基因进行编辑，从而使新生儿获得诸如高智商、低患病风险的能力？

每件事，每项技术都不可能是完美的，从哲学角度来讲有利必有弊。涉及在人上面做基因编辑，大众可能都希望是在完美条件下才可以做。权衡在什么场景、什么条件下做，是一件具有挑战性的事。比如说，父母都有遗传性疾病，不操控基因必然会遗传给下一代，这或许是一种公众可以接受的条件。2017 年，中国南方科技大学一位激进的科学家贺建奎冒天下之大不韪，首次将基因魔剪技术应用于人类胚胎，并生育出婴儿。该婴儿的父母都患有获得性免疫缺陷综合征，为了让新生儿避免免疫缺陷病毒垂直传播感染，他们利用基因魔剪技术给胎儿做了 CCR5 基因敲除。人类免疫缺陷病毒要感染细胞需要通过细胞表面特异性受体，如果没有特异性受体表达它便无法感染，如果婴儿的细胞没有 CCR5 基因，理论上就不会得获得性免疫缺陷综合征。他们的做法当时引起了激烈的讨论，多数科学家认为，他们的做法非常不负责，2018 年贺建奎被判刑入狱 3 年。这是因为他的方案完全不具备可应用的条件，即使父母双方都是人类免疫缺陷病毒携带者，做母婴隔断是非常成熟高效的避免人类免疫缺陷病毒垂直传播临床方法。相对在存在于安全的方案前提下，他们选用了一个更具有风险的策略。而且 CCR5 不只负责介导人类免疫缺陷病毒进入细胞，还兼具其他生物学功能。贺建奎等人在没有全面认真评估的情况下，给一个新生命引入了更多的潜在风险。在没有足够的理论、实验支撑的情况下，是对生命非常不负责的行为。该事件也成为第二届、第三届国际人类编辑峰会探讨什么场景下可以对人类基因进行编辑时重点关注的事。希望将来的科学家们汲取之前的教训，保持对生命的尊重和敬畏，将来能真正做出对人类健康有益的贡献。

参考文献

［1］DAVIES K, CHARPENTIER E.Finding her niche: an interview with emmanuelle charpentier[J]. Crispr J, 2019, 2:17-22.

［2］MADIGAN V, ZHANG F, DAHLMAN JE.Drug delivery systems for CRISPR-based genome editors[J]. Nat Rev Drug Discov ,2023, 22(11):875-894.

［3］JINEK M, CHYLINSKI K, FONFARA I, et al.A programmable dual-RNA-guided DNA endonuclease in adaptive bacterial immunity[J]. Science,2012, 337(6096):816-821.

［4］DOUDNA JA.The promise and challenge of therapeutic genome editing[J]. Nature, 2020, 578(7794):229-236.

［5］ANZALONE AV, RANDOLPH PB, DAVIS JR,et al.Search-and-replace genome editing without double-strand breaks or donor DNA[J]. Nature, 2019, 576(7785):149-157.

［6］PACESA M, PELEA O, JINEK M.Past, present, and future of CRISPR genome editing technologies[J]. Cell, 2024, 187(5):1076-1100.

（郭祥玉）

第七节　微小 RNA——转录调控新机制

2024 年 10 月 7 日，诺贝尔生理学或医学奖颁发给了维克托·安布罗斯（Victor Ambros）与加里·鲁夫昆（Gary Ruvkun）（图 3-27），因为他们发现了微小 RNA（microRNA，miRNA）及其在转录后基因调控中的作用。安布罗斯和鲁夫昆的突破性发现揭示了一种全新的基因调控原理，该原理对于包括人类在内的多细胞生物至关重要。他们的这一重大发现揭示了基因调控的新层次。

一、miRNA 调控转录翻译的发现

多细胞生物体内每个细胞都含有相同的基因组，因此拥有完全相同的基因合集。不同细胞类型特异性功能的产生是由于在每种细胞类型中只有特定的一部分基因被

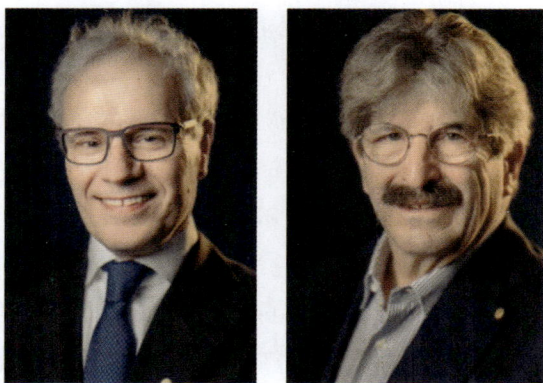

图 3-27　维克托·安布罗斯与加里·鲁夫昆

激活表达（基因的差异性表达），这需要细胞具备多层次的基因调控能力，才能确保每种类型的细胞在特定时间都能正确产生 RNA 和蛋白，因此，细胞基因调控机制是非常复杂的。在安布罗斯和鲁夫昆之前，"中心法则"是指导生物学研究的经典定律，即 DNA 中的遗传信息先转录为 mRNA，再翻译为蛋白质，蛋白质是执行生命功能的主要分子。1965 年，弗朗索瓦·雅各布（François Jacob）和雅克·莫诺（Jacque Monod）因发现原核细胞基因表达的调控机制，共同获得了诺贝尔生理学或医学奖。生物体内的 RNA 分为两种：一种是能指导合成蛋白质的 RNA；另一种是不能编码蛋白质的 RNA，即非编码 RNA。miRNA 是非编码 RNA 中的一种，由于它的长度很短，仅由 21 ~ 23 个核苷酸组成，因此被称作 miRNA。安布罗斯和鲁夫昆的研究成果揭示了一种由 miRNA 介导的转录后调控机制，在动物发育和成体组织生理功能维持中发挥着关键作用，而在 1993 年以前，人们对 miRNA 调控基因表达的模式是一无所知的。安布罗斯和鲁夫昆的发现为"中心法则"添加了新注解。

　　1979 年，安布罗斯在 David Baltimore 的指导下完成了脊髓灰质炎病毒基因组结构与复制的博士论文，博士后阶段在 Robert Horvitz 实验室发现线虫 lin-14 突变体具有相反的发育时间缺陷。在此期间，鲁夫昆在 Frederick Ausubel 的指导下获得了细菌遗传学博士学位，随后对线虫遗传学产生了浓厚的兴趣。1982 年，鲁夫昆也进入 Robert Horvitz 的实验室从事博士后研究。安布罗斯和鲁夫昆在研究线虫的发育生物学机制时，偶然发现了一个奇怪的"指挥官"。这个"指挥官"就是 lin-4 基因。按照中心法则理论，基因的职责是指导细胞制造蛋白质。但是 lin-4 这个"指挥官"却与众不同，它不制造蛋白质，而仅转录出一种很短的 RNA 分子。更有趣的是，这个短小的 RNA 分子似乎能够影响另一个基因 lin-14 的功能。这一发现就好比在一个大工厂里，发现了一个小小的开关，居然能控制整个生产线的运转！此后安布罗斯和

鲁夫昆开始了克隆 *lin-14* 的漫长探索之路。当时，确定一个由遗传学定义的基因座的 DNA 序列是一项极具挑战性的任务。

经过多年坚持不懈的实验探索，他们最终成功地确定了该区域。在此期间，两人都取得了教职，成立了各自独立的实验室并继续相关研究。安布罗斯就职于哈佛大学，鲁夫昆就职于麻省总医院和哈佛医学院。尔后，鲁夫昆首先证实，*lin-14* 是一种核蛋白，在发育过程中具有阶段特异性表达的特征。1992 年 6 月 11 日晚，两人独立地解析了 *lin-14* 和其序列后，他们友好地交换了 *lin-14* 和其基因的序列数据。他们都敏锐地注意到 *lin-4* 非编码 RNA 与 *lin-14* 的 3'UTR 中的多个元件之间存在明显的互补性。在认识到分析结果的重要性后，安布罗斯和鲁夫昆两个团队开启了一系列关键实验，最终证明 *lin-4* 这个 miRNA 通过与 *lin-14* mRNA 的 3'UTR 中的碱基配对调控 *lin-14* mRNA 翻译。1993 年，安布罗斯和鲁夫昆分别发表论文，解释了这个神奇的控制过程。他们发现 *lin-4* RNA 如同一把钥匙，能够与 *lin-14* 基因产生的 mRNA 某些部分完美匹配。当这把"钥匙"插入"锁孔"后，就会阻止 *lin-14* 翻译产生蛋白质（图 3-28）。

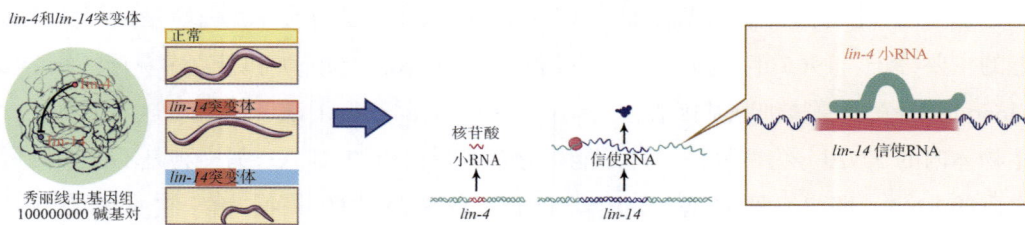

图 3-28 调控线虫发育的 miRNA 与 mRNA 互补结合影响转录表达

二、miRNA 调控基因表达原理的高度保守性

然而，这个发现并没有引起太多关注，多数科学家认为这只是线虫中独有的生物学现象，与人类关系不大。直到 2000 年，鲁夫昆的实验室发现了名为 let-7 的第 2 个 miRNA。让科学家们兴奋的是，let-7 不是线虫中独有的，在人类和其他动物中也存在。这种进化上的保守性引起了人们的极大兴趣，预示着一项新的生物学普遍规律。在随后的几年里，科研人员陆续发现了数百种不同的 miRNA。今天，已检测到的人类 miRNA 基因超过 1000 种，并且证明 miRNA 的基因调控作用在多细胞生物中是普遍存在的。

2001 年 10 月，图斯尔、大卫·巴特尔和安布罗斯 3 人各自领导的 3 个研究组在 *Science* 杂志同期发表论文，将这种小 RNA 命名为 miRNA。论文证明了 miRNA 调控机制在动物进化中具有普遍重要性。这使人们首次看到了一种新型的调控 RNA——

miRNA。随后，科学家们通过在基因工程小鼠中选择性地敲除 Dicer1（miRNA 发挥生物学功能的重要介质蛋白），阐明了 miRNA 在成体细胞和组织中的分子生物学机理。更进一步的研究发现，在 B 细胞成熟过程中去除 Dicer1 会导致其在原 B 细胞阶段停止分化。在动物胚胎第 15.5 天去除 Dicer1 后，会导致出生后早期死亡、小头畸形、神经元树突分支发育减少和树突棘长度增加。神经元中 Dicer1 的缺失会导致神经元进行性缺失和运动活性降低等。同时，在其他几种细胞类型和组织中也观察到了严重的有害表型，力证了 miRNA 在发育过程和成体细胞功能中的关键作用。一系列的相关研究报道，令主流学界终于意识到了该研究领域的重要性。随后的几年里，成千上万的 miRNA 在各种物种（包括人类、小鼠、大鼠、果蝇、斑马鱼、拟南芥、水稻等动植物的几乎所有类群）中被发现，开启了一个全新而广阔的科学研究领域。

三、微小 RNA 的应用潜力

随着研究的深入，科学家发现，miRNA 还与多种疾病的发生有关，包括癌症、心脏病和神经系统疾病等，这为疾病的诊断和治疗提供了新的方向。在诊断方面，某些 miRNA 可以作为疾病的生物标志物。例如，通过检测血液中特定 miRNA 的水平，医生可能在未来更早地发现某些癌症，这种检测方法有望革新疾病的早期诊断与干预策略。在治疗方面，科学家们正在探索通过调节特定 miRNA 的活性治疗疾病。例如，在某些癌症中，一些 miRNA 的表达异常升高，而另一些则异常降低。通过恢复这些 miRNA 的正常表达水平，可能达到抑制肿瘤生长的效果。此外，miRNA 在再生医学领域也展现出潜力。研究表明，通过操控某些 miRNA，可影响干细胞的分化方向，这为组织修复和器官再生提供了新的方法手段。

miRNA 的发现揭示了基因表达调控的新维度，就像发现了调控基因的一个隐藏开关，这个发现让我们对生命的复杂性有了新的认识。但是，我们对 miRNA 的了解还远远不够。未来，科学家们将继续探索 miRNA 的作用机制，寻找更多与疾病相关的 miRNA。同时，如何将实验室的发现转化为临床应用，也是一个重要的研究方向。我们可以期待，基于 miRNA 的新型诊断工具和治疗方法将不断涌现。此外，miRNA 研究也可能为其他领域带来启发。例如，在农业中，通过调控植物的 miRNA，可能培育出抗病虫害或适应气候变化的新品种。在环境保护方面，miRNA 可能成为监测生态系统健康状况的新工具。

2024 年诺贝尔生理学或医学奖，不仅是对安布罗斯和鲁夫昆个人贡献的肯定，更是对整个 miRNA 研究领域的认可。随着研究的深入，miRNA 领域必将继续为生命科学和医学带来更多惊喜和突破。今日看似无关紧要的发现，可能成为未来改变世界的突破口。这就是科学的魅力所在，也是激励我们不断探索的动力。

四、诺贝尔奖启示

安布罗斯关于 *lin-4* 的研究论文于 1993 年发表在顶级学术杂志 *Cell* 上，这是他在哈佛大学任助理教授期间作出的奠定他获奖的工作。但是，当时包括哈佛大学，大家都未能理解其工作的意义，没有为他提供终身教职，安布罗斯被迫默默离开，到达特茅斯学院继续他的研究工作。由于一直没能找到第 2 个 miRNA，而且 *lin-4* 在人类细胞中也缺乏保守性，安布罗斯的工作逐渐被公众遗忘，除了他自己在这一领域坚守。2000 年，安布罗斯看到了鲁夫昆的一篇论文摘要，论文展示了他们新发现的微小 RNA let-7 在不同动物物种中的高度保守性，涵盖了从海胆到人类的广泛物种。安布罗斯望向窗外，深思着：如果 let-7 具有如此广泛的保守性，那么很可能还有许多其他的 miRNA 广泛存在于各种生物中，承担着重要的生物学功能。结束思考后安布罗斯就立即和实验伙伴罗莎琳德·李（Rosalind Lee，他的妻子）开始了有针对性地测序和搜索工作。结果，他们鉴定到了十几个线虫的 miRNA，其中一些（如 mir-1）广泛存在于包括人类在内的物种中。但他们狭隘地认为，自己是唯一进行这种工作的人，即便在 2001 年 7 月的一个学术会议上，他听说了大卫·巴特尔也在试图从线虫中克隆 miRNA，但认为巴特尔不是该领域的人，并未意识到激烈的学术竞争正在发生着。

1 个月后，安布罗斯收到了 *Sicence* 杂志编辑发来的审稿邀请邮件，邮件中是图斯尔的新论文摘要——在果蝇和人类中发现新的微小 RNA！他不得不告诉编辑，他也正在准备发表一篇相似发现的论文，存在利益冲突，无法审稿，虽然这篇"论文"尚未成形。这时的安布罗斯急了。第二天上午他通过快速通道向 *Cell* 杂志提交论文预审，大致描述了他们鉴定的、新的、进化保守的 miRNA，但编辑当天下午拒绝了他们的投稿意向。安布罗斯不得不重新转回 *Science* 杂志，编辑竟慷慨地同意将其与图斯尔的论文一起送审——前提是在周五之前提交论文。编辑还顺便告知巴特尔的类似论文也被受理准备启动审稿。紧迫的问题在于，距离编辑要求的投稿时间不足 3 天，安布罗斯的论文主体上还未动工。在接下来 60 多个小时里，安布罗斯和罗莎琳德一边进行最后的实验，一边疯狂地整理数据和撰写论文。庆幸的是，他们竟然真的在周五下午把论文初稿投递了出去。论文最终被 *Science* 杂志接收，并和另外两篇同类论文一起发表了，尽管所有审稿人都指出这篇初稿写得极其糟糕，但瑕不掩瑜，他们的研究成果最终还是被认可了。

他们的这一发现如平地惊雷，吸引了无数天才科学家纷至沓来，加入到新的

miRNA 发掘队伍中。开启了火热的非编码 RNA 研究的时代。2008 年，维克托·安布罗斯、加里·鲁弗肯和戴维·鲍尔库姆一起获得了拉斯克奖，以表彰他们在 miRNA 研究中开创性的贡献。后来，哈佛大学重新邀请安布罗斯回去，他拒绝了，选择到马萨诸塞州立大学，建立了新的实验室。安布罗斯的成功之路跌宕起伏，从最初的"我笑世人看不穿"，过程中差点"大意失荆州"，到最后的登顶荣耀之巅。矢志不渝的坚守可能才是他的成功密钥吧。

在嬉皮士风潮最盛的 20 世纪 60 年代末、70 年代初，恰逢鲁夫昆意气风发，顺理成章地被感染了一点嬉皮士的风气。1973 年，留着长发的鲁夫昆从加州大学伯克利分校生物物理学专业毕业，但他并不急着找工作，而是买了一辆蓝白相间的面包车，沿着美国西海岸漫无目的地兜风。据鲁夫昆后来回忆，他当时去面试了一家核电站，也试着去当电台 DJ，最终在酒吧喝酒时，得到了一份种树的工作，种树工几乎都是满怀理想的年轻嬉皮士。种树的回忆，后来被鲁夫昆反复提及，也成为鲁夫昆女儿小时候最喜欢的睡前故事，"种树合作社是工人所有，讲环保、讲性别平权，白天在陡峭的山坡上淋雨挨冻种树，晚上在帐篷里喝酒"。

在 1 年种了大概 5 万棵树后，鲁夫昆一路向南流浪到玻利维亚，偶然看到了《科学美国人》这本杂志。在看了一天一夜之后，他意识到"是时候回去了"。于是，这个世界少了一位植树达人，多了一名科学家。关于当流浪嬉皮士的经历，鲁夫昆认为是有相通之处的："当流浪者和当科学家没啥不同，都是跳上一辆公共汽车，不知道这辆车或这个实验会把我带到哪里去"。鲁夫昆的"出格"行为还不止种树，2000 年以来，他跟地球物理学家以及 NASA 搞了 20 多年的联谊，开发了一种 DNA 测序仪，计划探测外星是否存在生命痕迹。因为鲁夫昆有一个疯狂的猜想：地球生命可能起源于别的星球。与安布罗斯不同，鲁夫昆看起来并不喜欢"坚守"一个研究领域，更喜欢天马行空的奇思妙想。成功的路径可能是多元化的，灵光乍现也能铸就辉煌！

安布罗斯和鲁夫昆人生轨迹有着非常有趣交织，他们几乎同时在 MIT 的罗伯特·霍维茨教授的实验室做博士后，从 MIT 独立出来建实验室后，还保持着密切的合作关系。霍维茨最初在英国剑桥大学跟随诺贝尔奖得主 Sydney Brenner 学的线虫，然后返美国独立开展科学研究，而安布罗斯和鲁夫昆也是使用线虫作为研究材料。有趣的是安布罗斯在 MIT 博士时期的导师是 David Baltimore，因为发现逆转录酶获得诺贝尔奖。此外，在 2006 年因为发现 RNA 干扰现象获得诺贝尔奖的 Craig Mello 在安布罗斯的哈佛实验室做了 6 年的博士后，让诺贝尔奖历史上出现了学生比老师更早获奖的有趣局面，此事也必将成为诺贝尔奖史上的一段佳话。

从安布罗斯和鲁夫昆的人生经历和职业发展来看，伟大的发现都是超前的，发展的过程可能是曲折的，转折可能发生在不经意间，敏锐的洞察力和抓住时机的判断力是重要的素养。鲁夫昆具有广泛的爱好，和最初对科学研究工作不确定的态度，这提示自主决定的源发驱动力和坚持不懈的努力是一种成功的密钥。或许做伟大的科学研究未必需要苦心孤诣，业余的兴趣爱好可能提供灵感。他们二位都有在诺贝尔奖得主实验室求学工作的经历，这提示诺贝尔奖得主在科研工作中有着一定的通用策略和精神，这是年轻科研工作者最应该去了解和学习的。

参考文献

［1］CALLAWAY E, SANDERSON K.Medicine nobel awarded for gene-regulating 'microRNAs'[J]. Nature, 2024, 634(8034):524-525.

［2］RUVKUN G.The perfect storm of tiny RNAs[J]. Nat Med,2008, 14(10):1041-1045.

［3］NEILSON JR, SHARP PA.Small RNA regulators of gene expression[J]. Cell ,2008, 134(6):899-902.

［4］AMBROS V. The functions of animal microRNAs[J]. Nature,2004, 431(7006):350-355.

［5］PURANIK N, SONG M. Insights into the role of micrornas as clinical tools for diagnosis, prognosis, and as therapeutic targets in alzheimer's disease[J]. Int J Mol Sci, 2024, 25(18): 9936.

［6］LEE RC, FEINBAUM RL, AMBROS V. The C. elegans heterochronic gene lin-4 encodes small RNAs with antisense complementarity to lin-14[J]. Cell, 1993, 75(5):843-854.

［7］WIGHTMAN B, HA I, RUVKUN G. Posttranscriptional regulation of the heterochronic gene lin-14 by lin-4 mediates temporal pattern formation in C. elegans[J]. Cell,1993, 75(5):855-862.

（郭祥玉）

本章数字资源

本章习题

第四章　药物治疗篇

引 言

现代治疗疾病的方法多种多样，涵盖了从传统药物到前沿生物技术等多个领域。但古往今来，药物治疗一直是疾病治疗中非常重要的一种方法，它在现代医学中也占据着核心地位。药物治疗一般指使用天然提取药物或化学合成药物治疗疾病。从结构上来说，这些药物可以是小分子化合物、生物制品或更复杂的生物分子。随着医学科技的不断发展，近年来免疫治疗、基因治疗、干细胞治疗、mRNA疫苗、生物制品治疗等不断涌现。这些治疗方法可以单独使用，也可以结合使用，以提供最佳的治疗效果。而且随着医学研究的不断进步，未来可能还会出现更多创新的治疗方法。因此，本章讨论不再局限于传统药物治疗的范畴。

很多药物的发现或研究，既有偶然性，又有必然性，离不开无数个科学家们的聪明才智和艰辛付出。在接下来的章节中，我们将一起探索那些改变了我们对疾病治疗方式认知的革命性药物和疗法。本章将按照获奖的时间顺序深入了解7种具有里程碑意义的药物和治疗技术，它们不仅在医学史上留下了浓墨重彩的一笔，更在人类与疾病斗争的漫长历史中扮演了至关重要的角色。

第一节将讨论战胜的细菌的法宝——抗生素。抗生素的发现和应用，是人类医学史上的一大飞跃，极大地提高了人类对抗感染性疾病的能力。第二节将聚焦RNA干扰技术，这是一种基因调控的新利器，能够精确地沉默特定基因，为研究基因功能和开发新疗法提供了强大的工具。第三节将揭开诱导多能性干细胞的神秘面纱，这种能够逆生长的细胞技术，为再生医学和细胞治疗带来了革命性的变化。第四节探讨外泌体，这是细胞间传递信息的微小囊泡，携带着生命的信息，影响着细胞的行为和功能。第五节将介绍东方的神药——青蒿素，解读从中草药中提取的抗疟疾药物的发现历程，及其卓越的疗效以及其如何成为全球抗疟疾斗争中的关键武器。第六节介绍噬菌体展示技术，该技术能够快速筛选和识别特定的蛋白质，为新药的开发提供强大的平台。第七节介绍mRNA疫苗，这是免疫史上的突破性进展。mRNA疫苗的开发，不仅在抗击新型冠状病毒感染疫情中发挥了关键作用，也为未来疫苗的研发开辟了新的道路。可见，每一节都是对现代医学进步的一次深刻致敬，每一次探索都是对生命奥秘的一次勇敢追求。

我们将一起见证药物治疗的革命，感受科技的力量，以及其如何深刻地影响着我们的生活和健康。

（王跃春）

第一节 抗菌药物——战胜细菌的法宝

抗菌药物是一种来源于微生物的天然代谢产物或人工合成的化合物，因其能够杀灭细菌或抑制细菌生长的药物，在临床上广泛应用于感染性疾病的治疗。人们通常把来源于微生物的代谢产物，并具有抗菌效果的物质称为抗生素。抗菌药物的发明是医学领域最伟大的发明之一，其广泛应用使细菌感染的疾病死亡率迅速下降，拯救了千千万万的生命。其发明改变了人类死亡谱的结构，从此几千年来导致人类病亡的细菌感染性疾病不再是人类生命的头号杀手，20 世纪以来人类的寿命得以显著延长。在抗菌药物的发明过程中一共产生了 3 个诺贝尔奖，一个来自人工合成的化合物，其余两个是微生物的代谢产物。磺胺类药物百浪多息是第一个人工合成的抗菌药物，是由德国病理学家和细菌学家格哈德·多马克（Gerhard Johannes Paul Domagk）发明的，并荣获 1939 年的诺贝尔生理学或医学奖；青霉素的发明与应用，由亚历山大·弗莱明（Alexander Fleming）、霍华德·弗洛里（Howard Florey）和恩斯特·鲍里斯·钱恩（Ernst Boris Chain）发现并由此获得 1945 年的诺贝尔生理学或医学奖（图 4-1）；链霉素的发明，由美国罗格斯大学的微生物学家塞尔曼·亚伯拉罕·瓦克斯曼（Selman Abraham Waksman）发现并荣获 1952 年诺贝尔生理学或医学奖。

图 4-1 亚历山大·弗莱明、霍华德·弗洛里和恩斯特·鲍里斯·钱恩

一、青霉素：改写人类命运的真菌馈赠

青霉素作为世界上第一个抗生素被发明出来，对医学领域产生了深远影响，极大

地降低了细菌感染疾病导致的死亡率，彻底扭转了人类对严重细菌感染束手无策的局面，开创了人类治疗细菌感染的黄金时代——抗生素时代。

1881年，亚历山大·弗莱明出生于英国苏格兰普通农户家庭。在亲戚的帮助下，进入伦敦圣玛丽医学院学习医学。毕业后他并没有成为一名医生，而成为一名从事细菌和微生物方面的科学研究人员。作为细菌和微生物方面的专家，弗莱明有幸被任命为陆军医疗队的上尉，参加了第一次世界大战的战场救护工作。在这期间目睹了许多受轻伤的士兵，不是死于外伤，却因为伤口感染导致严重的败血症而丧生。在当时情况下，人类面对严重的细菌感染时还无能为力，缺乏有效药物抑制细菌的生长和增殖。感染性疾病死亡率占据人类死亡谱的首位，现在看起来普通的肺炎在当时都是非常严重的疾病，控制不住细菌感染的话，后果常是致命的，令人谈虎色变。

亚历山大·弗莱明正是在战场上目睹了细菌感染的可怕后果，这样的经历促使他致力于免疫学研究，以寻找治疗细菌感染的有效药物。在科研生涯的早期，弗莱明对血液本身的天然防御细菌作用产生了浓厚兴趣。1921年，他在"生物组织及分泌物"中发现了一种可使细菌溶解的物质，这种物质能够轻而易举地溶解细菌，保护机体免受细菌感染，因此将其命名为溶菌酶。溶菌酶是一种存在正常人体内的可溶解细菌的蛋白质，能够杀死细菌。在溶菌酶的发现过程中，弗莱明积累了丰富的抗菌物质研究经验，这为日后发现青霉素打下了坚实的基础。

青霉素的发现过程充满戏剧性。1928年夏天，弗莱明外出度假，出发前却忘记了清理实验室培养箱里的细菌培养皿。3周后当他回到实验室时，看到一个生长着葡萄球菌的培养皿意外地被霉菌污染了。一些空气中飘浮的霉菌孢子落在培养皿琼脂表面，在假期期间生长出一团青绿色的霉菌。当弗莱明准备将这些被霉菌污染的培养皿清理掉时，再次仔细地观察了这个污染的培养皿，惊奇地发现靠近霉菌污染的一侧培养基，原本应密集生长的葡萄球菌消失了，在霉菌的周围形成了一个透明的环（直径达5cm）。这个透明的环表示这个区域是没有葡萄球菌的生长，这种现象后来被称为抑菌环。而在远离霉菌菌落的区域，葡萄球菌仍然正常生长，并没有受到任何影响。这一现象突破了当时"细菌不可战胜"的认知——此前即使最先进的卡氏防腐剂也只能抑制细菌生长，而青霉菌分泌物展现出直接的溶菌能力。弗莱明并没有把这个培养皿当成常见的霉菌污染而一扔了之，如实地记录这些细菌培养中常见的污染现象，并对此现象产生了浓厚的兴趣，进一步收集霉菌的淡黄色分泌物进行抗菌测试，发现黄色分泌物具有杀菌作用，即使将其稀释1000倍后仍有很强的杀菌能力。因此弗莱明推断，青霉菌团起杀菌作用的一定是青霉菌在生长过程中分泌出来的某种特殊物质。

同年弗莱明将他的发现整理成论文发表，并将这种抗菌物质命名为"青霉素"（Penicillin），但是他的发现并没有立即引起世界范围内的重视。一直到 10 年后的 1939 年，英国病理学家霍华德·弗洛里（Howard Florey）和德国生物化学家恩斯特·钱恩（Ernst Chain）在弗莱明发现的基础上，改进了青霉素的提取和纯化方法，最终成功地从这种霉菌中分离出了青霉素纯品。他们的工作不仅证实了弗莱明的发现，而且还推动了青霉素的大规模生产和临床应用。1942 年，青霉素开始在美国进行大规模生产，成为第一个应用于临床的抗生素，广泛用于治疗各种细菌感染，如肺炎、脑膜炎、脓肿和败血症等，取得了显著的治疗效果，极大地增强了人类战胜感染性疾病的能力。

现在已知道，青霉素属于 β- 内酰胺环类的抗生素，即这些抗生素都含有一个相同的 β- 内酰胺环结构，包括有青霉素及其衍生物头孢菌素类。此类抗生素能够破坏细菌的细胞壁，在细菌的繁殖期起杀菌作用。不同于人体的细胞，细菌最外面多了一层细胞壁结构，这个细胞壁对于细菌的生长至关重要。青霉素进入人体后能特异地作用于细菌细胞壁，破坏其完整性，而人体细胞没有细胞壁，自然不会受到影响。具体来说，青霉素通过抑制细菌细胞壁上肽聚糖的生物合成，破坏细胞壁的完整性而发挥杀菌作用。

肽聚糖由肽和糖相互结合而得名，是由肽交联糖形成的聚合物，其是细菌细胞壁的主要成分。肽聚糖在空间上呈现三维的网状结构，这种网状结构围绕在细菌的细胞膜外，是细菌表面最外层的屏障。那么，青霉素是如何抑制细菌细胞壁肽聚糖的合成的呢？具体的机制是，青霉素与细菌细胞壁中一种青霉素结合蛋白紧密连接在一起，破坏了肽聚糖的正常合成过程，从而抑制了细菌细胞壁的合成。当细菌的细胞壁合成受到阻碍时，细胞壁的结构出现严重破损，大量水分会进入细菌的菌体内，引起菌体肿胀、破裂，最终细菌崩解死亡。

青霉素的抗菌作用很强，但其缺点是使用过程中容易发生过敏反应，严重甚至导致过敏性休克，使用前应进行过敏反应测试，皮试阳性者禁用青霉素治疗。后来人们在青霉素的基础上进行结构改造和优化，一方面提升改造后药物的抗菌能力，另一方面避免和减少青霉素相关的不良反应。根据年代的先后和抗菌性能的不同，一共发展和命名了五代头孢。目前青霉素改造后合成的头孢类药物，比青霉素的杀菌能力更强，同时不良反应少，基本上取代了青霉素的使用。至此，青霉素圆满地完成了对抗细菌感染，拯救生命的历史使命。

二、链霉素：终结白色瘟疫的土壤密码

结核病是一种由结核分枝杆菌感染机体引起的传染性疾病，最常见的感染部位在

肺部，又称肺结核。肺结核会引起发热、盗汗、咳嗽，严重的出现咯血和呼吸困难，极大地威胁人类健康。在第二次世界大战以前，肺结核被认为是无法治愈的疾病，而链霉素这个划时代抗生素的发现彻底改变了人们对结核病的认识，让人类找到了战胜肺结核的方法。

19 世纪 40 年代，美国新泽西州罗格斯大学的微生物学家赛尔曼·亚伯拉罕·瓦克斯曼（Selman Abraham Waksman）着手研究土壤中的微生物如何影响结核菌的生长，提出了通过筛选大量微生物来主动寻找抗结核菌药物的设想，即从土壤微生物中寻找和分离出具有抗结核菌活性的物质（图 4-2）。但是要从数以千计的微生物中找到特定抗菌活性的物质无异于大海捞针，其难度可想而知。瓦克斯曼采取了一种系统、高效的活性药物筛选方法，从各种土壤样本中分离出大量的微生物，并逐一测试其抗菌活性。

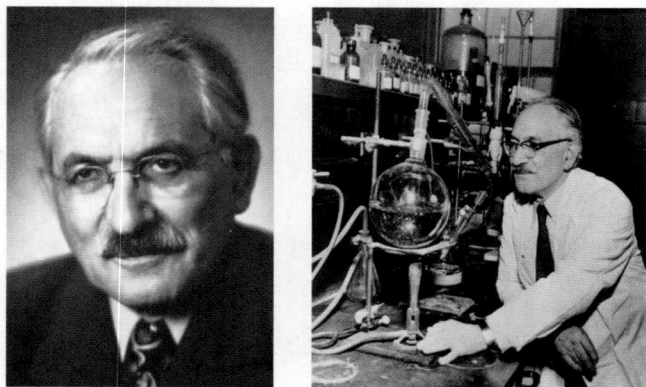

图 4-2　瓦克斯曼和他的抗菌活性筛选系统

瓦克斯曼团队日复一日、不辞劳苦、坚持不懈地进行着药物筛选，终于在 1943 年取得了突破。瓦克斯曼的学生阿尔伯特·萨兹（Albert Schatz）非常幸运地从土壤样本中分离出了一株名为灰色链霉菌（streptomyces griseus）的菌株，将其接种到培养基中，并进行大量的扩增培养。他成功地从链霉菌的代谢产物中分离出了一种强大的抑制结核菌的物质，一种含胍基的氨基糖苷化合物——链霉素。这是人类历史上发现的第一种治疗结核病有效的抗生素，1944 年临床试验显示，该药使结核病患者 5 年生存率从 20% 提升至 80%，世界卫生组织因此将 1945 年定为"全球结核病防控元年"。链霉素联合使用后发现的结核治疗药物异烟肼，能够极其有效地控制结核病的发展和传播。自链霉素问世后，人类开始了大规模筛选抗生素，相继发现了金霉素、氯霉素等多种重要的抗生素。这些抗生素的发现进一步丰富了抗菌药物宝库，为人们治疗各种细菌性感染疾病提供了更多选择，极大地增强了人类对抗细菌感染的能力。

链霉素是一种氨基糖苷类抗生素，其化学结构中含有氨基糖和氨基环醇两部分，两者通过糖苷键相连接。链霉素的杀菌作用依赖于其干扰细菌蛋白质合成的能力。具体来说，链霉素能够与细菌核糖体 30S 亚基结合，阻止细菌 mRNA 与核糖体的结合，核糖体如果不能和 mRNA 结合，将无法合成细菌所需的蛋白质。由于蛋白质是细菌生命活动所必需的，因此，链霉素的这种作用能够使细菌生长停止乃至死亡。链霉素的抗菌作用主要针对革兰阴性杆菌，如结核杆菌。链霉素在使用过程中可能产生一些不良反应，如耳毒性（破坏耳蜗毛细胞）和治疗窗狭窄（血液中的药物浓度需维持在 $20 \sim 40\mu g/mL$）等，在使用时应谨慎选择，并遵循医生的建议。

三、百浪多息：开启化学疗法的染料革命

1908 年，德国化学家保罗·杰尔莫（Paul Gelmo）首次合成磺胺（对氨基苯磺酰胺）类化合物，当时的磺胺只是合成偶氮染料的一种化学成分，至于其在医学方面的作用不为人知。直到 1932 年，在磺胺这个宝藏埋藏近 20 年后，细菌学家格哈德·多马克（Gerhard Domagk）开始关注偶氮染料可能的杀菌作用。前人埃尔利希发现红色偶氮染料对锥虫有杀伤作用，多马克受此启发，提出了"偶氮染料或许对链球菌也有杀伤作用"的猜想。在赫连的提议下，多马克将偶氮染料和磺胺基团连接在一起，在磺胺的基础上合成了衍生物百浪多息。在筛选数千种合成出来的偶氮染料后，多马克惊奇地发现红色染料百浪多息对治疗溶血性链球菌感染有很强的效果，但这个发现过程也并非一帆风顺。

多马克首先将百浪多息加入细菌培养皿中，观察其对细菌生长的影响，但百浪多息抑制细菌生长的作用并不明显。但他并没有就此放弃研究百浪多息，仍然坚信其有杀菌效果，觉得有必要在动物实验中测试一下百浪多息的杀菌作用，因为动物上的细菌感染过程更接近人体真实的细菌感染环境。于是他将实验对象改为受到链球菌感染的小鼠，结果发现百浪多息不仅使受到细菌感染的小鼠痊愈，而且也没有出现严重的不良反应。此时多马克的女儿因为链球菌感染得了严重的败血症，抱着试一试的态度，多马克给自己的女儿使用了百浪多息，结果竟然成功治愈了他女儿的败血症。经过几年的临床药物试验，证明百浪多息对链球菌感染有显著的疗效，随后多马克将其推向了市场，使广大患者可以获得百浪多息。

百浪多息作为第一个人工合成的抗菌化合物，是如何产生抗菌作用？人们发现百浪多息是通过干扰叶酸的合成实现的。为了讲清楚这个抗菌原理，有必要先了解叶酸的结构和功能，叶酸不仅是人类所必需的一种营养物质，也是细菌生长所必需的营养物质，因为其参与了 DNA 的合成过程。叶酸的结构包含 3 个化学基团：蝶啶环基团、对氨基苯甲酸和谷氨酸。饮食摄入的叶酸与机体自身合成的叶酸都会进入叶酸循环。

在该循环中，二氢叶酸还原酶将二氢叶酸还原为四氢叶酸，四氢叶酸参与机体许多和一碳单位转移相关的代谢过程。特别是 DNA 合成过程中必须有四氢叶酸参与，四氢叶酸在核苷酸的生成过程中提供所必需的碳原子。可以说，没有四氢叶酸的合成就无法生产核苷酸，而核苷酸是细胞 DNA 的组成成分，DNA 合成受阻最终会影响细胞的正常功能。

百浪多息是一种经典的前药，所谓前药就是这种化合物在机体之外活性低，需要在机体内分解成其他化合物才能发挥药理作用。百浪多息进入机体内后，在偶氮还原酶的作用下，分解出对氨基苯磺酰胺（磺胺），而这个由百浪多息分解出来的磺胺才是真正起杀菌作用的化合物。磺胺与细菌生长所需的对氨基苯甲酸在化学结构上十分相似，将与对氨基苯甲酸共同竞争结合细菌的二氢叶酸合成酶，使细菌无法合成二氢叶酸，继而无法进一步生成四氢叶酸。由于磺胺对四氢叶酸的合成产生了极大的干扰，细菌因缺乏四氢叶酸导致 DNA 的合成受到了抑制，最终抑制了细菌的生长和增殖。因此，当百浪多息被细菌吸收后分解产生磺胺后，虽然磺胺看起来很像是必需的营养物质，但实际上与真正的营养物质对氨基苯甲酸还是有细微的差别。百浪多息作为一个"假货"蒙混过关，但假货是不可能合成出真正的四氢叶酸，起不到任何营养作用，这最终导致了细菌的死亡（图 4-3）。

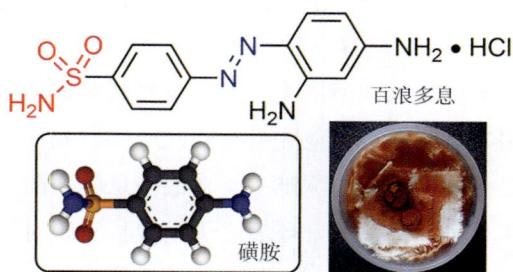

图 4-3　百浪多息分子结构

四、诺贝尔奖启示

（一）科学发现中的偶然性与必然性

偶然性与必然性在科学的重大发现中都起一定作用，不能完全截然分开，两者是"你中有我，我中有你"的统一体。弗莱明发现青霉素看似有很大的偶然性，但其实存在必然性。虽然霉菌污染培养皿是一个偶然现象，但是如果没有弗莱明在长期科学研究中所培养出来的敏锐观察力，可能也无法从这个偶然现象中抓住这个机遇，从而与青霉素的发现失之交臂。假如出现这种情况，青霉素的发现历史就要延后很多年，这说明偶然性中存在必然性。弗莱明在获奖致辞中也说道："命运可能在发现中发挥重要作用，1928 年是命运污染了我的培养皿，是命运促使钱恩和弗洛里在 1938 年研究青霉素，而不是当时描述的许多其他抗生素，是命运使他们的工作在最需要青霉素的战时取得成果。"百浪多息的发现过程和青霉素的发现一样，同样充满着偶然性。百浪多息原本是一种红色的偶氮染料，在工业中作为一种普通的染色剂。但是多马克通过其敏锐的直觉，将其用于医学研究，最终发现了第一个人工合成的抗菌药物。链霉素的发现过程中必然性因素更多一些，因为在链霉素发现之前，瓦克斯曼已经想到可从土壤微生物代谢产物中筛选出抑制结核杆菌生长的活性物质，而在此之前也有成功的抗生素发现案例，即来源于青霉菌的青霉素。瓦克斯曼已经成功地建立了一套成熟的代谢产物筛选体系，至于什么时候筛选到有效药物将是迟早的事情，由于土壤里面的微生物太多，代谢成分复杂，工作量繁重，筛选难度大，需要长期的坚持不懈。运气对于科学研究中的重大突破固然重要，但长期扎实的科研工作准备常更为关键。正如法国著名微生物学家巴斯德曾说过："在观察的领域里，机遇只偏爱那些有准备的头脑。"

（二）团队协作、学科交叉的创新动能

弗莱明观察到霉菌的杀菌作用，并初步分离了霉菌的分泌物，从中发现了一种抗菌物质，将其命名为青霉素。他作为一名免疫学家，尽可能地研究了这种抗菌物质，发现青霉素是一个杀菌的有效物质，但弗莱明自己并不清楚其到底有多好，能不能在人体上起作用，这还是一个未知数。毕竟这种物质没有应用到感染性疾病的治疗，其价值没有得到真正的实现，弗莱明缺乏一个通晓化学分离及纯化的团队，以便大量制造出青霉素，将其应用于临床治疗患者。直到 10 年后，钱恩和弗洛里在牛津大学组成了一个完整的团队，他们成功地将青霉素生产制造出来，并展示了青霉素强大而令人惊叹的治疗效果，是他们成功地将弗莱明的发现转化成实际应用。弗莱明 - 弗洛里 - 钱恩的接力研究揭示完整创新链：基础发现（1928 年）→工艺开发（1939 年）→临床转化（1942 年）。在此过程中，有多种学科交叉在一起，分别是微生物学（弗莱明）、生物化学（钱恩建立青霉素结晶法）、化学工程（美国农业部开发玉米浆培养基），正是多学科协作，使青霉素产量从 1943 年的 21 亿 U 飙升至 1945 年的 6.8 万亿 U，价格下降 99%。同样链霉素的发现以及应用也无疑是团队分工合作的杰作，团队中每个人都发挥各自的优势，最终完成了链霉素的应用。毋庸置疑，一个坚强有力的合作团队几乎是所有伟大事业能够取得成功的最朴素和最基本的道理。

参考文献

［1］周春燕，药立波 . 生物化学与分子生物学 [M]. 北京：人民卫生出版社，2018: 9.

［2］杨宝峰 . 药理学 [M]. 北京：人民卫生出版社，2018: 9.

［3］SMITH G P. Filamentous fusion phage: novel expression vectors that display cloned antigens on the virion surface[J]. Science, 1985 (228): 1315–1317.

［4］WINTER G, Griffiths A D, Hawkins R.E, et al. Making antibodies by phage display technology[J]. Annu Rev Immunol, 1994, 12: 433-455.

（肖 飞）

第二节　RNA 干扰——基因调控的新利器

2006 年 10 月 2 日，一年一度的诺贝尔生理学或医学奖在瑞典皇家卡罗林斯卡医学院揭晓。凭借 RNA 干扰现象的重大发现，两位美国科学家安德鲁·法尔（Andrew Z. Fire）和克雷格·梅洛（Craig C. Mello）获此殊荣。这个发现揭示了控制遗传信息流动的关键机制，重新定义小分子 RNA 的生物学功能，更建立了基于 RNA 干扰调控基因表达的体系，为治疗疾病开创了新路径（图 4-4）。

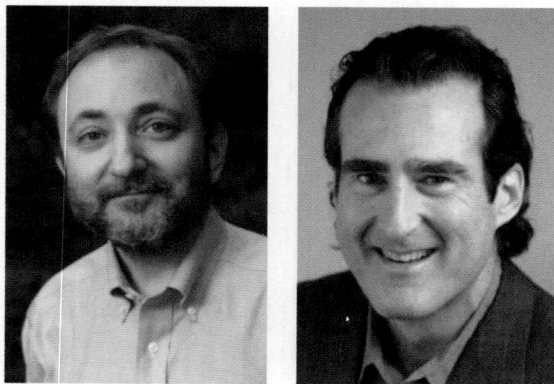

图 4-4　安德鲁·法尔和克雷格·梅洛

一、RNA 干扰现象的发现

20 世纪 50 年代，脱氧核糖核酸（DNA）双螺旋结构发现者詹姆斯·沃森（James

Watson）和弗朗西斯·克里克（Francis Crick）最早提出了生物体基因表达的"中心法则"，这一法则已经成为生命科学最重要、最基本的规律，奠定了现代分子生物学基石。该理论揭示了从微生物到植物，从低等动物到人类遗传信息的流动方向：DNA（自我复制）→ RNA（转录）→蛋白质（翻译）。即遗传信息从 DNA 转录过生成 mRNA，再从 mRNA 翻译成蛋白质，实现了遗传信息的流动，最终赋予生物体各种不同的表型。

生物体内每个细胞的细胞核中含有完全一样的染色体，如人体有 23 对染色体，遗传信息信储存在染色体中。染色体是由一段 DNA 链反复折叠而成，DNA 链是由成千上万的核苷酸（A、T、G、C）按一定顺序排列组合而成。遗传信息的载体便是细胞核中 DNA 组成的染色体。基因就是染色体上的一段 DNA 序列，通过转录和翻译能将信息传递到蛋白质上，进而通过不同功能的蛋白质完成生命活动。每个细胞含有几万个基因，每个基因能代表人体的某个遗传信息，如身高、皮肤颜色等。

总之，DNA 相当于生物体构建的设计图纸，而 mRNA 类似工程师把图纸转述并解读出来，告诉下面具体构建的"工人"蛋白质，最后蛋白质完成生物体的构建。从中心法则可看出，RNA 只是起到一个传递信息的中介作用，而转录和翻译中的各种启动蛋白质则起到了关键的调节作用。在此框架中，RNA 长期被视为被动传递遗传信息的"信使"，基因表达调控的任务集中于蛋白质。

新观念突破始于植物学领域。20 世纪 90 年代，美国 DNA 植物技术公司的那不勒斯（Napoli）和约根森（Jorgensen）在植物矮牵牛花中最早发现了 RNA 干扰现象。那不勒斯等采用转基因技术，使某个特定的某个基因在生物体内高表达。设计将查尔酮合成酶基因转入矮牵牛花中来提高色素产量，使紫色花瓣的颜色变得更艳丽，这是因为查尔酮合成酶基因负责花色素苷的生物合成，花朵因此展示出紫色性状。但结果出乎意料，花瓣的紫色并没有加深，有 42% 的植株颜色退掉了，长出白紫色的花瓣。这种导入的外源性基因，不仅没有增强内源性基因的表达，反而抑制了内源性相同基因表达。这种反常操作与主流的转基因理论和所预期的结果不相符，当时也无法解释。那不勒斯只好把这种反常的现象称为植物的转基因共抑制，其机制在当时属于未解之谜（图 4-5）。

真菌研究提供了重要线索。1992 年，罗曼诺（Romano）和 Macino 在粗糙链孢霉中发现了类似的基因共抑制现象，即外源导入基因可以抑制具有同源序列的内源基因的表达。他们在粗糙链孢霉中转入了 albino-1 基因，以提高该基因表达量。然而，令人意外的是 albino-1 基因表达却受到了抑制，并没有出现预期中的基因高表达结果。他们将这种现象命名为基因"压制"，标志着 RNA 干扰现象在不同生物中的普遍性，对产生的这种现象的原因和机制也不清楚。

图 4-5　矮牵牛花的转基因共抑制现象

　　关键的转折出现在线虫研究。转基因所引起内源基因表达抑制现象一直困扰人们，对这种现象内在原因的揭示将会导致一个全新生物学理论的提出，这个重大突破起源于 1995 年在线虫的研究上。康奈尔大学的 Su Guo 和 Kemphues 在试图阻断秀丽新小杆线虫中的 par-1 基因时，发现了一个意想不到的现象。她们采用了当时最新强力抑制基因表达技术——反义 RNA，利用该技术特异性地阻断上述基因的表达，同时在对照实验中，他们给线虫注射正义 RNA 以期观察到上述基因表达的增强（图 4-6）。当她们向线虫注射靶向 par-1 的反义 RNA 时有 50% 的胚胎出现发育停滞，符合 par-1 基因敲除表型的预期结果，达到了切断 par-1 基因表达的目的。但令人费解的是，当线虫注射对照的正义 RNA 时，同样出现和反义 RNA 相同的效果。这与传统上对反义 RNA 技术的解释正好相反，因为只有反义 RNA 分子可以与目标 RNA 互补结合，从而抑制 mRNA 翻译的启动。正义 RNA 是不能和目标 mRNA 结合，作为阴性对照理论上是不可能具有抑制基因表达的作用。然而实验结果却显示，无论反义和正义

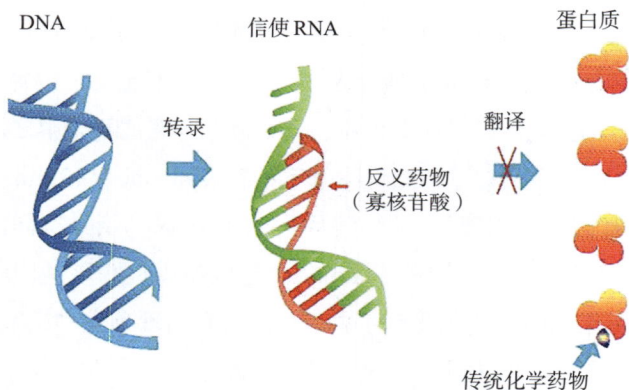

图 4-6　反义 RNA 技术抑制基因表达的原理

RNA，都具有同样抑制基因表达的作用。该研究小组一直没能给这个意外结果给出一个合理解释，认为可能只是实验误差而已，并没有深入进行探究。

直到 1998 年 2 月，华盛顿卡耐基研究院的安德鲁·法尔和马萨诸塞大学医学院的克雷格·梅洛首次揭开这个悬疑之谜。两位科学家发现，将双链 RNA 分子注射到秀丽隐杆线虫的体内，可以有效抑制特定基因的表达。这项研究首次揭示了小分子 RNA 抑制基因表达现象的基本原理，并且证明了双链 RNA 可以直接参与基因表达的调控。他们证实，Su Guo 博士遇到的正义 RNA 抑制基因表达的现象，以及之前的反义 RNA 技术对基因表达的阻断，都是由于体外制备的单链 RNA 污染了微量双链 RNA 所引起的。这是由于受到当时单链 RNA 制备技术的限制，在制作单链 RNA 时都会混杂微量双链 RNA，双链 RNA 才是产生抑制基因表达的关键分子。如果通过纯化的方法彻底去掉正义和反义 RNA 中所污染的双链 RNA，正义 RNA 将不再产生基因抑制作用，而反义 RNA 抑制基因表达的效能也将极大地降低。克雷格·梅洛他们在随后的实验证实将体外转录得到的单链 RNA 纯化后再注射线虫时，单链反义 RNA 的基因抑制效应变得十分微弱，而经过纯化的双链 RNA 却正好相反，能够高效特异性阻断目标基因的表达，双链 RNA 抑制目标基因表达的效果是单链反义 RNA 的数千倍，他们最终找到了基因表达受到抑制的关键分子——双链 RNA。

安德鲁·法尔和克雷格·梅洛对前期在植物、真菌和线虫中发现的被称为"共抑制"或"压制"的基因沉默现象给出了一个合理解释，至此困扰科学家的谜团被解开，一种全新的生物学现象被发现，他们将发现的 RNA 对基因表达的抑制现象命名为 RNA 干扰。通过 RNA 干扰现象，人们对 RNA 的功能也有了全新认识，RNA 除了作为基因与蛋白质之间的信息中介外，还具有调控基因表达的功能，即可以调控基因表达中的转录过程。RNA 干扰被认为是一种超越反义 RNA 的极为高效特异的抑制基因表达现象（基因沉默）。其具有两个主要特征：①需要双链 RNA（dsRNA）的触发；②基因沉默作用具有高度特异性，因为双链 RNA 与需要沉默的目的基因有部分相同序列，这样才能和目的基因互补配对结合在一起，从而发挥基因沉默作用。现在认为 RNA 干扰是一个古老的而普遍存在于生物体中的基因表达调节机制，生物体通过其沉默外源性基因以及调节发育过程中的内源性基因表达。

二、RNA 干扰的原理

RNA 干扰为什么能抑制某个基因的表达（基因沉默）？其具体工作机制是什么？随着更多科学家投入到 RNA 干扰研究中，现在人们已经详细揭示了其中奥秘，这里简要介绍一下（图 4-7）。

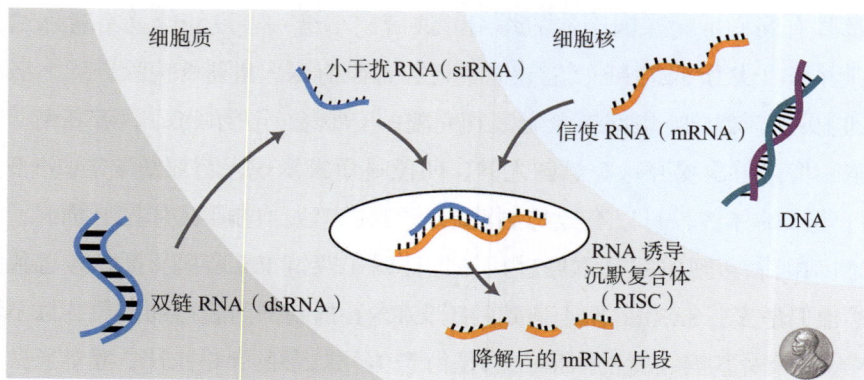

图 4-7　RNA 干扰抑制基因表达的原理

1. Dicer 酶剪切阶段　在 RNA 干扰过程中，首先需要生成一种特殊的小分子 RNA。细胞内有一种 RNA 切割酶叫作 Dicer，可以将长的双链 RNA 切割成长度为 20 ~ 25 个核苷酸的小分子 RNA，称为小干扰 RNA（small interfering RNA，siRNA）。siRNA 主要通过以下两条途径产生：由人工设计并合成的外源双链 RNA，导入或转染至细胞中，在切割酶 Dicer 作用下切割成 20 ~ 25 个碱基对的 siRNA；由细胞内源基因表达的内源双链 RNA，在细胞质中被 Dicer 切割成小分子的 siRNA。

2. RISC 装载阶段　产生的 siRNA 会与细胞质内的蛋白质形成一个复合物，叫作 RNA 诱导沉默复合体（RNA-induced silencing complex，RISC），RISC 可以解开 siRNA 的双链，留下一个单链，叫作引导链（guide strand）。

3. 靶向沉默阶段　siRNA 中的引导链可将靶基因的 mRNA 导入到 RISC 中，与其进行互补配对，通过以下机制介导基因沉默。引导链与目标 mRNA 序列完全互补配对并特异性地结合，使 RISC 识别并切割 mRNA，切断的 mRNA 被降解，导致相应的靶基因表达被抑制。

三、RNA 干扰技术的意义

RNA 干扰技术是分子生物学领域的一项重大突破，为研究基因功能和开发基因治疗提供了新的途径和手段，为人类疾病治疗带来了新的机遇。这对于推动科学研究和改善人类生活有着重要的意义。

1. 颠覆性理论突破　RNA 干扰技术展示了 RNA 的多样性和重要性，揭示了 RNA 不仅是蛋白质合成的中间分子，还是基因表达调控的关键因素。RNA 干扰技术也促进了对其他类型的小分子 RNA，如 miRNA、环状 RNA 等的发现和研究，丰富了 RNA 的生物学功能和机制的认识。RNA 干扰揭示了基因调控的新机制，一种特殊的基因沉默机制，即通过 siRNA 介导的基因沉默。这种机制的发现使我们对基因调控的理解更加全面和深入。

2. 新技术体系革命 RNA 干扰技术创造了一种新的基因沉默工具，使在哺乳动物细胞和动物模型中进行基因功能缺失分析变得更加方便、快速和特异。RNA 干扰技术也为基因功能检测、靶标验证、通路分析、功能筛选等领域提供了新的方法和手段，为基因组学、转录组学、蛋白质组学等研究提供了新的支撑。其提供了研究基因功能的一种高效和特异的工具。通过构建 RNA 干扰载体，可以选择性地沉默和研究特定基因，也使研究人员能够准确地确定某个基因的功能。

3. 创造转化医学价值 RNA 干扰技术颠覆了传统药物开发模式，开辟了新的基于核酸分子的基因治疗途径，为一些难以用传统药物治疗的疾病，如癌症、遗传性疾病、病毒感染等治疗提供了新的希望。RNA 干扰技术也为药物研发提供了新的工具，为新药的发现和开发提供了新的思路和途径。通过设计合成 siRNA，可以有针对性地沉默疾病相关基因，并在细胞内实现治疗效果。这种技术被广泛应用于基因治疗领域，可以用于治疗多种遗传性疾病、神经退行性疾病、癌症和病毒感染等，这为开发新的靶向治疗药物提供了新的方向。

四、RNA 干扰技术应用

RNA 干扰技术是一种强大的基因沉默工具，为揭示基因的功能和机制提供了新的途径和手段。它是一种利用小分子RNA抑制特定基因表达的方法，有着广泛的应用，以下是一些 RNA 干扰技术的主要应用领域。

1. 细胞基因功能研究 RNA 干扰是研究基因功能的重要工具。通过设计和合成特定的 siRNA 或构建 RNA 干扰载体，可以针对特定基因进行基因沉默实验。这种方法可以帮助识别和验证基因的功能，研究基因调控网络以及了解基因与表型之间的关联。RNA 干扰技术还可以验证基因的功能假设，通过减少或消除目标基因的表达，观察细胞或生物体的表型变化。

2. 生物医药领域 RNA 干扰技术被广泛用于药物研发和基因治疗领域。通过设计和合成 siRNA，可以有针对性地沉默特定基因，从而抑制病理进程或促进治疗过程。例如，在癌症治疗中，利用 RNA 干扰技术可以沉默癌基因，从而抑制肿瘤的生长和转移。此外，RNA 干扰技术还可以用于治疗遗传性疾病、病毒感染和神经退行性疾病等，特别是广泛用于抗病毒的机制研究和开发抗病毒药物。通过介导 RNA 干扰，选择性地沉默病毒的某个重要基因，阻断病毒复制和感染的进程，为开发新的抗病毒药物提供新的靶点和治疗手段。

3. 农业领域　RNA 干扰技术在农业领域也有广泛的应用，来利用 RNA 干扰技术，可以改良植物和农作物的性状和特性。通过沉默特定基因，可以提高农作物的抗病性、耐盐碱性、耐旱性等重要性状，从而提高农作物的产量和品质。此外，RNA 干扰技术还可以用于抑制有害生物的生长和繁殖，从而实现农业生物害虫的可持续控制。

五、诺贝尔奖启示

（一）浓厚的科学研究兴趣

兴趣是最好的老师，浓厚的兴趣能支撑人们不懈的追求和付出百倍千倍的努力。安德鲁·法尔和克雷格·梅洛同样也不例外，特别是克雷格·梅洛从小的时候就埋下了一颗科研的种子。梅洛是被恐龙骨引入科学世界的。他于 1960 年 10 月 19 日出生在美国马萨诸塞州的纳舒厄市。梅洛的父亲是一名古生物学家，梅洛童年时经常跟着父亲在美国西部寻找化石。从那时起，他就迷上了远古时代、地球历史和人类生命的起源等问题，对此很着迷。高中时代，梅洛的兴趣逐渐转移到了基因工程方面。当时科学家克隆了人类胰岛素基因，并将其 DNA 插入到细菌中，这样就可以人工合成无限多的胰岛素。这一成果为全球数百万糖尿病患者带来了福音。梅洛回忆说"科学研究能够真正地对人类健康产生影响，这个想法激起了我的兴趣"。高中期间，他开始将对科学研究作为毕生的追求方向，并以此作为未来的职业选择。

（二）勇敢质疑科学研究中的反常现象

科学上一些重大的发现往往是研究过程的偶然结果，比如著名的青霉素发现过程充满着偶然性。RNA 干扰现象也是在偶然中发现的，康奈尔大学 Su Guo 和 Kemphues 的实验中已经出现 RNA 干扰现象，她们就差一步就可以揭示其中奥秘——双链 RNA 的作用。为什么正义 RNA 不能和目标 mRNA 互补配对结合，作为阴性对照理论上是不可能具有抑制基因表达作用的，但实验结果却是正义 RNA 具有反义 RNA 同样的抑制基因表达的作用。该研究小组一直没能给出合理解释，认为只是实验误差而已，没有继续深入进行探究，结果与其中隐藏的诺奖级重大发现失之交臂，令人惋惜！如果她们仔细分析实验结果，排除其中的各种实验误差并仔细分析可能的原因，也许能发现原来这个与预期不符合的反常结果却可能是一次重大发现的起点。现在知道这个背后的原因是 RNA 样品不纯所导致，单链 RNA 中混杂了少量的双链 RNA。正是这少量的双链 RNA 发挥出了真正的基因沉默的作用。她们只是当成实验误差而没有继续深入研究而错过机遇。另外也说明她们是很诚实的，当研究结果与经典理论预期相反时，并没有去造假修改结果以迎合公认的理论，这是一种难能可贵的科学品质，只可惜她们缺乏了刨根问底、不弄清反常现象背后的原因而不罢休的钻研精神。

参考文献

［1］宋尔卫.RNA 干扰的生物学原理和应用 [M].北京：高等教育出版社，2005: 6.

［2］张文庆，王桂荣.RNA 干扰从基因功能到生物农药 [M].北京：科学出版社，2021: 6.

［3］阿帕萨尼.RNA 干扰技术 - 从基础科学到药物开发 [M].殷勤伟，译.北京：科学出版社，2007：5.

［4］NAPOLI C, LEMIEUX C, JORGENSEN R. Introduction of a chimeric chalcone synthase gene into petunia results in reversible co-suppression of homologous genes in trans[J]. Plant Cell. 1990, 2(4): 279–289.

［5］ROMANO NICOLETTA, MACINO G. Quelling: Transient inactivation of gene expression in Neurospora crassa by transformation with homologous sequences[J]. Mol Microbiol,1992, 6(22):3343-3353.

［6］GUO S, KEMPHUES K. J. par-1, a gene required for establishing polarity in C. elegans embryos, encodes a putative Ser/Thr kinase that is asymmetrically distributed[J]. Cell, 1995 , 81(4): 611-620.

［7］FIRE A, XU S, MONTGOMERY M K, et al. Potent and specific genetic interference by double-stranded rna in caenorhabditis elegans[J]. Nature, 1998, 391(6669):806-811.

（肖 飞）

第三节 诱导多能性干细胞——细胞逆生长之谜

2012 年 10 月 8 日，瑞典卡罗林斯卡诺贝尔奖评委会宣布，年度诺贝尔生理学或医学奖授予英国的约翰·戈登（John B. Gurdon）和日本的山中伸弥（Shinya Yamanaka）教授（图 4-8），以表彰他们在 "将分化、成熟的细胞重编程至具备分化为机体各种类型细胞的生命初始细胞状态研究领域的重大突破"。换言之，他们获奖是因为发现了可使分化、成熟细胞返老还童的技术。

图 4-8　约翰·戈登和山中伸弥

一、细胞重编程技术的创立

机体的所有细胞都从受精卵发育而来，在受精后的最初几次细胞分裂过程中，胚胎中的每个卵裂球都具备发育分化为成年机体所有细胞类型的潜能，这种细胞被定义为多能干细胞。随着进一步发育，这些细胞增殖和分化产生了脑细胞、骨细胞、肌肉细胞、肾细胞和其他所有细胞种类，执行他们在体内的特定生理任务。在戈登的研究发现之前，人们普遍认为细胞从未分化的多能状态到特化为成熟细胞的这个过程是单向的、不可逆的，成熟的细胞再也无法返回至多能的状态。体内的大多数细胞为完全分化的成熟细胞，只在某些组织存留有限潜能的祖细胞用于细胞更新代谢，例如骨髓中的造血干细胞、皮肤干细胞和肠道干细胞。终末分化细胞的状态是非常稳定的，不会转变为其他类型细胞或者重返至未分化状态。因此，传统观点认为体细胞状态是被永久固定下来的，无法返回到未分化的多能状态。然而，德国生物学家汉斯·斯佩曼（Hans Spemann）（1935 年诺贝尔生理学或医学奖得主）却试图打破这一传统观念，提出了"奇妙实验"的概念。在其 1938 年出版的《胚胎发育和诱导作用》一书中提出，卵细胞核移植，即克隆动物，可能可以孕育出新生命。具体方法是，将一个体细胞的细胞核提取并移植到一个去除细胞核的卵细胞中，检测卵细胞质是否能引导分化的细胞核发育为胚胎甚至新生命体，可惜在当时的实验条件下并未取得明显成效。1952 年，美国生物学家罗伯特·伯里格斯（Robert Briggs）和托马斯·金（Thomas King）使用豹蛙囊胚细胞的细胞核，重复了细胞克隆实验，重构胚胎先是发育成了蝌蚪，部分成功发育为成熟的蛙。然而，他们对此结果并不感到兴奋，他们认为，这是由于作为细胞核供体的囊胚细胞是早期的胚胎细胞，因此本身就具备分化的多能性，发育为成体蛙不足为奇。但是成熟体细胞的细胞核是否也能发育为新的动物个体呢？随后，其他科研工作者开展了进一步的研究，将发育后期的蛙胚胎细胞的细胞核移植到去核卵子中，结果发育到蝌蚪阶段就停止了，不能发育出成体蛙。他们认为，越是处于未分化早期的胚胎细胞核，其全能性保留得越充分，随着发育的进行，细胞的分化潜力逐步降低，因此移植后其所能发育达到的阶段是由供体细胞的分化成熟度决定的，即使所有细胞核都含有一套相同的指导生命发育的全部遗传信息。

然而，在牛津大学求学的戈登对该实验结论并不完全认同。1962 年他进一步推进了该实验，用蛙成熟的小肠细胞的细胞核作为供体进行克隆，结果显示，重构胚胎可发育成为正常的蝌蚪，而且部分蝌蚪可以长成青蛙。该实验结果第一次证明了，处于终末分化状态的体细胞是能够被逆转的。据此，戈登提出了终末分化的细胞可以被"重编程"的理论概念。同时，戈登的实验给大家带来了一个颠覆性的知识概念，即便动物或人无法产生生殖细胞，也可以用终末分化的体细胞，如肠细胞、皮肤细胞进行克隆孕育新生命体，这就是生命过程的逆转，因为终末分化的成熟体细胞的细胞核仍含有发育成一个生命体所需的全部遗传信息，也因此能重新孕育生命。

然而，戈登的研究结果起初并未被广泛认可，他的学生丹尼斯·史密斯（Dennis Smith）率先提出了质疑，因为史密斯在重复该实验时，并没有得出相同结果。史密斯认为，戈登的实验中最终发育为青蛙的胚胎，其核供体细胞来源于小肠上皮中未分化的原始生殖细胞，而不是终末分化状态的体细胞，这个结果与伯里格斯和金的实验本质上是相同的，并无新的突破。蛙类蝌蚪期的肠上皮细胞中有 2% ~ 5% 的细胞是未分化状态的原始祖细胞，这些细胞与胚胎发育早期的卵裂球类似，具有很好的分化全能性。巧合的是，戈登的实验中个体发育率约为 2%，与小肠上皮中全能性祖细胞的比例刚好吻合，这令史密斯非常怀疑戈登提出的终末分化的体细胞可以被重编程至全能状态的理论。所以，起初戈登实验结果并未被学术界广泛认可。戈登为了回应质疑，同时也为了证实自己的理论，设计了一个实验，使用患有白化病的爪蟾细胞作为细胞核供体，移植到正常爪蟾的去核卵细胞中，成功孕育出了白化病的后代。这首次证明了身体的所有细胞核都包含完整遗传信息！但是，由于戈登和史密斯采用的实验动物都是两栖类动物，进化上与人类相去甚远，并不能说明高等哺乳动物的细胞命运都能如此逆转。直到 1996 年 7 月 5 日，来自苏格兰爱丁堡罗斯林研究所的伊恩·维尔穆特（Ian Wilmut）等使用与戈登相同的体细胞克隆技术，将一个成熟的乳腺细胞移植到去核绵羊卵细胞质中，并成功孕育出了轰动世界的克隆羊多利。该实验结果为戈登的理论提供了有力支持，人们开始接受高等动物的卵细胞质同样具备指引终末分化细胞重编程的能力的概念，动物可以通过克隆技术（无性繁殖）孕育新的个体。

另一位获奖者山中伸弥在求学和职业生涯早期接受了骨科手术和分子生物学方

面培训，在美国从事科学研究时，他对小鼠胚胎干细胞（embryonic stem cells，ES）在体外培养体系中无限增殖时还具备分化多能性的分子机制产生了浓厚的兴趣。胚胎干细胞来源于着床前的囊胚中的内细胞团（Inner cell mass，ICM），该细胞团具备分化为机体所有细胞类型的潜能，马丁·埃文斯（Martin Evans）于 1981 年成功分离了小鼠囊胚的内细胞团，并实现了在体外培养体系中的无限增殖，同时还具有分化的多能性（图 4-9）。马丁也因此获得了 2007 年生理学或医学诺贝尔奖。

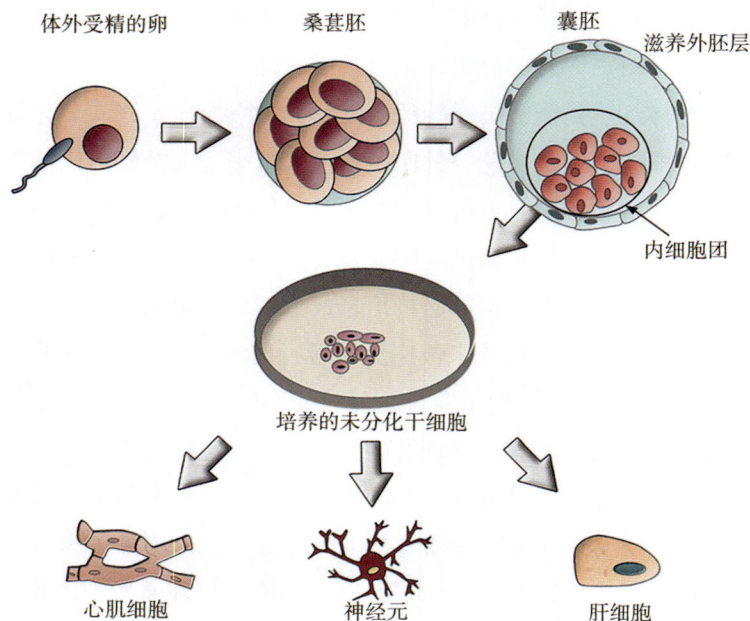

图 4-9　胚胎干细胞（ESC）的建立流程及体外分化多能性

山中伸弥实验室的研究工作聚焦于维持 ES 细胞多能性的重要因子，如 E-Ras，Nanog 等。此外，当时有报道证明，ES 细胞与体细胞融合后可使体细胞获得一定的多能性，该方法与戈登使用的体细胞克隆有异曲同工之处。基于对干细胞多能性维持分子机理的认识及体细胞克隆的例证，山中伸弥便大胆猜想，不使用去核的卵细胞作为诱导环境，而通过直接将维持胚胎干细胞多能性的转录因子导入到终末分化的体细胞中，是否也能将体细胞"重编程"至胚胎干细胞状态？高等动物卵细胞或胚胎的获取并不容易，更重要的是，胚胎干细胞虽然具备无限增殖能力和分化多能性，但在做细胞移植治疗疾病时，面临着异体免疫排斥的难题。倘若能使用来源于自身的细胞，就可以完美地解决免疫排斥的问题。随后，山中伸弥和同事们分析收集了在 ES 细胞中高表达的转录因子开展实验，这些转录因子已被研究证实在维持胚胎干细胞多能性中具有重要作用。经过理论分析，山中伸弥与同事选中了 24 个有可能指引体细胞重编程至 ES 细胞状态的转录因子开展实验。在最初的实验中，山中团队使用逆转录病毒介导，将选中的所有 24 个转录因子的基因一次性地导入终末分化的皮肤成纤维细胞中，经过 2 周的培育，培养皿中令人惊叹地生长出了与 ES 细胞非常相似的群落，该结果令山中伸弥和同事欣喜若狂。随后，山中伸弥带领团队进一步优化方法，将这些基因的数量逐一减少并进行不同组合，最终确定只需 4 个转录因子（Myc、Oct3/4、Sox2 和 Klf4）就可以诱导皮肤成纤维细胞重编程至胚胎干细胞状态，山中伸弥将这类细胞命名为诱导多能性干细胞（induced pluripotent stem cell，iPS 细胞）。

二、细胞重编程技术的改良与提高

虽然实验结果证实他们的猜想是可以实现的，但是 iPS 细胞的产出率非常低，于是他们在成纤维细胞基因组的 Fbx15 位点插入了一个新霉素 /lacZ 融合基因（β-geo）作为筛选标记，Fbx15 启动子在多能性干细胞中是处于激活状态的，成纤维细胞一旦被重编程至干细胞状态，Fbx15 便会启动其控制下的 β-geo 的表达，这时在培养皿中加入遗传霉素（Geneticin，G418），表达 β-geo 的细胞便可抵抗 G418 毒性，而不表达 β-geo 的细胞就会被杀死，这样便可高效获得 iPS 细胞。随后，山中伸弥用这些诱导多能性干细胞进行了判定细胞分化多能性的经典实验——畸胎瘤试验（teratoma assay）和胚胎嵌合实验，畸胎瘤试验是将 iPS 细胞注射至免疫缺陷鼠的皮下，随后观察能否生成含有不同胚层细胞的肿瘤，胚胎嵌合实验是将诱导多能性干细胞注射到小鼠囊胚中检测其能否在发育过程中嵌合到小鼠各个组织器官中。诱导多能性干细胞不负所望，顺利通过了畸胎瘤实验和胚胎嵌合实验验证，在体内条件下证实了其分化的多能性。然而，证明一个多能性细胞系稳定性还需要一个关键实验，即生殖系传递（germline transmission）能力。正常情况下，胚胎干细胞可嵌合发育至生殖系细胞中，来源于人工培育的干细胞产生的精子、卵子能结合产生健康的子代是检验诱导多能性干细胞多能性稳定性的金标准，这在山中伸弥的第一项研究中并未实现。一年后，山中团队与鲁道夫·雅尼士（Rudolph Jaenisch）和康拉德·霍茨得林格（Konrad Hochedlinger）团队同时报道证实了诱导多能性干细胞生殖系传递能力，将诱导多能性干细胞推向了最高的标准。一年后，利用同样的策略山中伸弥团队与威斯康星大学的詹姆斯·汤姆森（James Thomson）实验室首次制备出人类诱导多能性干细胞。在人类诱导多能性干细胞的实验中，山中伸弥团队使用了与制备小鼠诱导多能性干细胞相同的四因子组合（Myc、Oct4、Sox2、Klf4），而汤姆森实验室则使用了一个略有不同的因子组合（Lin28、Nanog、Oct4、Sox2）。随后，iPS 细胞研究领域迎来了热潮，多种终末分化的体细胞，如肝细胞、肌肉细胞、口腔上皮细胞，甚至尿液中的

细胞都证实能被重编程为诱导多能性干细胞，证明了体细胞重编程技术的普遍适用性
（图 4-10）。

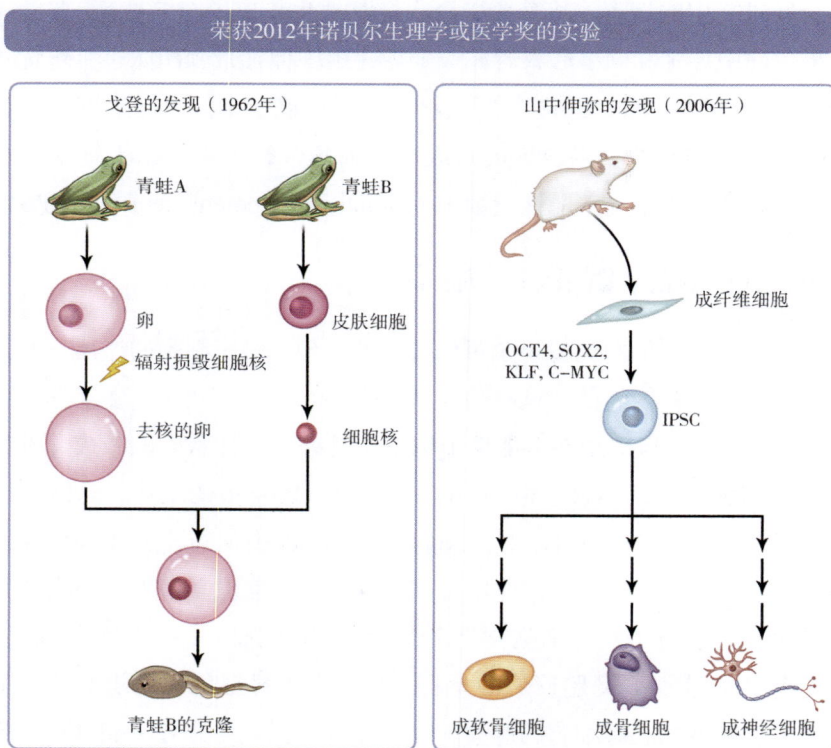

图 4-10　青蛙体细胞克隆与体细胞重编程技术流程图

　　戈登和山中伸弥的研究成果本质上都可以归结为对生命过程逆转的发现，他们证
明了，终末分化的体细胞能够被重编程至具有多发育潜能的干细胞状态，他们的发现
颠覆了人们对细胞和生命体发育过程的传统认识。但是，两人的发现又有不同的特点
和内容。戈登是利用天然存在的卵细胞环境对体细胞进行重编程，而山中伸弥则是利
用人工方法对成体细胞进行重编程，而且使用的是更为高级的哺乳动物和人类细胞，
也体现了人类科学技术的进步。山中伸弥的工作开启了一个全新的研究领域，而且他
发明的这种技术策略简单、高效，全世界的实验室都可以独立复制使用。

三、细胞重编程技术在医学应用中的潜力

　　人类多种疾病，如帕金森病、糖尿病、老年黄斑变性等，都是由于特定器官组织
的细胞变性死亡导致的，如果能够移植具有相同功能的细胞进行替代，就可治愈此类
疾病。干细胞，尤其是诱导多能性干细胞，因为具有无限增殖能力和分化多能性，理

论上可以分化出机体的任何一种类型的细胞，因此，在细胞替代疗法领域备受关注。山中伸弥的诱导多能性干细胞技术更是克服了细胞移植中的免疫排斥问题，似乎让细胞治疗变得唾手可得。然而，iPS 细胞也存在一定的风险性，使用多能干细胞（包括 ES 细胞）进行细胞移植仍然面临许多额外的挑战，当前的重编程方法可能会引入基因突变或其他基因组异常，Myc 本身也是癌症相关基因，其致瘤性也是令人非常关切的问题，这使得临床治疗前的安全控制显得尤为重要。因此，尽管这是一个非常令人兴奋和具有巨大应用前景的领域，但还需要进一步的工作确保使用多能干细胞分化来源的细胞进行临床治疗对患者是安全和有效的。例如，使用非转基因的方法（小分子化合物）制备诱导多能性干细胞避开基因突变和致瘤性的问题。

另一个重要的应用领域是从患者身上获取细胞并建立诱导多能性干细胞系，然后用该诱导多能性干细胞进行体外分化，并明确疾病发生的分子机制，或用于药物开发和毒理学检测。目前，已有多种疾病的诱导多能性干细胞系被建立起来，包括帕金森病、阿尔茨海默病、肌萎缩性侧索硬化症、亨廷顿舞蹈症、家族性高胆固醇血症、α1- 抗胰蛋白酶缺乏等。心血管疾病方面，蒂莫西综合征、LEOPARD 综合征，以及Ⅰ型和Ⅱ型长 QT 综合征。更为重要的是，这些诱导多能性干细胞在体外诱导分化过程，表现出了与疾病相关的病理特征。例如，在进行性脊髓性肌萎缩症的诱导多能性干细胞模型中复现了运动神经元的渐进性变性死亡；雷特综合征患者的诱导多能性干细胞在分化为神经元后显示出与临床病理相同的棘突密度降低的特征；α1- 抗胰蛋白酶缺乏患者的诱导多能性干细胞分化成肝细胞后，可出现脂质和糖原积累增加的病理特征；体外分化的诱导多能性干细胞模型还能模拟一些与衰老相关的疾病的特点，如阿尔茨海默病、脊髓小脑共济失调和亨廷顿舞蹈症。此外，iPS 细胞在模拟具有复杂遗传性的疾病方面也显示出了一定的优势，例如精神分裂症，此类疾病使用动物模型无法有效模拟临床病理、病征，临床上又无法使用侵入性手段开展研究。然而，也有一些疾病，需要多种类型细胞相互作用，或者需要免疫系统、血液循环系统参与病理发生，在培养的 iPS 衍生细胞中目前还比较难以模拟。此外，iPS 对于某些疾病，特别是造血系统疾病，缺乏稳定、高效的诱导多能性干细胞体外分化方案，因此这一领域的发展相对缓慢。鉴于疾病的发生是在体内复杂环境中产生，最近大量科研工作者致力于开发基于诱导多能性干细胞分化的类器官技术体系，不再局限于分化特定的细胞类群，而是诱导分化与体内器官具有相同组织结构和细胞组成的类器官。相信类器官分化体系的建立，将带来对疾病发生分子机制的更深入认识。如今，诱导多能性干细胞的体外分化细胞也越来越多地被用作药物筛选平台，用于开发和检验治疗性药物。在一项来源于家族性自主神经病的诱导多能性干细胞模型中，研究人员筛选出了一种新化合物——激动素，其能部分纠正致病基因 IKBKAP 的异常剪接，达到治疗的效果。同样，在长 QT 综合征的诱导多能性干细胞模型中，离子通道拮抗剂和 β-受体拮抗剂被证明是有治疗效果的。因此，诱导多能性干细胞正在发展成为研究疾病病理发生机制的新工具，即使是具有复杂遗传性老年发生的疾病，也可以通过这种"培养皿中的疾病模型"方法进行复现，而且已有模型成功地筛选出和验证新的治疗方法。

总之，终末分化的体细胞可以被重新编程至多能干细胞状态，是一项极具革新性的发现，这一发现几乎影响了生物医学的所有领域。山中伸弥和约翰·戈登的研究发现无疑是颠覆性的，开辟一个全新的研究领域。尽管目前市场上尚无基于诱导多能性干细胞的临床产品，但具有潜力的临床试验正在着力推进。日本理化学研究所发育生物学中心高桥雅代（Masayo Takahashi）教授进行了首次诱导多能性干细胞移植的临床试验，他们使用诱导多能性干细胞分化出的视网膜色素上皮细胞治疗黄斑变性。随后日本又开展了诱导多能性干细胞治疗帕金森病、心力衰竭、脊髓损伤等疾病的临床研究。2020 年南京鼓楼医院开展了我国首例诱导多能性干细胞治疗临床试验，治疗对象为两例心脏病患者，收到了比较理想的效果。

四、诺贝尔奖启示

在多数人的想象中，那些取得巨大成就的人，似乎都天资聪颖、出类拔萃。可事实上，学霸的养成也非一朝一夕，他们甚至要经历比常人更多的失败，才能获得成功，失败乃成功之母，在山中伸弥的成功路上，此话确实言之凿凿。山中伸弥的父亲经营着一家生产裁缝机零配件的小工厂，受父亲影响，山中伸弥从小对机械特别感兴趣，他喜欢将机械拆解开来研究。糟糕的是，每次拆解后他都很难再组装起来，他的这一兴趣非但没有帮到父母，反而成了破坏大王。这次失败经历对他影响至深，虽然内心也有不甘，但他还是放弃了机械这条路。第二次失败的经历则有些惨痛，山中伸弥在进入高中后醉心于柔道，曾立志参加奥运会，可惜在这方面似乎天赋也不高，高中三年练习柔道，骨折了 10 多次，并遭到了同学的嘲笑。高中阶段，山中伸弥还曾参加过乐队，作为吉他手也曾畅想专门做音乐，但是很快第三次人生梦想的破灭又来临了。一次乐队主唱在临演出前腹泻，山中伸弥临时顶替他去献唱，这次之后他才发现自己五音不全，遭到台下观众的嘘声，这也彻底打碎了他的音乐梦，从此再不碰音乐。身体和心理的双重痛苦，加上父亲的劝说，山中伸弥决定去学医，以拯救病痛中的人们。之后山中伸弥开始全身心地冲刺高考，最终顺利考入神户大学医学部。毕业后他成为一名骨科医生，不过做起手术却慢得出奇。同样的手术，其他医生半小时之内就能完成，而山中伸弥需要花费 2 个小时。第四次失败让山中伸弥醒悟，他或许不适合做医生，但可以去研究药理，同样可以治病救人。

山中伸弥的科学研究的征途起初同样不如意，他在加州一个实验室开启了降低血脂的研究，最终以公老鼠"怀孕"宣告实验的失败，其实这些实验小鼠并非怀孕，而是得了肝癌，肝脏肿大撑大了肚皮。第五次失败的山中伸弥决定回国，换作一般人恐怕早已怀疑人生了，山中伸弥没有，他充满热情地再次投入到干细胞的研究中，终成 iPS 细胞的开山鼻祖，并获得诺贝尔生理学或医学奖。

同山中伸弥类似，戈登的求学历程同样布满了坎坷，戈登出生在伦敦西南约 70 公里的一个村庄。他的父母并非科学家，但他从小就对昆虫和植物充满好奇。他所在的学校科学教育并不丰富，他 15 岁时才第一次接触到生物学课程。戈登回忆，他在那堂课上表现得很糟糕，因为需要记下老师冗长的授课内容并记住许多事实。而戈登记笔记的能力很差，记忆力也不好。由于表现不佳，学校不允许他再选修生物学课程，将他安排到"一门专为被认为不适合深入学习任何科目的人设计的课程"。

从伊顿公学毕业后，戈登申请到牛津大学攻读古典学专业。他平平无奇的入学考试成绩几乎没有录取机会，然而他最终被录取是因为牛津大学需要部分自费生，但学校规定他不能学习需要参加考试的科目，于是他选择了动物学。戈登回忆说，被伊顿公学逐出非技术课程其实是有益的，因为"我不必做那种当时人们不得不做的沉闷的学校科学"。不过，在入读牛津之前，他必须参加为期一年的强化补习班。

戈登在本科阶段的表现非常出色，鉴于长期对昆虫的兴趣，他申请了牛津大学昆虫学系的博士招生项目，但被昆虫学系拒绝了，这对他来说却是人生中的一次幸运转机。因为，当时昆虫学并没有研究深刻的科学问题。幸而他加入了牛津大学一个研究发育生物学的实验室，在那里可以进行前沿研究。1956 年，戈登刚开始研究生涯不久，便接触到了一个困扰科学家们近一个世纪的问题。受精卵可以产生身体内任何类型的细胞，然而，随着胚胎发育的进行，细胞会开始分化，以执行特定的任务，并丧失这种多功能性，例如受精卵会产生肌肉细胞和神经细胞，但肌肉细胞不可转变为神经细胞。研究人员不理解细胞如何确定特定的发育路径。当时的主流解释是，细胞通过丧失不需要的基因实现分化，如肌肉细胞可能会丢弃皮肤或神经细胞所需的基因。然而，这些推测并没有实验能够支持。

在戈登之前，两位美国研究人员罗伯特·伯里格斯和托马斯·金通过利用蛙核移植实验，证明了基因丧失假说。戈登认为他们可能是错的，并通过体细胞克隆实验证明了自己的观点。

尽管戈登的学习、记忆能力欠佳，但他的实验能力却十分出众。在实验室中，戈登非常细致入微且亲力亲为。戈登在科学的道路上坚守了 70 年，直到 90 岁高龄仍在实验室工作。如果当初他听从了伊顿学校生物老师那份严厉的评语,他的人生将会截然不同。成名后他分享给青年科研工作者的箴言:如果你真的对某件事感兴趣,就坚持下去。不要因为老师认为你没什么天赋就轻易放弃。他在接受记者采访时,爱让人关注他办公室里唯一装裱起来的东西——一张刻薄的成绩单。他回忆起自己 15 岁那年受到的"屈辱"和 64 年来的研究工作,也总是意味深长地说:"有时我会看着它告诉自己几十年前就有人说过你根本不擅长这份工作来当作激励。"

从这两位的获奖者经历可以看出,百折不挠的韧性奠定了他们事业成功的基础,这是非常值得学习的品质。

参考文献

[1] https://www.nobelprize.org/prizes/medicine/2012/ceremony-speech/.

[2] GURDON J B. The developmental capacity of nuclei taken from intestinal epithelium cells of feeding tadpoles[J]. J Embryol Exp Morphol, 1962, 10:622-640.

[3] TAKAHASHI, K, YAMANAKA S. Induction of pluripotent stem cells from mouse embryonic and adult fibroblast cultures by defined factors[J]. Cell, 2006,126:663-676.

[4] GURDON J. Nuclear reprogramming in eggs[J]. Nat Med ,2009, 15(10):1141-1144.

(郭祥玉)

第四节　外泌体——细胞间通信之使者

2013 年,美国科学家兰迪·谢克曼(Randy W. Schekman)、詹姆斯·罗斯曼(James E. Rothman)及德国科学家托马斯·聚德霍夫(Thomas C. Südhof)因发现细胞囊泡交通的运行与调节机制而共同获得诺贝尔生理学或医学奖(图 4-11)。虽然外泌体与一般的细胞内囊泡在结构上有所不同,但 2013 年诺贝尔奖的研究成果对外泌体的研究和应用具有重要意义和深远影响,因为外泌体的形成和功能与细胞内囊泡运输机制紧密相关。

一、外泌体形成、功能及临床应用

外泌体是细胞外囊泡的一种,直径通常在 30～150 nm 之间,由脂质双分子层包裹,含有蛋白质、脂质、核酸(如 mRNA、miRNA 等)等生物分子;可以作为细胞间通信的介质，影响细胞生物学的各个方面。

图 4-11　兰迪·谢克曼、詹姆斯·罗斯曼和托马斯·聚德霍夫

　　外泌体起源于细胞内的内体（endosomes）系统。具体而言，外泌体的形成始于细胞质膜向内出芽形成早期内涵体（early sorting endosomes，ESEs），这些 ESEs 体可以与其他细胞器发生物质交换，或者不同 ESEs 之间发生融合，形成晚期内涵体（late sorting endosomes，LSEs），进而形成多囊体或多泡体（multivesicular Bodies，MVBs）。多泡体成熟过程中，LSEs 内陷出芽形成多个腔内囊泡（intraluminal vesicles，ILVs）。当多泡体与细胞膜融合时，腔内小囊泡被释放到细胞外，形成外泌体（图 4-12）。

　　外泌体由于其天然存在的高稳定性、高靶向性和高生物相容性等优势，在药物递送领域的设计开发中具有巨大的潜力。此外，外泌体的免疫原性较低，可克服核酸药

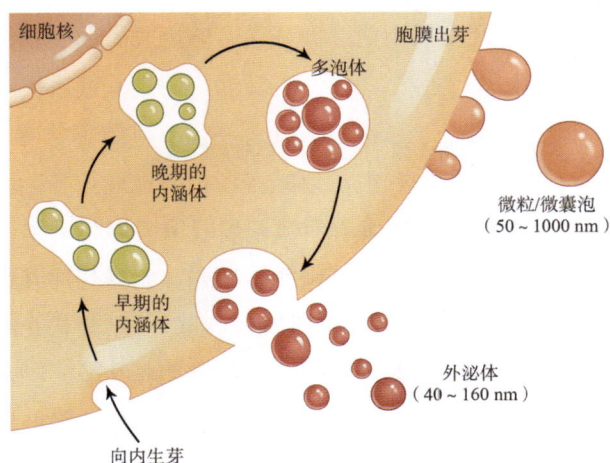

图 4-12　外泌体的形成

物在体内的不稳定性等问题，有助于核酸药物的研发与应用。外泌体在治疗上的应用非常广泛，包括但不限于癌症、心血管疾病、神经系统疾病以及抗感染治疗，但外泌体治疗的稳定性和发挥效果的机制仍需进一步研究。尽管如此，外泌体作为一种新兴的治疗手段，其发展前景和潜力是值得期待的（图4-13）。

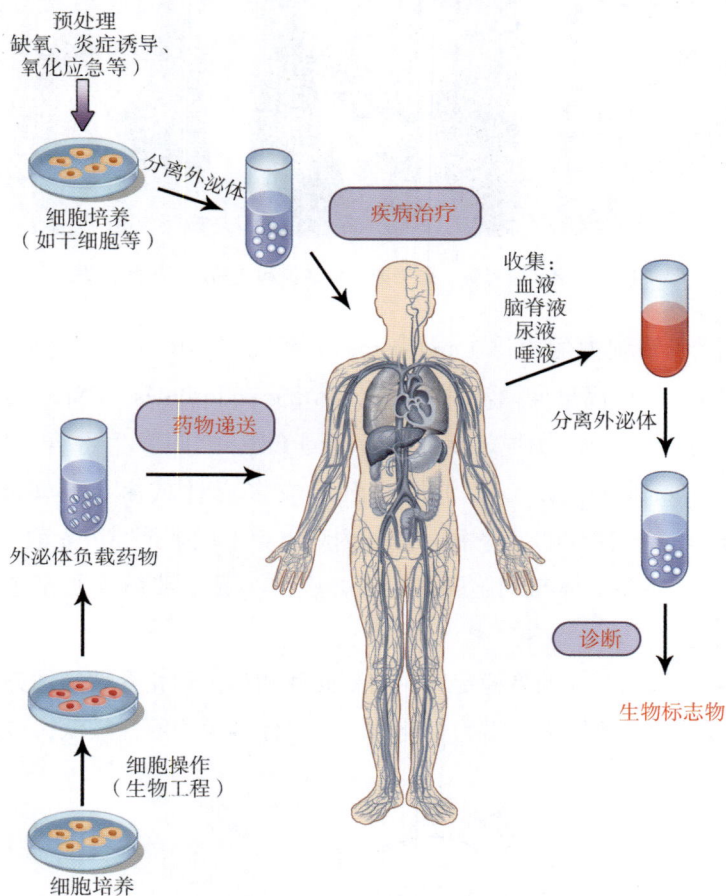

图 4-12　外泌体主要应用领域

　　3 位科学家揭示了细胞内运输和递送细胞货物的精确控制系统，不仅增进了对细胞内部复杂运输机制的理解，也为理解外泌体的形成、运输和释放机制提供了基础，进而推动了外泌体在生物医学领域的应用研究。因此，2013 年诺贝尔生理学或医学奖的颁发，不仅是对 3 位科学家个人成就的认可，也是对外泌体研究领域重要性的肯定。限于篇幅，以下仅对詹姆斯·罗斯曼及其研究进行重点介绍，也会涉及其他两位诺奖得主的相关工作（图4-14）。

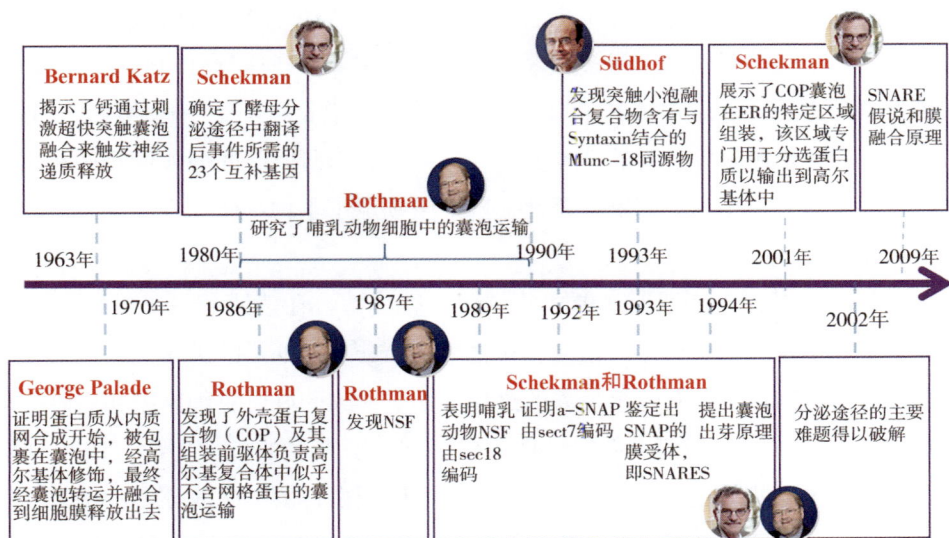

图 4-14 三位科学家研究的时间轴

二、从物理学家到生物学家的转变

詹姆斯·罗斯曼于 1950 年 11 月 3 日出生于美国马萨诸塞州，1976 年从哈佛医学院获得博士学位，1978 年进入斯坦福大学开始从事囊泡运输方面的研究。他曾先后就职于普林斯顿大学、斯隆 - 凯特灵癌症研究所和哥伦比亚大学。2008 年加入耶鲁大学，目前为该校细胞生物学系主任。虽然詹姆斯·罗斯曼教授的研究领域主要集中在细胞生物学和生物化学方面，是一名出色的生物学家。但实际上，罗斯曼童年时期的最大兴趣并非生物学，而是物理学。

在 20 世纪 50 年代，美国重视发展科学和科技，在浓厚的社会氛围熏陶和有力的家庭支持下，还在读小学的罗斯曼就设计和组装出了可以发射的火箭。到了高中阶段，罗斯曼更加痴迷于物理，他自己还报了校外的培训课程。1967 年最终被耶鲁大学录取，并如愿以偿地选择了理论物理学专业。当时，罗斯曼对各个学科有着自己的偏见：他认为理论物理学家是最聪明的，其次是实验物理学家，再次是化学家，而生物学家只能排在最后。因此，在大学一年级，他便参与了耶鲁大学为促进学生数学和物理学发展而特设的项目，立志成为一名优秀的物理学家。但在大学二年级时，他的父亲担心学习物理学专业在毕业后不好找工作，建议他学习生物学。尽管不太情愿，但抱着"至少尝试一下"的心态，他参加了一次生物学课程学习，巧的是那次专家授课是对分子生物学前沿的介绍，罗斯曼觉得这一分支在某种程度上与物理学一样具备结构性和挑战性，于是，他不再像从前那样抗拒生物学。当然，这种跨越不可能是一蹴而就的。他选择先从物理化学开始，学习多肽聚合物的三维构象，在这过程中会用到统计物理学和热力学的方法；随后他遇到了耶鲁大学生物物理学家哈罗德·莫洛维茨（Harold Morowitz），开始转向生物膜的结构实验，和同事一起研究胆固醇如何缓冲脂质双层的流动性以及熄灭热相变等问题。至此，罗斯曼锁定了生物学研究方向，并与生物膜相关领域的研究结下了不解之缘。

从耶鲁大学毕业后，罗斯曼前往哈佛医学院读博。在读博士一年级时，在 1974 年诺贝尔生理学或医学奖得主乔治·帕拉德（George Palade）的讲座上，他第一次了解到细胞分泌的途径，并对这个惊人的过程产生了极大的好奇：细胞膜如何制造出囊泡，囊泡又要去哪里，如何融合？这些问题引起了罗斯曼的极大兴趣。1976 年罗斯曼获得了哈佛医学院博士学位，为了进一步研究膜蛋白，罗斯曼放弃了助理教授的职位，申请到麻省理工学院生物系进行博士后研究。1978 年，他加入斯坦福大学并建立了自己的实验室，至此，囊泡运输问题成为他一生致力研究的焦点。

值得一提的是，20 世纪 80 年代，罗斯曼使用无细胞的方法研究囊泡的运输方式，这违背了几乎所有关于如何进行科学实验的建议。最初几年，他被很多人嘲讽，也曾因为研究陷入瓶颈而失去经费，但他始终没有因为外界的声音而动摇，最终解开了"囊泡与其目标融合以允许货物转移"的蛋白质机制，并与兰迪·谢克曼和托马斯·苏德霍夫共了 2013 年诺贝尔生理学或医学奖。

三、揭秘"囊泡"识别靶膜的机制

（一）细胞内囊泡运输及其意义

细胞是组成机体的最基本单元，细胞代谢是生命的基本特征。细胞膜和细胞器膜统称生物膜，其构成了细胞之间及细胞器之间的天然屏障，使一些重要的生命活动能在相对独立的空间内进行，从而维持细胞之间、细胞器之间的物质、能量和信息交换。而细胞内的膜性细胞器之间的物质运输（如蛋白质、脂类）主要是通过囊泡（vesicle）完成的。囊泡是由单层膜所包裹的膜性结构，从几十纳米到数百纳米不等，主要负责细胞内不同膜性细胞器之间的物质运输，称为囊泡运输。通过囊泡运输的物质主要有两类：一类是囊泡膜上的膜蛋白和脂类等，参与细胞器的组成与特定的细胞功能，如细胞代谢和信号转导等；另一类是囊泡所包裹的内含物，如神经递质、激素、各种酶和细胞因子等，这些物质可参与蛋白质或脂类的降解或剪切功能等，或者分泌到细胞外调节自身或其他细胞的功能。囊泡携带大量不同的蛋白质到细胞质内的不同细胞区间（compartment），该过程涉及小泡流动和膜融合，对每个细胞的生长和分裂都至关重要。

这些过程是如何发生的？分子机制是怎样的？直到20世纪70年代，这些都是未解之谜。

（二）细胞内囊泡运输机制的系列探索

哺乳动物的细胞内部有着缩微版的错综复杂的"高速公路"和繁忙的"物流系统"，无数的囊泡会携带着蛋白质从一个地点到达另一个地点。其会从一片膜上长出小芽，又会最终融合到另一片膜上而消失。细胞中的这些囊泡是怎样完成如此精确的工作的？它们从哪里来，又去往哪里？当时细胞生物学家所面临的基本科学问题就是：①囊泡运输过程是如何被精细地调控的？②一旦这个运输过程发生紊乱，对细胞又将产生什么样的后果？

囊泡运输引起科学家的关注，主要开始于20世纪60年代。乔治·帕拉德（George Palade）等发现细胞分泌的蛋白需要先进入内质网，再到高尔基体，然后分泌到胞外。这个细胞分泌途径的重大发现，使他获得了1974年诺贝尔生理学或医学奖。尽管如此，这个分泌途径的细节并不清楚。1975年甘特尔·布洛贝尔（Gunter Blobel）进一步提出了分泌蛋白进入内质网的信号肽学说，并因此获得1999年诺贝尔生理学或医学奖。作为"获奖大户"，"囊泡运输"这个研究领域已经收获了1974年、1985年、1999年和2013年共计4次诺贝尔生理或医学奖，几乎每隔10来年就获奖一次！但必须承认，目前人们对细胞内复杂而精细的交通运输系统的认识，仍然是初步的和框架性的，关于囊泡运输的更精细的调控机制，尚有待于进一步阐明。而詹姆斯·罗斯曼的贡献在于发现了细胞内膜融合的分子原理，提出了SNARE模型假说。罗斯曼实验室主要以哺乳动物细胞为研究材料，着重阐明了特殊的蛋白质复合物SNARE在囊泡锚定和融合中的作用机制。这些内容不仅都写进了生理学的教材成为经典理论，而且这种机制对理解很多重要的生理过程如胰岛素向血液的释放、大脑中神经细胞的通信、人类免疫缺陷病毒侵入感染细胞等都十分重要。

（三）罗斯曼SNARE模型假说的形成

囊泡从一个小芽出发最终都会走向融合。罗斯曼在体外实验中用带有放射性的蛋白质确认了蛋白质会按照顺序依次从初始区域走向高尔基体再走向细胞表面，而在这过程中获得对应的分子修饰。他邀请了电子显微镜专家Lelio Orci对这些运输的囊泡进行仔细观察，发现这些囊泡在刚出芽时会被一层外壳包裹，而到了高尔基体的隔室中，这些外壳会消失，囊泡会融合。恰好此时，罗斯曼的学生诺维克发现，囊泡的运输过程需要GTP完成转运的后期步骤，并且GTP最后会转变成GDP。罗斯曼便设法抑制了GTP走向GDP这一步骤，他发现囊泡可以正常出芽，但是不会再融合了，这提示将GTP转变成GDP的蛋白质在囊泡运输中发挥着重要作用。用这种抑制GTP转变成GDP转化的方法，罗斯曼获得了大量含有外壳的囊泡，并鉴定出了外壳蛋白由 7 种蛋白组成，其中一种蛋白就可以结合 GTP。当囊泡外壳蛋白结合了 GTP 时，会延展自己的脂肪链，这样就能逃离水环境，朝着脂质膜前进并与之结合。而囊泡外壳蛋白与 GDP 结合时，蛋白质则会收起脂质链。这种 GTP-GDP 开关决定了蛋白外壳的存在和囊泡出芽。GTP 结合蛋白与膜连接时，能够招募其他外壳蛋白，并让其自发地形成结构，这也是帮助囊泡形成的关键。随着囊泡形成，GTP 结合蛋白会将 GTP 转换成 GDP，并且收回定位在膜上的锚，外壳蛋白便开始离开膜，带着囊泡进入下一站。这也是为什么罗斯曼抑制这一步骤时能收集到大量外壳蛋白的原因，因为其仍然锚定在膜上，没有脱离膜进入下一站。

罗斯曼在体外实验中还发现了一种能阻止囊泡运输系统正常运转的分子，即 N-乙马来酰亚胺（N-ethylmaleimide，NEM）。不同于暴露在 GTP 相关化合物下的囊泡，处于 NEM 环境中的囊泡是裸露的（外壳蛋白消失了），囊泡与靶膜的融合过程因此被完全抑制。通过进一步实验，他们从细胞提取物中分离出一种可恢复融合活性的蛋白质因子。该因子对 NEM 敏感，因此被命名为 NSF（N-ethylmaleimide-sensitive factor），通过纯化 NSF 并添加到经 NEM 处理的提取物中，发现囊泡融合能力得以恢复，直接证明了 NSF 在融合过程中的必要性，NSF 本质是一种 ATP 酶，也参与 SNARE 复合体的解离（见后）。NSF 在另一种可溶性 NSF 附着蛋白（soluble NSF attachment protein，SNAP）的帮助下，可以锚定在目标膜上。后续研究揭示了囊泡融合需要 ATP 水解提供能量，而 NSF 是一种 ATP 酶。这一发现是罗斯曼研究细胞内囊泡运输机制的重要成果之一，为后续阐明囊泡融合的分子机制奠定了基础。

在探索 SNAP 和 NSF 作用机制时，罗斯曼与自己实验室的博士后 Thomas Söllner 选取了大脑组织（NSF 和 SNAP 的含量最高）进行探索，而这一决定让他们破解了大脑中的一个未解之谜：在神经传输信号的附近会出现 3 种蛋白分子，但当时没人知道它们的作用是什么。而他们的实验确定了其中一种蛋白位于携带神经递质的囊泡上，另两种蛋白则分布在细胞膜上，用于帮助囊泡结合。三者形成了一个新的蛋白复合体，称可溶性 NSF 附着蛋白受体（soluble NSF attachment protein receptor，SNARE），即膜融合的特异性是由膜之间的 SNARE 蛋白配对决定的。他因此提出了 SNARE 模型假说：SNARE 复合物由一个 v-SNARE（位于囊泡膜上）和两个 t-SNARE（位于目标膜上，通常包括 Syntaxin 和 SNAP-25）通过螺旋结构紧密缠绕形成四螺旋束（Four-Helix Bundle）（图 4-15）。这种结构的形成带动囊泡与目标膜紧密结合，为膜融合提供了机械力，促使脂膜双分子层融合。

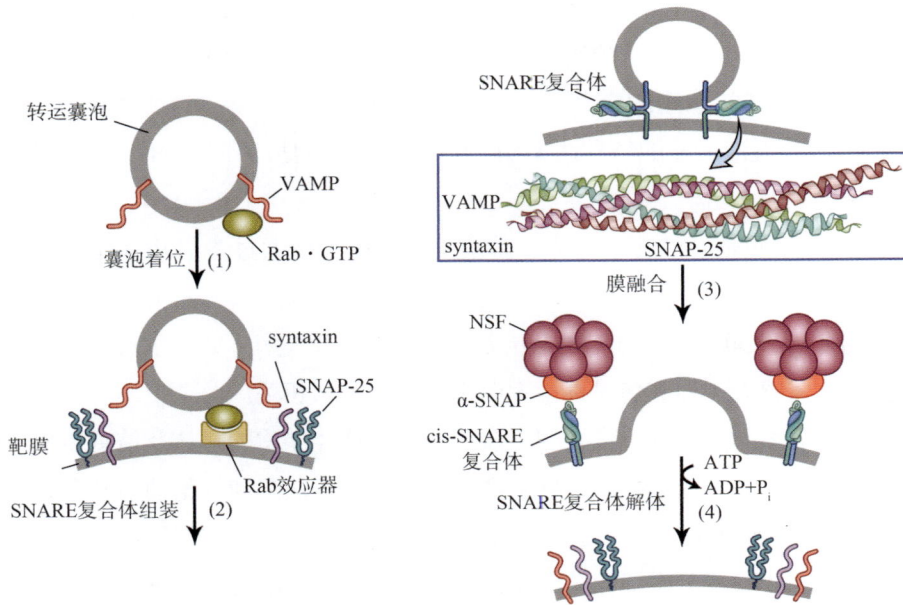

图 4-15 囊泡着位与融合涉及的蛋白质

VAMP（v-SNARE）；syntaxin（t-SNARE）；SNAP-25（t-SNARE）

（四）SNARE 假说的核心内容

SNARE 模型描述了囊泡与靶膜之间特异性识别、锚定及融合的分子机制，主要内容如下：

1. SNARE 蛋白：是介导膜融合的直接执引者

① v-SNARE（囊泡 SNARE）：位于运输囊泡膜上的蛋白质（如 VAMP 家族）。

② t-SNARE（靶膜 SNARE）：位于靶细胞器或细胞膜上的蛋白质（如 Syntaxin 和 SNAP-25 家族）。

2. 特异性识别与锚定　囊泡（v-SNARE）与靶膜（t-SNARE）通过互补的蛋白结构域特异性结合以确保运输的精确性（如高尔基体到溶酶体的运输使用特定的 SNARE 组合）。这一过程依赖 Rab GTP 酶的辅助，Rab 蛋白通过结合 GTP 而被激活，帮助 SNARE 复合体定位和组装。

3. 膜融合的驱动机制　v-SNARE 与 t-SNARE 结合后形成反式 SNARE 复合体，其结构为高度稳定的四螺旋束（3 个来自 t-SNARE，1 个来自 v-SNARE）。SNARE 复合体的形成通过释放能量驱动脂质双层膜紧密接触，克服膜融合的能量障碍，最终导致囊泡与靶膜融合。

4. SNARE 复合体的解离与循环　融合完成后，NSF 蛋白和 SNAP 蛋白通过消耗

ATP，将 SNARE 复合体解离为单体。解离后的 SNARE 蛋白被回收利用，供后续运输循环使用。

（五）SNARE 模型的意义

（1）解释囊泡运输的特异性：不同 SNARE 组合对应不同运输路径（如分泌途径、内吞途径）。

（2）揭示膜融合的分子动力：首次阐明细胞如何通过蛋白相互作用完成膜融合这一物理过程。

（3）疾病关联：SNARE 功能异常与神经退行性疾病（如阿尔茨海默病）、代谢紊乱及病原体感染（如破伤风毒素靶向 VAMP）密切相关。

囊泡运输参与细胞多项重要的生命活动，如神经递质的释放及信息传递、激素分泌、天然免疫等，其运输障碍会导致多种细胞器发生缺陷和细胞功能紊乱，并与许多重大疾病（如神经退行性疾病、精神分裂症、糖尿病等代谢性疾病、感染与免疫缺陷、肿瘤等的发生和发展）密切相关。因此，研究细胞的囊泡运输，不仅会对细胞生物学的基础理论研究产生积极的推进作用，也将揭示一些影响人类健康的重大疾病机制，为其治疗提供新的策略或靶点，对人类健康产生重要和积极的影响。

四、诺贝尔奖启示

2022 年 11 月 6 日下午，在上海"世界顶尖科学家协会联手进博会对话顶科"活动上。罗斯曼向记者抛出一个问题："到目前为止，最伟大的科学发明是什么？"随后他回答道："我的答案是，科学方法的发明。因为科学方法有无穷的潜力，它只受限于人类的想象。它不属于任何一个人，但是所有人都可以获取。"他还强调，科学研究没有优先次序，当科学家个体专注于解决需要被解决的基础问题时，科学发现是最有效的。罗斯曼还认为：其实科学就是创新。因为如果我们已经知道了问题的答案，那就是定义，而不是一个研究问题。因此，在某种程度上，创新的本质植根于科学方法。在他的研究中，罗斯曼通过科学方法揭示了细胞内囊泡运输的精确控制机制，这一发现对理解细胞如何运作具有重要意义。罗斯曼不仅在理论上强调科学方法的重要性，而且在实践中也展示了科学方法的力量和价值。具体而言，罗斯曼在科学方法上的贡献主要体现在以下几个方面。

（1）细胞囊泡运输机制的揭示：罗斯曼通过生物化学的方法，鉴定出了两种蛋白复合物，这些复合物可以使囊泡与目标膜融合。他的工作揭示了囊泡运输和靶膜融合的机制，为人类解开了生命最简单却又最不简单的运动过程之谜。

（2）SNARE 蛋白复合物的发现：罗斯曼发现了 SNARE 蛋白复合物在囊泡融合

中的关键作用。这些蛋白质在囊泡与目标膜的对接和融合中起着核心作用，是细胞内物质运输机制的关键组成部分。

（3）高尔基体功能的理论贡献：罗斯曼在理论上提出了高尔基体的功能可能是通过其囊泡结构迭代净化蛋白质，这类似于蒸馏塔中的板层。这一理论现在已成为所有高尔基动态模型的隐含假设，并且他提供了高尔基体跨层序贯处理和向量运输的首批证据。

（4）膜融合的生物物理机制研究：罗斯曼的研究关注膜融合的生物物理机制及其在细胞外泌中的调控。他的工作提供了对高尔基体在蛋白质处理中作用的重要见解，并进一步研究了膜融合的生物物理和调控机制。

（5）实验系统的创新：罗斯曼开发了一种无细胞重建实验系统，通过在试管中添加重要的囊泡运输分子，尝试重建运输过程，从而消除与细胞环境相关的某些复杂性。这种方法帮助他和同事们识别了一组分子，包括 NSF 蛋白和 SNAP 蛋白家族，而这些分子在膜运输中发挥关键功能。

（6）跨学科研究方法的应用：罗斯曼的研究方法结合了生物化学、生物物理和细胞生物学等多个学科，这种跨学科的方法对于揭示细胞内复杂的运输机制至关重要。

罗斯曼的这些贡献不仅增进了对细胞内部复杂运输机制的理解，而且对于许多疾病的诊断和治疗具有潜在影响，包括神经系统疾病、糖尿病和免疫疾病等。他的工作展示了科学方法在解决复杂生物学问题中的力量和创新性。

因此，2013 年诺贝尔生理学或医学奖的颁发，不仅是对外泌体研究领域重要性的肯定，也是对基础科学研究的鼓励。外泌体的研究不仅推动了科学的进步，也为人类的健康和福祉做出了贡献。随着对外泌体研究的深入，期待未来能够有更多的突破和应用，为人类带来更多的福祉。

参考文献

［1］ROTHMAN J E. Mechanisms of intracellular protein transport[J]. Nature, 1994, 372(6501): 55-63.

［2］SÖLLNER T, WHITEHEART S W, BRUNNER M, et al. SNAP receptors implicated in vesicle targeting and fusion[J]. Nature, 1993,362(6418): 318-324.

［3］KALLURI R, LEBLEU V S. The biology, function, and biomedical applications of exosomes[J]. Science, 2020, 367(6478): eaau6977.

［4］MATHIEU M.Specificities of exosome versus small ectosome secretion revealed by live intracellular tracking of CD63 and CD9[J]. Nat Commun, 2021, 12: 4389.

[5] GUO Y. Exosome-based mRNA delivery for cancer immunotherapy[J]. Nat Nanotechnol, 2023,18(4):379-388.

[6] JAHN R, SCHELLER R H. SNAREs—engines for membrane fusion[J]. Nat Rev Mol Cell Biology, 2006,7(9): 631-643.

（王跃春）

第五节　青蒿素——抗疟疾之东方神药

2015 年 12 月 10 日，瑞典斯德哥尔摩音乐厅迎来一年中最重要的日子，已步入耄耋之年的中国科学家屠呦呦身着紫色礼服，登上领奖台，成为首位获得自然科学类诺贝尔奖的中国人！屠呦呦获奖原因是，她在 20 世纪 70 年代发现了一种针对疟疾的新型药物——青蒿素。青蒿素一经问世迅速成为治疗疟疾的特效药，从此严重威胁人类健康的疟疾得到了有效控制。直到现在，以青蒿素为基础的药物挽救数百万的患者生命，成为全球抗击疟疾的一线药物（图 4-16）。

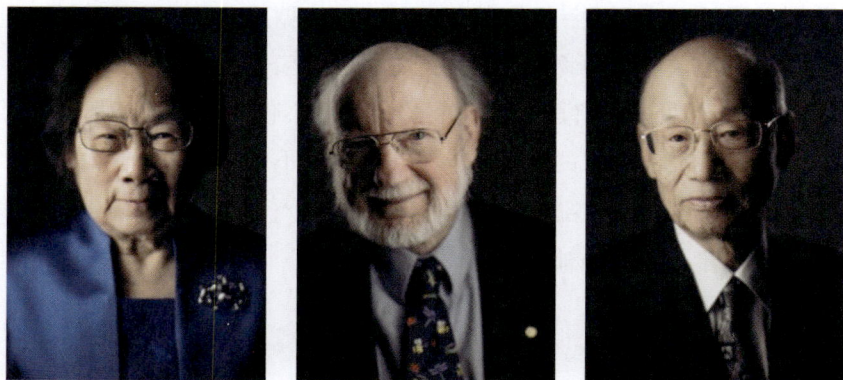

图 4-16　屠呦呦和威廉·坎贝尔、大村智

一、疟疾简史

疟疾是一种古老的疾病，早在公元前 2000 年的《黄帝内经·素问》中便有关于疟疾的记载。在医学落后的古代，疟疾被称为"生命收割机"，该病的死亡率高得惊人，当时人们认为这是邪灵作祟，得病是由于邪灵附体所致。到了中世纪，人们以为这种

恶疾的源头来自沼泽的瘴气。英文疟疾一词Malaria源自意大利文，意思为"坏空气"，这反映了当时人们对于此病的认识水平，认为感染疟疾的原因是腐败有毒的空气。这标志着人们对于疟疾的认识走出了早期的"邪灵说"，这种认知虽不科学，却标志着人类对疟疾的认识从"邪灵说"转向自然因素。

直到1880年，法国军医查尔斯·拉韦朗（Charles Louis Alphonse Laveran）在疟疾患者血清中发现一种像虫子一样自由运动的生物，而正常人的血清中却没有。在深入的研究后，拉韦朗终于弄清楚是这种未知的"游动小虫"，才是疟疾发病的原因，并命名为疟原虫。这也是人类第一次证实原生动物具有致病性，这位伟大的医生于1907年被授予诺贝尔生理学或医学奖。1897年，英国医生罗纳德·罗斯（Ronald Ross）发现蚊虫与传播疟疾的关系，才弄清楚疟疾是如何在人群中传播的，揭示蚊虫传播疟疾的机制，完整阐明了疟疾的传播链。

现代医学证实，疟疾是由疟原虫经蚊叮咬传播和感染人所引起的一种寄生虫病，是一种影响范围广泛且危害严重的传染病。感染者经蚊虫叮咬感染疟原虫约1周后，出现周期性发作的寒战、高热、大汗退热等症状，因此俗称为"打摆子"。疟疾广泛流行于世界各地，据世界卫生组织统计，目前仍有92个国家和地区处于高度和中度流行，每年发病人数约为1.5亿，死亡病例约20万人。

千百年来，人类一直处于"谈疟色变"的状态，疟疾在历史上造成的灾难以及人们对疟疾的恐惧程度难以想象，如梦魇般萦绕。整个人类的历史，在某种意义上说是一部遭受疟疾折磨的"受疟"史。公元5世纪，疟疾肆虐罗马帝国，导致人口因此锐减1/3，首都君士坦丁堡近半数人口死亡，在无人埋葬在街道上遍地都是开裂腐烂的尸体。意大利诗人但丁在《神曲·地狱篇》中生动描述了疟疾的"打摆子"症状，"犹如患三日疟者，临近寒战发作时，指甲发白，遇到阴凉处即浑身打寒战不止"，令人唏嘘的是，但丁本人最终也因感染疟疾而死。

疟疾带来的死亡梦魇如此恐怖，研究治疗疟疾的方法可以称为拯救人类的超级工程。为攻克疟疾，人类展开漫长探索。先后有4位科学家因疟疾相关研究而获诺贝尔奖。17世纪，西班牙传教士来到秘鲁的印第安人部落，发现当地土人用金鸡纳树的树皮治疗疟疾，秘鲁总督的夫人成为第一个被治疗成功的名人。清朝康熙皇帝曾三次亲征噶尔丹叛乱，其中一次征讨过程中得了疟疾，差一点要了性命，幸好当时有法国的传教士给他带来了金鸡纳霜，一种由金鸡纳树的树皮制作的药膏。他服用后很快痊愈了，最后打败了噶尔丹。1820年，法国科学家从金鸡纳霜中提取出有效抗疟疾成分，命名为奎宁。为了提高药物产量，科学家人工合成了奎宁，随后又找到了奎宁替代物——氯喹，成为20世纪治疗疟疾的主流药物。

二、青蒿素的发现历程

氯喹和奎宁在很长一段时间内可有效治疗和控制疟疾，然而好景不长。20世纪60年代后期，世界卫生组织启动了一场旨在根除疟疾的计划，通过氯喹类药物的大范围使用，希望彻底根除疟疾。经过一段时间大规模的使用氯喹，的确有效地控制了疟疾疫情，极大降低了疟疾的发病率。但大范围的药物滥用却引发了新的问题：出现了对氯喹和奎宁产生耐药性的疟原虫，即恶性疟原虫。恶性疟原虫的出现，使疟疾死灰复燃，疟疾死亡率迅速上升构成了重大的全球挑战，特别是在蚊虫盛行的东南亚国家尤为严重。由于疟原虫产生了抗药性，奎宁类药物治疗疟疾陷入了困境，截至1972年，全世界都在寻找新的抗疟疾药物，虽然筛选了约20万种化合物，但始终没有找到有效的化合物。

1964年，美国出兵越南后，美越双方都因疟疾感染造成严重的士兵减员，参战双方都开始寻求治疗疟疾的全新药物。美方为了解决问题，联合英国、法国、澳大利亚等国的研究机构，开展新的抗疟药物研究。越方则寻求中国帮助，1967年5月23日，中国启动代号"523"的绝密抗疟项目，该项目成立了疟疾控制小组办公室（简称国家523办公室），以协调全国范围的抗疟研究。在1967～1969年筛选了数千种化合物，但没有发现有效的药物。1969年，国家523办公室的主任访问了屠呦呦所在的实验室，寻求治疗疟疾的新疗法。

1969年1月，39岁的屠呦呦临危受命，带领团队从传统中药中寻找突破口。历时两年，屠呦呦系统查阅大量的古代医学书籍和民间药方，几乎把南方的老中医都采访遍了，最终从东晋葛洪《肘后备急方》中获得灵感，才找到青蒿这种草本植物。青蒿这种一年生植物早在2000年前的中国古医书中就有入药的记载，东晋葛洪所著医书《肘后备急方》中记录了一个"治寒热诸疟"的药方，"青蒿一握，以水二升渍，绞取汁，尽服之"。其中记述用青蒿抗疟是通过"绞汁"，而不是传统中药"水煎"的方法用药。这启发了屠呦呦，领悟到这种特殊的方法可能为了防止"高温破坏药物不稳定的结构"。于是她采用低沸点溶剂乙醚进行提取，药物疗效果然明显提高。经过反复试验，最终分离获得的第191号青蒿提取物样品，其对鼠疟原虫的生长具有100%的抑制率，这是一个极为令人振奋的结果（图4-17）。

在青蒿素抗疟的动物实验取得良好治疗效果后，屠呦呦着手安排临床试验，而临床试验需要用大量的青蒿乙醚提取物，当时找不到合适的药厂进行大规模提取，课题组只好采用土办法提取青蒿素，用七口大水缸作为提取容器，里面装满乙醚，把大量的青蒿植物浸泡在水缸里面提取试验样品。由于乙醚是有害的化学品，在提取青蒿素的过程中，实验室和走道里都弥漫着刺鼻的乙醚味道。由于当时提取设备和实验设施简陋，没有专业的排风系统和防护用品，研究人员只戴着普通的纱布口罩在这样的环境中长时间工作。许多研究人员除了头晕、眼胀外，还出现鼻子流血、皮肤过敏等症状，最终他们艰苦奋斗，咬牙坚持，终于提取临床试验所需的青蒿素。

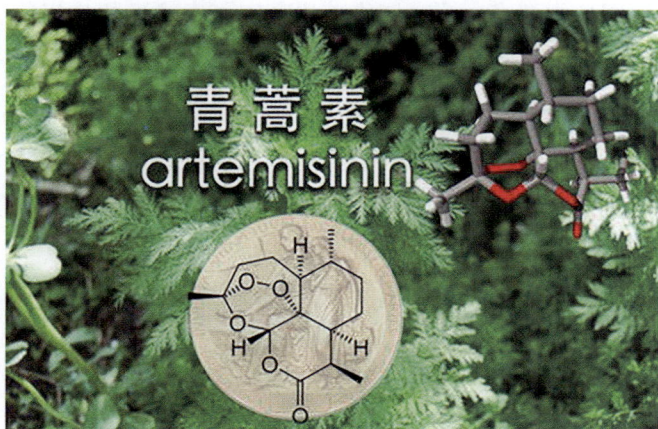

图 4-17 青蒿素分子结构

1972 年 3 月，在青蒿素的临床前试验中，个别动物的病理切片里发现了疑似药物的毒性反应。这个毒性反应到底是动物本身存在问题，还是药物所致？搞毒理学和药理学的同事坚持进行后续动物试验，确保安全后才能在患者身上进行临床试验。由于疟疾的发作是有季节性的，一般在蚊虫肆虐的夏秋。为不错过当年的临床观察季节，抢时间验证药物的安全性，屠呦呦毅然提交"志愿试药"报告，并郑重表态："我屠呦呦是组长，必须第一个试药！"同年 7 月，她与两名同事一起住进北京东直门医院，成为首批人体试验的"小白鼠"。经过一周的试药观察，未发现该提取物对人体有明显毒副作用。此后，屠呦呦带上样品赶赴海南疟疾高发区，顶着烈日跋山涉水，在患者身上进行药物试验，完成了 21 例临床抗疟疾疗效观察，效果显著。随后屠呦呦在全国会议上报告了青蒿抗疟疾全部有效的试验结果，这一令人鼓舞的消息掀起了全国青蒿抗疟疾研究的高潮，也为后续研究的顺利开展创造了条件。

1973 年 8 月至 10 月，屠呦呦团队使用青蒿素片剂进行了更多病例的临床试验，但没有产生预期的结果。团队检查了从临床中心返回的药片，发现药片太硬而无法分解，这可能是导致疗效不好的原因，因此决定恢复使用青蒿素胶囊制剂的研究。由于已经接近疫情季节的尾声，她们只治疗了 3 例疟疾患者，这 3 例患者在服用青蒿素胶囊后都康复了。疗效更好的青蒿素衍生物双氢青蒿素是在 1973 年 9 月的一次实验中发现的。当时团队正在进行青蒿素衍生物进行结构 - 活性关系评估，使用硼氢化钠对青蒿素进行还原反应后，光谱中的羧基相关峰消失，被羟基相关峰取代，表明生成了新的衍生物双氢青蒿素。在随后的啮齿动物疟疾测试中，双氢青蒿素可在较低的剂量下，产生足以达到与青蒿素相同的疗效，表明双氢青蒿素具有更强的效价强度，治疗患者所需的药物更少，从而减轻了青蒿素的毒性反应。

屠呦呦团队根据法规要求，完成了青蒿素和双氢青蒿素的临床前药学、药理学、毒理学和临床试验等一系列新药研究。我国卫生部分别于 1986 年和 1992 年先后颁发了青蒿素和双氢青蒿素新药证书。双氢青蒿素在临床上的疗效是青蒿素的 10 倍，再次证明了双氢青蒿素的"高效、快速发挥药理作用和低毒性"，成为抗疟"终极武器"。自此，屠呦呦和她的同事们以及合作机构前后摸索了 20 多年，终于研制出最强青蒿素类新药——双氢青蒿素片，并转让给制药企业进行大规模青蒿素药品的生产，广泛应用到被疟疾痛苦折磨的患者身上。

三、青蒿素治疗疟疾的原理

青蒿素抗疟为何如此厉害，治疗疟疾的秘密究竟是什么？首先简单了解疟疾的发病机制。疟疾是由疟原虫感染所引起的一种传染疾病。疟原虫是一种单细胞生物，其生活史有 3 个阶段，分别是寄生虫体、传播媒介蚊子和宿主人类。疟原虫生活史复杂，需要人与按蚊的参与。按蚊叮咬患者时将宿主人体血液中配子体形态的疟原虫摄入蚊子体内，配子体在蚊子体内结合成合子，合子在蚊子的胃壁发育成熟为子孢子体，并迁移到唾液腺。当蚊子再次叮咬人时，子孢子体中释放出的子孢子进入宿主人体的血液中，通过血液循环侵入肝细胞。子孢子在人体肝细胞中增殖，导致被感染的肝细胞受损甚至破裂。当肝细胞破裂后，将向血液释放裂殖子，裂殖子侵入宿主人体红细胞并进行裂体增殖，产生大量的裂殖子，使被感染的红细胞最终破裂，释放下一代裂殖子，重复其感染红细胞内的增殖过程。其中一些裂殖子分化成为配子体，当感染疟原虫的人再次被蚊子叮咬时，蚊子吸食患者的血液，疟原虫配子体进入蚊子体内结合成合子，可再度进行下一轮的叮咬人类而传播疟疾，最终完成疟原虫的完整生活史（图 4-18）。疟疾所特有的反复高热和打寒战交替发作的症状，是由于裂殖子在血液中红细胞内大量增殖，红细胞破裂溶解并向血液释放裂殖子引起，称为红细胞溶血反应。

四、诺贝尔奖启示

（一）科学研究需要百折不挠

回顾屠呦呦极其曲折的科研之路。1955 年大学毕业后被分配到卫生部直属的中医研究院（现中国中医研究院）工作。1969 年临危受命，39 岁的屠呦呦接受了中草

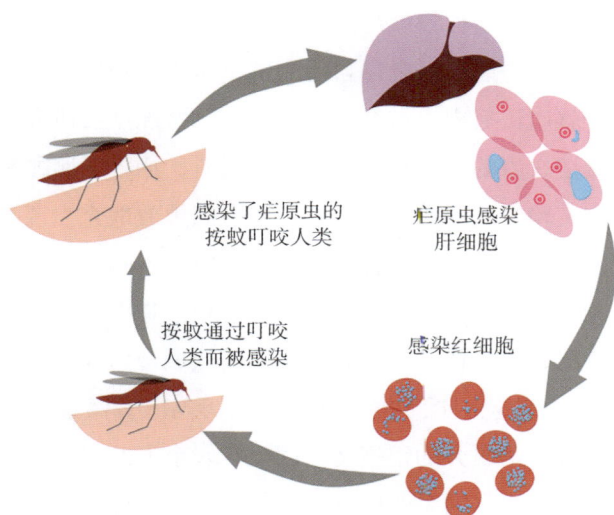

图 4-18　疟原虫生活史

药抗疟研究的艰巨任务，开始着手寻找新型抗疟药。在经历了 190 次失败之后，屠呦呦课题组在第 191 次低沸点实验中发现了抗疟效果为 100% 的青蒿提取物。屠呦呦既无海外留学经历，又无博士学位，更没有两院院士的光环，本身就是一棵科学界的"无名小草"。屠呦呦自 20 世纪 60 年代以来，数十年如一日，埋首于深爱的"小草"事业，历经了 190 次失败而终获成功。在当时非常艰苦的科研条件下，屠呦呦及其团队凭借顽强的意志和卓绝的努力，克服了无数的艰难困苦，不断地在抗疟这个未知的新领域里取得突破，最终为全世界所知，于 2015 年荣获诺贝尔生理学或医学奖。屠呦呦大部分时间也只是一名默默无闻的普通科研工作者，这给投入医学研究的后人一个重要启示，医学研究要耐得住寂寞，并需要漫长的验证历程，没有顽强的意志力和面对失败不气馁的精神是很难取得突破的（图 4-19）。

图 4-19　屠呦呦：第一位获得诺贝尔生理学或医学奖的中国本土科学家

（二）无私奉献和团队协作铸就辉煌

屠呦呦对国家常存感恩之心，觉得自己为国家做贡献理所应当。她一直坚信"国家需要我做什么，我就应该努力去做好"。她在当年参加项目研究时，为了全身心地投入科研工作，默默把3岁的孩子长期寄养在托儿所，牺牲了照顾家庭的时间。当青蒿素治疗疟疾在动物实验中获得成功后，她和同事们勇敢地充当"小白鼠"，成为在自己身上进行试验的首批志愿者，使青蒿素能尽早地进入临床试验，早日挽救更多疟疾患者的生命。屠呦呦在事业上无私奉献，在功劳和荣誉上却很淡定，认为这是属于团队的，这也给世人树立了榜样。屠呦呦和她的团队如接力赛一样，不断探索，艰苦奋斗，前后共有60多个单位，近500名科研人员参与了青蒿素的研制过程。按照当时的规定，发表有关青蒿素研究的很多文献都没有署个人的名字，作者署名都是协作组代替，这是科学家团结协作的鲜明体现。正如屠呦呦所说："这是属于中医药集体发掘的一个成功范例，是中国科学事业、中医中药走向世界的一个荣誉。"这应不是屠呦呦的谦让之言，而是她以身试药、功成不居的胸襟，彰显科学家应有的担当。

参考文献

［1］诸欣平，苏川杨. 人体寄生虫学 [M]. 北京：人民卫生出版社，2018：9.

［2］杨宝峰. 药理学 [M]. 北京：人民卫生出版社，2018：9.

［3］GOLAN D E. 药理学原理 - 药物治疗学的病理生理基础 [M]. 杜冠华，主译. 北京：人民卫生出版社，2023：2.

（肖　飞）

第六节　噬菌体展示——蛋白质药物库

2018年诺贝尔化学奖的一半奖金授予了美国加州理工学院的弗朗西斯·阿诺德（Frances H Arnold），以奖励她在实现酶定向进化方面的卓越贡献。而另一半奖金则由美国密苏里大学的乔治·史密斯（George Smith）以及分子生物学实验室的格雷戈里·温特（Gregory Winter）分享，表彰他们在"肽类和抗体的噬菌体展示技术"领域的开创性工作，他们所取得的成就是发明了噬菌体展示技术（图4-20）。这是一种通过基因工程改造的噬菌体，使其表面表达外源蛋白质，并从中高效筛选出具有生物活性的蛋白质分子技术。该技术能帮助人类高效筛选出治疗疾病的蛋白质药物，特别适合于大分子蛋白质抗体药物的发现，革新了抗体药物的研发流程。

图 4-20　弗朗西斯·阿诺德、乔治·史密斯和格雷戈里·温特

一、噬菌体展示技术的发展史

在大自然中存在一种奇特的微生物，这种微生物可以感染并寄生于细菌体内，在必要时能杀死宿主细菌。由于其强大的细菌杀伤能力，被发现者命名为噬菌体（bacteriophage，phage），其发现可追溯至 20 世纪初。

1915 年，弗雷德里克·特温特（Frederick Twort）寻找用于天花疫苗的痘苗病毒变异株，这种变异株有可能在细胞外的培养基质中复制。因此，他将病毒接种到琼脂培养基上尝试培养天花疫苗病毒，虽然天花病毒没有成功复制，但他观察到一种奇特现象，在某些细菌培养物周边出现了透明斑点，这些斑点是细菌被溶解破坏而形成的，他把这种透明斑点命名为噬菌斑（图 4-21）。特温特认为这种现象可能由一种未知的能溶解细菌的"微小因子"引起，但这种"微小医子"具体是什么，是不是一种未被发现的新微生物？当时并未深入研究。

两年后，微生物学家费利克斯·德埃雷尔（Félix d'Herelle）在研究霍乱病原体时，也观察到类似细菌溶解现象，即被溶解细菌形成的透明斑点。德埃雷尔对这种噬菌斑产生了极大兴趣，想弄清楚这种奇特现象背后的原因。通过一系列实验，德埃雷尔确认这些斑点由一种能够感染并破坏细菌的病毒引起，这种特殊病毒能够感染特定的细菌，并在细菌内部大量繁殖，最终导致细菌的破裂和死亡。德埃雷尔将这种病毒命名为"噬菌体"，其含义为"细菌吞噬者"，这也是特温特所描述的"微小因子"的本质。

现在人们对噬菌体已经有了非常充分的了解，它是一种能寄生在细菌里的特殊病毒。噬菌体是一种非常古老的微生物，可能已经在地球上进化了 30 亿年或更久。噬菌体在自然界中非常常见，广泛存在于土壤、空气、海洋、饮用水以及食品包装中。

据估计，噬菌体在地球的数量极其庞大，大约有 10^{31} 个，这是一个天文数字，这说明噬菌体对于维持地球生态系统的平衡起重要作用。噬菌体对于研究微生物学、分子生物学以及生物技术等领域具有重要意义，因为研究噬菌体在历史上诞生了 3 个诺贝尔奖。毫不夸张地说，噬菌体的发现是微生物学和分子生物学发展史上的极其重要的里程碑（图 4-22）。

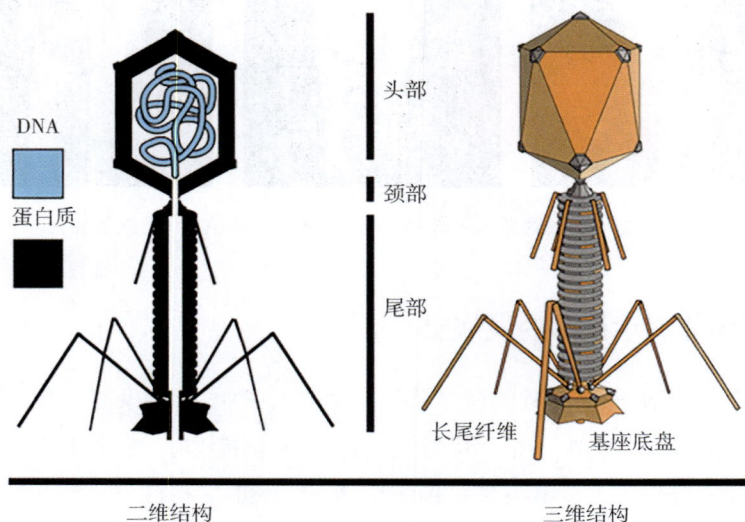

图 4-21　噬菌体的结构

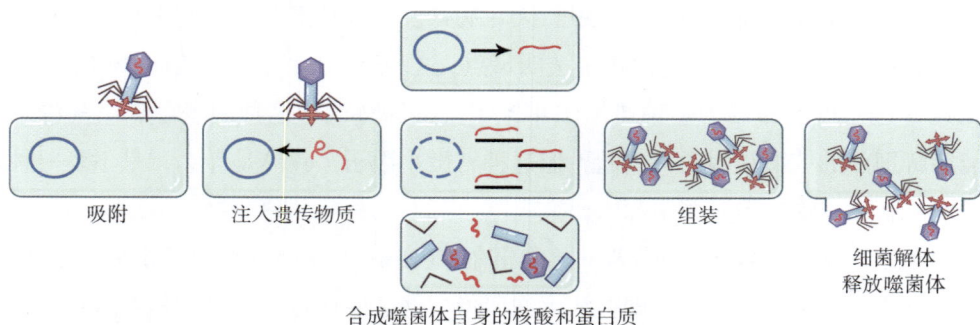

图 4-22　噬菌体杀死细菌的原理

德埃雷尔的发现引起了人们的广泛关注，由于噬菌体具有极强的杀菌能力，他认为噬菌体有潜力成为治疗细菌感染的一种新方法。从此噬菌体被用于治疗严重的细菌感染，并取得了不错的疗效，但缺点是疗效并不稳定。后来由于抗生素时代的到来，特别是 1928 年弗莱明发现了青霉素，堪称抗细菌的"万能神药"，使噬菌体疗法逐渐边缘化，不再受到的重视。然而随着近年来抗生素耐药性问题的日益严重，科学家又想起了噬菌体的杀菌作用，噬菌体疗法才重获关注。

2022 年，国际学术期刊 *Cell* 杂志发表了一项研究，来自美国匹兹堡大学和美国科罗拉多大学的研究团队，首次使用噬菌体成功地治疗"超级细菌"感染引发的难治性肺炎，该论文引起了广泛的关注和一时的轰动。该事件起因是，早在 2017 年，美国加州大学圣地亚哥分校医学院波特森（Patterson）教授不幸感染了鲍曼不动杆菌，一种对普通抗生素耐药的"超级细菌"，由于感染难以控制，病情急剧恶化。波特森教授在人脉资源丰富的条件下，试遍了几乎所有的抗生素药物，但都收效甚微。在绝望中，波特森的妻子斯惴德（Strathdee）博士想到了细菌的"吞噬者"——噬菌体。最终医生采用噬菌体治疗挽救了波特森的生命，这成为第一例接受静脉噬菌体治疗的成功案例。此次事件为"超级细菌"感染的治疗开创了新的策略，标志着静脉注射噬菌体治疗耐药菌感染从实验室走向临床。

噬菌体不仅可以作为抗菌药物使用，而且对于促进生物学科的发展发挥了重要作用，产生了与之相关的 3 个诺贝尔奖。1969 年诺贝尔生理学或医学奖授予阿尔弗雷德·赫尔希（Alfred Hershey）和玛莎·蔡斯（Martha Chase），他们使用噬菌体为材料发现 DNA 是遗传物质。他们用放射性 P-32 标记噬菌体的 DNA，用 S-35 标记噬菌体衣壳蛋白。通过噬菌体感染细菌后进行复制增殖，结果发现子代噬菌体中有 P-32，而没有 S-35，表明只有 DNA 能够被复制并传递到子代噬菌体中，这直接证明了 DNA 才是遗传物质，蛋白质不是遗传物质，颠覆了"蛋白质主导遗传"的传统认知，极大地推动了分子生物学的发展。

21 世纪初，科学家在研究噬菌体与宿主菌相互作用的过程中发现了细菌的 CRISPR/Cas 系统，该系统是原核生物的一种天然免疫系统，用于对抗病毒的感染。CRISPR/Cas 系统的工作原理：当细菌或古细菌遇到病毒、噬菌体等入侵时，CRISPR 序列会转录出一段短小的 pre-crRNA，pre-crRNA 与 Cas 蛋白酶结合，通过碱基互补配对与入侵 DNA 结合，Cas 蛋白酶切割病毒 DNA 序列，使入侵的病毒或噬菌体失活，从而使细菌自身避免被病毒的感染。基于对噬菌体与细菌相互作用机制的深刻理解，人们建立起一种先进的 CRISPR/Cas9 基因编辑技术。这种技术利用了细菌对噬菌体的免疫防御机制，采用任意人工合成的引导 RNA 序列与 Cas9 蛋白形成的复合物，在引导 RNA 序列的导引下，Cas9 可在基因的特定位置实现人工切割与编辑 DNA 序列，从而达到改造和编辑特定基因的目的，开启精准的基因治疗。详细的基因编辑技术原理请查阅基因魔剪章节，在这里就不再赘述了。

噬菌体另一个重要的应用就是噬菌体展示技术，被誉为生物工程技术领域的瑰宝，这是因为绝大多数的多肽和蛋白质药物都是通过该技术发现的。噬菌体展示技术是一种分子多样性技术，该技术可以在噬菌体表面表达外源性蛋白质，每个噬菌体可以表达一种独特的蛋白分子，通过在大量噬菌体上表达不同的蛋白质分子，就可以建立一个海量的蛋白质分子文库。这个噬菌体展示的蛋白质文库可以作为药物筛选库，结合目标靶蛋白，筛选出可以与靶蛋白质相结合的某个蛋白质分子，这个蛋白质分子成为治疗某个疾病的候选药物。

噬菌体中有一类丝状噬菌体（如 M13，fd），其基因组非常小，易于遗传操作，且以分泌形式从宿主菌体内成熟与释放。1985 年，乔治·史密斯（George P. Smith）利用这类噬菌体首次建立了噬菌体展示技术，即在噬菌体表面展示小分子多肽。他采用基因工程技术将 EcoR I 内切酶的部分基因片段（171 bp 和 132 bp）与 p III 基因融合，获得的重组噬菌体，并可在体外稳定增殖，证实了外源 DNA 可以插入噬菌体基因中，并与 p III 蛋白融合，在噬菌体蛋白外壳中展示出来。噬菌体展示技术的一个独特优势是可以同时处理大量的多肽，可方便用于体外多肽的操作和富集。1988 年，Parmley 将已知抗原决定簇与噬菌体 P II N 端融合呈现在噬菌体表面，通过构建随机多肽分子库了解抗体识别抗原的具体表位。1990 年，McCafferty 等利用噬菌体展示技术构建了库容数量为 10^6 的抗体分子库，使其成为一种新兴的抗体制备技术。而格雷戈里·温特（Gregory P. Winter）是第一个利用噬菌体展示技术将鼠源抗体药物人源化，提高了筛选目标蛋白的效率，使人源性抗体药物更快用于临床治疗，避免了非人源性的鼠源抗体在人体内的免疫排斥的问题，极大地改进了噬菌体展示技术（图 4-23）。

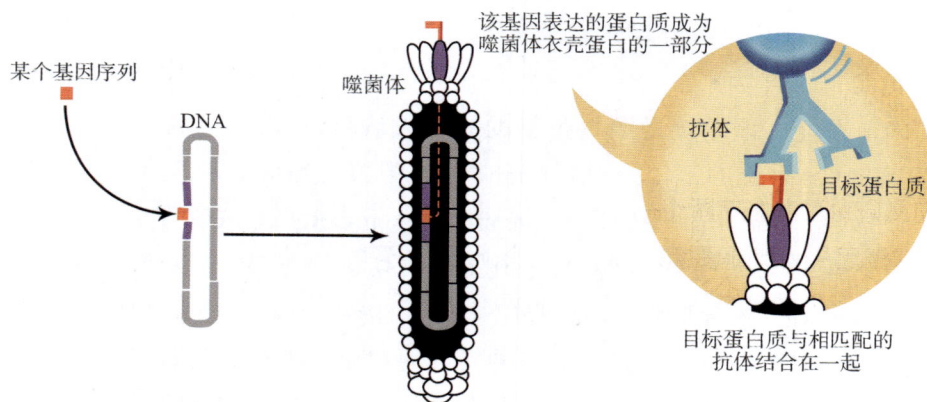

图 4-23　重组噬菌体在其表面展示外源性多肽

二、噬菌体展示技术的原理

噬菌体展示技术通过改造噬菌体让其在衣壳表面表达各种蛋白质分子，并进行高效蛋白质药物筛选。噬菌体展示技术的核心在于"表型 - 基因型耦联"：将编码外源蛋白的基因插入噬菌体衣壳蛋白基因的适当位置，外源蛋白基因与衣壳蛋白基因融合后，外源蛋白以融合蛋白的形式展示于噬菌体表面，同时其编码DNA留存于噬菌体内，实现"所见即所得"的高通量筛选（图4-24）。该技术的实验流程分为以下3步：

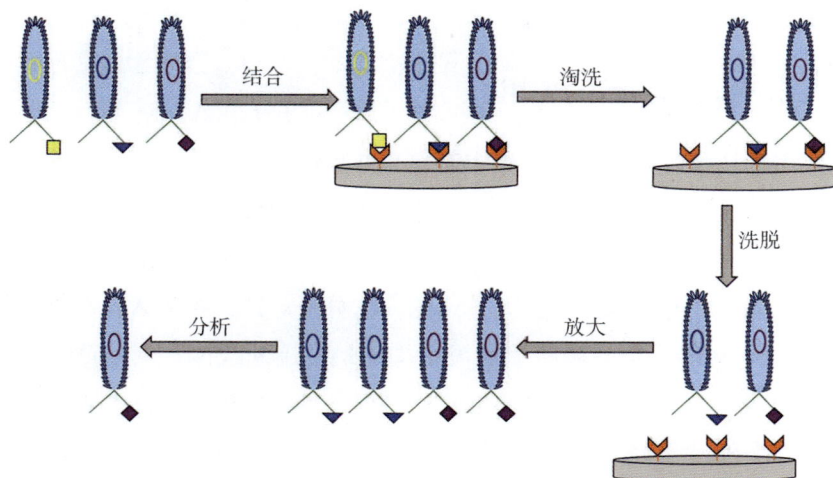

图 4-24　噬菌体展示技术筛选特定蛋白质分子的原理

（一）构建噬菌体展示文库

首先将目标外源蛋白的 DNA 序列插入噬菌体衣壳蛋白结构基因的适当位置，形成重组噬菌体。这一步骤使外源蛋白或多肽的 DNA 序列与噬菌体衣壳蛋白基因（如 M13 噬菌体的 pⅢ 或 pⅧ）融合表达，外源基因能够随着衣壳蛋白基因的表达而表达，外源蛋白因此在噬菌体表面展示出来。这种展示方式使蛋白质可以直接暴露于外部环境中，便于进行下一步的筛选和应用。单个噬菌体仅展示一种蛋白，通过将海量外源蛋白的 DNA 序列插入到噬菌体中，制造出海量的重组噬菌体蛋白分子库。蛋白分子库规模可达 10^{11} 种变异体，具有丰富的分子多样性，这为下一步药物筛选打下基础。

（二）噬菌体文库筛选出结合靶标蛋白的噬菌体

将表达外源蛋白质的重组噬菌体与靶标蛋白进行结合试验，根据噬菌体结合靶标蛋白能力的强弱，筛选出具有高亲和力的表达特定蛋白质序列的噬菌体，最终识别出与特定靶标蛋白相结合的蛋白质或多肽。具体流程是将噬菌体文库与固定化靶标（如抗原、受体）孵育，通过"生物淘洗"富集与靶蛋白结合的高亲和力噬菌体。未结合靶蛋白的噬菌体被洗脱，结合靶蛋白的噬菌体回收后感染宿主菌扩增，经多轮筛选获得高亲和力的噬菌体克隆。

（三）解析与功能验证噬菌体序列

首先对筛选出的噬菌体进行培养和基因测序，通过基因测序得到 DNA 序列，按遗传密码反推出蛋白质序列，根据这个蛋白质序列体外合成蛋白质或通过基因重组表达获得纯化的目标蛋白质，即可以与靶标蛋白结合的这个特定蛋白质；其次通过体外结合实验或在细胞／动物模型中验证这个目标蛋白的功能，最终获得治疗某种疾病的蛋白质药物。

三、噬菌体展示技术的应用

噬菌体展示技术是允许在噬菌体表面表达外源性多肽或蛋白质的技术。这个概念在原理上很简单，首先构建表达多种多肽或蛋白质的噬菌体库，其次用该噬菌体库筛选出与靶标分子相结合的某个特定噬菌体。该技术的一个关键优势是，噬菌体的表型与其基因型之间存在直接联系，这使选定的多肽分子可以进一步优化。

丝状噬菌体 M13 是创建随机多肽展示文库最常用的载体，采用重组技术增加随机多肽文库的多样性，也可以根据不同目的创建各种特定的多肽库。例如，当与靶标结合的多肽的序列已知时，通过筛选诱变肽的文库进一步增加与靶标的亲和力。待筛选的噬菌体文库与靶标的结合，还可通过生物淘洗的方法对文库进行初步筛选，包括与阴性和阳性噬菌体之间的竞争，以鉴定与靶标相结合的高亲和力配体。通过噬菌体展示技术还可以快速分离特定配体，例如包括筛选酶活性的抑制剂、受体激动剂和拮抗剂以及 G 蛋白结合多肽等。

噬菌体展示技术因其高效、实用和简便，在抗原表位分析、抗体制备、药物筛选、疫苗研制以及疾病诊断和治疗等多个领域得到了广泛应用。例如，该技术被用于肿瘤靶向治疗、化疗药物的靶向运输和肿瘤抗体的制备。噬菌体展示技术建立了一个庞大的蛋白质药物宝库，通过这个技术可以高效筛选出针对各种靶蛋白的蛋白质药物，其中包括临床上常见的抗体药物，广泛用于各种疾病的治疗。

噬菌体展示技术凭借高效、低成本、易操作的优势，已成为抗体药物开发的核心平台。该技术正被大量用于抗体药物的研发，在已经上市数十种抗体药物中，使用噬菌体展示技术研发的就有近 10 种。其中一个代表性案例就是声名远播的抗体药物阿达木单抗，用来治疗类风湿性关节炎等自身免疫疾病。自 2002 年获批上市以来，阿达木成为生物类药中销售额最高的"药王"，仅 2019 年销售额就达到 184.3 亿美元。

四、诺贝尔奖启示

（一）跨学科交叉融合催生创新

噬菌体展示技术的发展是不同领域科学家跨学科合作的结果，融合了微生物学、分子生物学与蛋白质工程。乔治·史密斯最初在哈佛大学接触噬菌体，并逐步将其应用于蛋白质工程领域，通过基因工程手段改造噬菌体，使其能够展示多肽分子，从而实现对这些多肽分子的筛选和分析，后续与格雷戈里·温特等科学家合作，推动了该技术的进一步发展，最终得到广泛的应用。乔治·史密斯、格雷戈里·温特以及其他众多科学家的跨学科合作，其最终成果在 30 年间彻底改变了抗体工业和制药工业，为人类健康事业做出了突破性的贡献，跨学科交叉是突破技术瓶颈的关键。

（二）长期的坚持不懈导致突破

科学日新月异，技术不断革新，如何才能有所突破？噬菌体展示技术从思路到实现以及不断的发展成熟，这个过程是相当漫长的，从 1985 年技术雏形到 2018 年获得诺贝尔奖，噬菌体展示技术历经 33 年迭代优化，其间需解决文库多样性不足、蛋白折叠异常等技术难题。这表明科学上的重大突破需要长期的坚持不懈和耐心细致的工作。乔治·史密斯在读大学期间第一次接触噬菌体，通过不断的实验和优化，在此发展过程中遇到了各种挑战，如何提高筛选效率、如何确保展示蛋白的稳定性等。通过不断尝试和持续优化，最终实现了该技术在抗体药物、疫苗研发等领域的广泛应用。这一获奖过程表明，在面对研究中的各种困难和挑战时，科学家需要始终保持克服困难战胜挑战的勇气和坚持不懈的精神品质。

参考文献

［1］沃尔德，弗里德曼，阿迪亚 . 噬菌体：在细菌致病机理及生物技术中的作用 [M]. 艾云灿，孟繁梅，主译 . 北京：科学出版社，2007：7.

［2］邵宁生，杨光，房涛 . 生物文库技术：噬菌体展示与 SELEX 技术 [M]. 北京：军事医学科学出版社，2011：10.

［3］胡福泉，童贻刚 . 噬菌体学：从理论到实践 [M]. 北京：科学出版社，2021：9.

［4］SMITH G P. Filamentous fusion phage: novel expression vectors that display cloned antigens on the virion surface[J]. Science, 1985 (228): 1315-1317.

［5］WINTER G, GRIFFITHS A D, HAWKINS R E, et al. Making antibodies by phage display technology[J]. Annu Rev Immunol, 1994(12):433-455.

（肖　飞）

第七节　mRNA 疫苗——免疫史的突破

2023 年 10 月 2 日，诺贝尔生理学或医学奖公布结果，卡塔琳·考里科（Katalin Karikó）和德鲁·魏斯曼（Drew Weissman）（图 4-25）因在核苷碱基修饰方面的发现而获奖，他们的发现使开发有效的 mRNA 疫苗成为可能，为控制新型冠状病毒感染疫情造成的社会损失做出了巨大贡献。两位获奖人的发现让我们对免疫系统如何与 mRNA 相互作用的认知发生了根本性地改变。基于此，这两位获奖者让疫苗的开发速度得到了前所未有的提升，避免了严重的经济和公共健康损失。

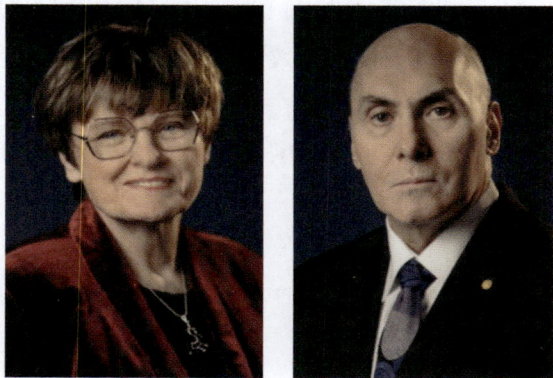

图 4-25　卡塔琳·考里科和德鲁·魏斯曼

一、mRNA 疫苗关键技术的创立

疫苗是现在医学进步的一项伟大成果，接种疫苗是日常生活中人人熟知的一项常规公共医疗实践。接种疫苗的原理是利用机体对特定病原体的免疫记忆能力，刺激机体形成对特定病原体的免疫记忆，当人体再次暴露于病原体时能迅速募集足够数量的免疫应激细胞，消灭病原。以灭活或减活病毒为基础的疫苗早已问世，如小儿麻痹症疫苗、麻疹疫苗和黄热病疫苗。早在 1951 年，马克斯·泰累尔（Max Theiler）就因研制出黄热病疫苗而获得诺贝尔生理学或医学奖。随着近年来分子生物学的进步，基于部分病毒成分而非整个病毒颗粒的疫苗已经开发出来。人工制备病毒表面蛋白，用于接种免疫是更为安全的一种方式，乙型肝炎病毒和人类乳头瘤病毒的疫苗就是使用这种工艺制备的。还有一种方法是将需防疫的病毒的部分遗传密码转移到无害的载体病毒上，从而生产出携带目标病毒核心蛋白的人工杂合病毒，既保障了安全性，又达到了有效免疫的目的，埃博拉病毒疫苗就采用了这种方法（图4-26）。以上就是传统疫苗制备的主要方法和策略。此外，生产全病毒、蛋白和载体疫苗需要大规模细胞培养，这种资源密集型工艺限制了为应对疾病暴发和大流行而快速生产疫苗的可行性。因此，研究人员长期以来一直试图开发独立于细胞培养外的疫苗技术，但事实证明这极具挑战性。

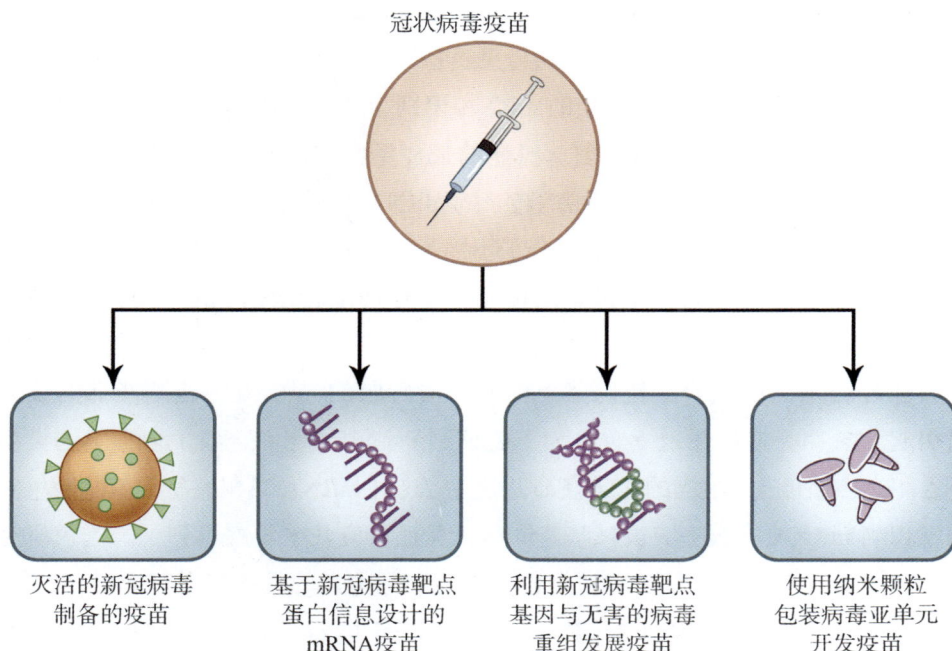

图4-26　不同的疫苗制备方式

在细胞中，DNA中的遗传信息首先需要被转录成mRNA，然后再翻译生成蛋白质，mRNA是蛋白质生产的模板。20世纪80年代发展出了一种无须细胞培养即可产生mRNA的有效方法，即体外转录技术，这一技术强力推动了分子生物学在多个领域应用的发展。免疫系统具有识别"自我"和"非我"的能力，而体外合成的mRNA进入人体后可被固有免疫系统识别为"非我"的外界入侵物而被"摧毁"，故无法进入机体细胞内发挥作用。鉴于传统疫苗的工艺局限性，且多种病毒是以RNA而非DNA为其遗传物质，于是，将mRNA技术用于疫苗和治疗目的的想法也开始萌芽。但是体外转录的mRNA不稳定且不易进入机体的细胞内，需要开发复杂的mRNA递送体系；此外，体外产生的mRNA还会引起免疫反应。虽然，使用mRNA开发疫苗理论上简单、快捷，但是技术方面障碍重重。因此，开发用于临床的mRNA技术的热情最初非常有限。

这些障碍并没有令匈牙利生物化学家考里科灰心，尽管她的工作一直未受到重视和支持，她仍坚守在开发利用 mRNA 疗法的领域。20 世纪 90 年代初，她在宾夕法尼亚大学任助理教授，尽管很难说服研究资助者相信本项目具有重大意义，但她始终坚持自己的追求，即用 mRNA 去治疗疾病。后来，考里科结识了免疫学家魏斯曼，他的研究兴趣集中在树突状细胞，而树突状细胞在免疫监视和激活疫苗诱导的免疫反应中具有重要功能。在了解了考里科的研究设想后，魏斯曼便决定与考里科展开合作。他们开始重点研究不同 RNA 类型如何与免疫系统相互作用。研究中考里科和魏斯曼发现，树突细胞会把体外环境转录的 mRNA 识别为外源物质，进而导致树突状细胞的激活和炎症信号因子的释放，引起机体的炎症反应。他们惊讶于为何体外转录的 mRNA 会被树突状细胞识别，而细胞内转录的 mRNA 则不会。考里科和魏斯曼意识到，树突状细胞一定是靠某些重要特征区分了不同来源的 mRNA。

查阅文献后他们发现，之前研究报道，体外环境转录的 mRNA 与细胞内产生的 mRNA 具有一种明显的区别，体内生产的 mRNA 的核苷酸碱基上常携带化学修饰，而体外转录的则没有。他们猜想体外环境转录的 mRNA 中碱基修饰的缺失可能是引起非预期炎症的罪魁祸首。为了验证这一猜想，他们合成了多种不同类型的 mRNA，在碱基上进行不同的化学修饰，然后将这些 mRNA 与树突状细胞共同培养，他们发现当 mRNA 的尿嘧啶被碱基修饰后，炎症反应几乎观察不到了。这一研究发现令他们非常兴奋，考里科和魏斯曼也很快意识到他们的发现将会对 mRNA 疗法产生重大影响。尽管他们朝着目标迈出了一大步，但主要障碍还未全部扫除。在 2008 年和 2010 年发布的后续研究中，考里科和魏斯曼阐明了相比未修饰的 mRNA，碱基修饰后的 mRNA 还可以显著增加蛋白合成，这一效应是由于抑制蛋白质合成的酶的激活减少。通过这些发现，即碱基修饰可以同时降低炎症反应和增加蛋白质合成，考里科和魏斯曼清除了 mRNA 临床应用中的关键技术障碍（图 4-27）。

二、mRNA 疫苗的诞生

2005 年，在考里科和魏斯曼发表重大研究时，德里克·罗西（Derrick Rossi）还在斯坦福大学接受博士后训练。当他读到这篇论文，敏锐地意识到这项技术即将对临床医疗带来深远影响，甚至预言这是诺贝尔奖级别的发现。2007 年，罗西成为哈佛大学医学院助理教授，他重复验证了考里科的实验，但并未尝试将该技术应用于疫苗开发，而是另辟蹊径，进军干细胞领域。他利用经过修饰的 mRNA 将体细胞重编程为胚胎样干细胞，比传统方法效率提高了 100 倍。研究结果令罗西兴奋不已，但作为哈佛一名资历尚浅的助理教授，他没有足够的社会资源将自己的发现进行商业化，于是便在前辈蒂莫西·斯普林格（Timothy Springer）引荐下结识了鼎鼎大名的麻省理工学院教授罗伯特·兰格（Robert Langer）。兰格不仅是最年轻的美国三院院士，桃李满天下的导师，也是杰出的企业家，曾经创办了 20 余家公司。

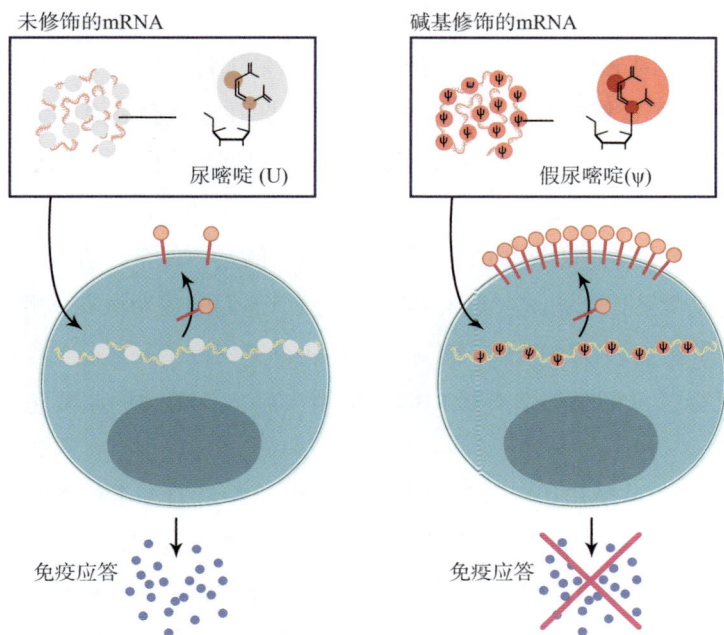

图 4-27　mRNA 假尿嘧啶修饰提高稳定性和降低免疫应激性

　　兰格听完罗西的报告，立即意识到这种 mRNA 修饰技术用于改良干细胞是"大材小用"！其不仅有治疗所有疾病，拯救成千上万生命的潜力，而且有能创造不可估量的商业收益的潜力。于是短短几个月后就毅然决定和罗西共同创立了莫德纳公司。莫德纳最初是通过考里科专利授权开展商业活动的。但他们不想一直依靠别人的专利来支撑，希望寻找到方法来摆脱束缚。经过反复摸索，莫德纳终于成功找到替代伪尿苷 /5- 甲基胞苷修饰的化合物 1- 甲基假尿嘧啶，并获得了自己的专利，为建立 mRNA 医疗王国夯实了根基。除了免疫应激和蛋白合成效率的问题，mRNA 药物递送也一直是阻碍临床应用的关键瓶颈。裸露的 mRNA 很容易被细胞外的 RNA 酶降解，即使进入细胞也容易被溶酶体捕获而降解，无法抵达能够发挥效用的位置。对于序列短小的 RNA 分子来说，脂质纳米颗粒可以包裹递送，但 mRNA 一般长达几百上千个碱基，脂质纳米颗粒很难将其包裹起来。想要生产出真正能够应用于临床的产品，mRNA 递送问题必须解决！但初创阶段的莫德纳资金和人才都不充裕，单独开发递送技术研发平台力不从心。经过筛选对比当时的药物递送平台，莫德纳最后选择收购 Arbutus/

143

Acuitas。在此基础上，经过一系列的优化和改进，莫德纳最终拥有了属于自己的递送技术平台，与传统方法比较，他们的方法可使 mRNA 药物逃离溶酶体捕获的效率提高 25 倍。mRNA 不管是作为疫苗还是药物，本质上发挥作用的还是其作为模板翻译出来的蛋白，因此蛋白产量是一个重要因素，过多会产生毒性，量不足没有效用。但多少 mRNA 能产生合适水平的蛋白，是一个全新的问题。为了解决这个问题，莫德纳利用机器学习，对 mRNA 序列如何控制蛋白产量进行建模，为之后的精准调控铺路。随着 AI 和量子计算领域的进步，相信这个问题在未来会被更好地解决。从 2010 年低调创办，2012 年对外曝光，到 2018 年首次公开募股创下了生物科技史上最高纪录，再到 2020 年新型冠状病毒感染疫情引起全球瞩目，莫德纳仅用了 10 年就成为市值千亿人民币的独角兽企业，创造了继基因泰克公司后的又一传奇。毋庸置疑，莫德纳几位创始人的商业背景让莫德纳获得了先发优势，但他们的成功也离不开对技术的无限执着以及坚持掌握主动权的理念，而新型冠状病毒感染疫情暴发也给了莫德纳向世界展示的一个机会，可谓时势造英雄！但疫情消失后，莫德纳的路要怎么走，还有待观瞻。

其实，在 mRNA 最初用于开发疫苗的研究时，是针对寨卡病毒和中东呼吸综合征冠状病毒的疫苗；后者的致病病毒的结构与新冠病毒高度相似。新型冠状病毒感染大流行暴发后，相关技术被用于新冠病毒的疫苗制备，以破纪录的速度获批上市了两种新型冠状病毒衣壳表面蛋白的 mRNA 疫苗。据报道，保护效果约为 95%，优于传统疫苗。mRNA 疫苗因其设计的灵活性和制备的高效性，在抗击新冠疫情中大放异彩，基于不同方法的其他几种新型冠状病毒疫苗也被迅速开发出来，全球累计接种了 130 多亿剂新型冠状病毒疫苗。这些疫苗挽救了数百万人的生命，扼制住了疫情的扩散，使社会得以开放并恢复正常状态。2024 年的诺贝尔生理学或医学奖获得者通过他们对 mRNA 碱基修饰重要性的基本发现，在这个时代最大的健康危机中为这一变革性发展做出了重要贡献。这也为 mRNA 用于其他传染病的疫苗开发奠定了基础。未来，该技术还可用于体内表达治疗性蛋白和某些类型癌症的治疗。

三、RNA 疫苗的应用前景

mRNA 新型冠状病毒疫苗让莫德纳和 BioNTech 两家公司誉满全球，但 mRNA 的医疗潜力远远不只限于新型冠状病毒或其他病毒，癌症疫苗开发其实在新型冠状病毒感染暴发前也是各大公司全力竞争的赛道。mRNA 癌症疫苗和大家熟知的宫颈癌疫苗不同，宫颈癌疫苗是预防性疫苗，顾名思义就是起到防患于未然的目的，目前正在开发的 mRNA 癌症疫苗则为治疗性疫苗。很多癌细胞是由基因突变导致的，因此会表达变异蛋白（抗原）。常规情况下，这些变异蛋白会被人体免疫细胞识别并消灭掉。然而，肿瘤细胞具备非常强的伪装技术，可逃过免疫细胞的甄别，即免疫逃逸。治疗性 mRNA 疫苗则是通过接种 mRNA 在体内产生大量癌细胞变异蛋白抗原，引导免疫细胞明确、携带这些变异蛋白的都是有害细胞。这样癌细胞的伪装术就被攻破。接种疫苗之后，癌细胞就被精准消灭。虽然设想美好，但是实现的过程却充满了挑战，经过近 20 年的不断尝试，只有一款名为 Provenge 的疫苗获批，但临床表现也不甚理想，又给癌症疫苗的研发之路蒙上了一道阴霾。起初癌症疫苗的开发基本都集中在"共享"肿瘤抗原，也就是说从不同患者癌细胞抗原里挑选几个出现频率高的，寄希望某种特定的广谱（通用）疫苗能发挥神力以不变应万变。然而癌细胞最狡猾的特性就是善变，不同患者癌细胞抗原大相径庭，同一患者不同阶段也是变化无常，很难使用通用疫苗解决问题。因此近几年涌现出了"个性化疫苗"的新概念，通过基因组测序对比鉴定患者的突变基因，然后订制生产特异性针对突变蛋白的疫苗，注射到患者体内，训练免疫系统清除携带突变蛋白的癌细胞。

2024 年魏斯曼教授团队与 Michael J. Mitchell 教授合作在 *Nature Reviews Drug Discovery* 上发表题为 "Enhancing in situ cancer vaccines using delivery technologies" 的综述。从癌症免疫循环入手，对增强原位疫苗效果的实体瘤药物和基因递送技术进行了系统总结。从促肿瘤抗原的释放、增强肿瘤抗原处理和呈递及克服抑制性肿瘤微环境 3 个维度出发，概括分析了不同类别、不同特性和靶向不同区域及细胞类型的递送技术，并概括了目前处于临床试验阶段的基于递送技术的肿瘤原位疫苗研究进展。最后在肯定肿瘤原位疫苗发展前景时，概述了其存在的临床问题，并对未来新型递送系统开发的方向进行了展望。现阶段 mRNA 疫苗技术还有很长的路要走，疫苗获批完全得益于新型冠状病毒感染疫情大背景下的紧急使用授权，个性化癌症疫苗在更大规模临床研究中交出的答卷也不尽人意：108 例可评估的实体瘤患者中只有 9 例有一定效果，疫苗其实是 mRNA 疗法中比较容易实现的路径，只需要生产少量蛋白就可诱导免疫反应，但是，如何利用细胞生产大量的蛋白来达到预期的免疫效果仍未被解决。对行业有利的是，mRNA 新型冠状病毒疫苗获得成功之后，政府和投资者会更热衷支持 mRNA 技术，加速技术攻关，助其成为医疗方案的规则改变者。

四、诺贝尔奖启示

1955 年，考里科出生于匈牙利一个贫穷家庭。她在物资匮乏的环境下长大成人，冬天时家里只有一个房间可以供暖，她和姐姐及父母只能挤在一间屋子里过冬。得益于匈牙利为平民子弟提供的优质教育，考里科在学业上表现优异，她在很年轻的时候便立志成为一名生物学家。她于 1972 年考入塞格德大学生物学系，博士毕业前便在匈牙利科学院生物研究中心工作。

初出茅庐的考里科从零开始成立了一流的抗病毒筛查实验室，在工作中得到了全面的锻炼，而且在生物学研究中心拥有众多良师益友。这里有她向往的一切，她从未想过要离开，却因岗位得不到资助，被迫于 1985 年举家移居美国。抵美并在两所大学短暂停留之后，考里科于 1990 年受聘宾夕法尼亚大学医学院，任研究助理教授，专攻 RNA 介导的生物机制研究。RNA 以不稳定性而闻名，在很长时间里，主流科学界认为研究 RNA 是不可行或不值得的。但 20 世纪 90 年代初，基因疗法吸引了大量研究资金，被看作下一个将崛起的领域，这也是宾大医学院当时的领导层最为看重的方向。

考里科称自己为"体制内的局外人"，因为她和搭档所做的真正重要的突破性贡献被忽视。比如她和心脏病学家埃利奥特·巴纳森成功地使用 mRNA 在细胞内制造出了特定的蛋白质，而且所使用的技术既简单又廉价。这其中蕴含着巨大的临床潜力，但是彼时并未被认可和重视。考里科成名后，记者们倾向于将她在宾大工作的前 20 年称为"被埋没的金子"。从表面上来看确实是这样，她一次次提交研究资助申请却总以失败而告终，而在宾大的考核体系里，研究人员获得科研基金的数额是非常重要的指标，实验室空间大小由科学家掌握的科研基金决定。在科研资金和论文发表的压力之下，考里科都不曾改变自己，她绝对不会因哪种研究更容易获得资助、更容易发表论文就去蹭热度，即使因此被降职。她所看重的是科学探索本身的魅力，是为拓展人类认知做贡献。在科学的进步中，起决定性作用的正是这类从无到有的突破，在初始阶段不被多数人看好的研究。真理往往掌握在少数人手里，少数人不可避免地被大多数人不认可，不支持。

考里科与魏斯曼相识于一台复印机旁。考里科将与他的合作形容为"锁与钥匙"样的互补契合，他们相互拥有对方所需的知识和技能。考里科擅长 RNA 研究，对免疫学所知不多；而魏斯曼是免疫学家，没有 RNA 方面的经验。考里科回首感叹：这样的机缘巧合真是让人难以置信。有时即便是充满严谨性和纪律性的科学，也需要偶然间的碰撞。与魏斯曼合作多年之后，考里科才偶然得知他是 I 型糖尿病患者。他们的交流很少涉及个人层面，而几乎都围绕着工作，谈论细胞，谈论RNA，讨论信号受体、细胞因子和克隆技术。考里科说："事实证明，你也可以通过这种方式和一个人走近。生物学优雅而神秘，你不会日复一日、年复一年地沉浸在这个美丽的谜团里，而不建立起真正的信任、连接和尊重。"这就是两位纯粹的科学家的相处之道。

从考里科的发展经历及与魏斯曼的合作过程，可以看到他们矢志不渝，对目标坚定不移的追求，这就是成就里程碑工作的基础。值得每位研究工作者学习！

参考文献

［1］Meet the authors: katalin kariko and drew weissman[J]. Immunity, 2021, 54(12):2673-2675.

［2］KARIKO K, MURAMATSU H, WELSH FA, et al.Incorporation of pseudouridine into mRNA yields superior nonimmunogenic vector with increased translational capacity and biological stability[J]. Mol Ther, 2008, 16(11):1833-1840.

［3］KARIKO K, BUCKSTEIN M, NI H, et al.Suppression of RNA recognition by Toll-like receptors: the impact of nucleoside modification and the evolutionary origin of RNA[J]. Immunity, 2005, 23(2):165-175.

［4］https://www.nobelprize.org/prizes/medicine/2023/summary/.

（郭祥玉）

本章数字资源

本章习题

第五章　系列诺贝尔奖篇

引　言

在"诊疗技术篇"和"药物治疗篇"的基础上，我们对人体的诊疗技术和药物治疗的发展有了更深刻的认识。本章跳出单个诺贝尔奖解析的框架，以人体主要器官系统为主线梳理各器官系统及相关疾病研究领域的系列诺贝尔奖。首先，在每节列出与各器官系统相关的诺贝尔奖，从时空上给出一个概览；其次，选择具有代表性的奖项进行深入解读。由于许多奖项涉及的领域比较多，笔者的分类不一定非常精准，但随着科学的发展和人类的进步，多学科、交叉学科以及超学科研究已经成为潮流，各领域的科学家正进行交叉和融合研究，以站在更高的维度解决更复杂的问题，只有这样才能在宏观、中观和微观层面取得前所未有的研究进展，促进疾病诊疗的精细化和个性化，最大化地促进人类的健康和幸福。

第一节探讨循环系统系列诺贝尔奖，将回顾那些对血液循环、血压调节以及心脏疾病等方面做出重大贡献的科学家们，其发现不仅推动了医学的进步，也为无数患者带来了生的希望。

第二节转向消化系统系列诺贝尔奖，将介绍那些关于消化生理、肠道微生物以及营养吸收的重要发现，这些发现极大地提高了大众对消化系统疾病的理解。

第三节探讨呼吸系统系列诺贝尔奖，将介绍有关呼吸机制、肺部疾病以及氧气感应机制的突破性研究，这些研究对于治疗呼吸系统疾病和提高生活质量具有重要意义。

第四节聚焦感觉器官系列诺贝尔奖，将介绍关于视觉、听觉、嗅觉、味觉和触觉的科学发现，这些研究不仅增进了对感官世界的认识，也为相关疾病的治疗提供了新的视角。

第五节探讨神经系统系列诺贝尔奖，将介绍有关神经信号传导、脑功能研究以及神经退行性疾病机制等研究，这些研究对于理解人类行为和思维具有深远的影响。

第六节探讨内分泌疾病的诺贝尔奖，将介绍有关激素、内分泌系统以及代谢调节的重要发现，这些发现对于糖尿病、甲状腺疾病等内分泌疾病的治疗和预防至关重要。

第七节解析肿瘤类疾病的诺贝尔奖。介绍关于免疫机制、疫苗开发以及免疫治疗的革命性进展，这些对于抗击癌症、自身免疫疾病和传染病具有重大意义。

在这一章中，我们将一起见证人类对自身奥秘的探索，感受科学的力量，以及诺奖发现如何深刻地影响着我们的生活和健康。

（王跃春）

第一节　循环系统系列诺贝尔奖解析

在中国，心血管疾病与癌症和帕金森病一起被认为是影响寿命的"三大杀手"。根据《中国心血管健康与疾病报告 2020》的专家解读，心血管疾病患病率在中国持续上升，目前患病人数约为 3.3 亿，包括脑卒中、冠心病、肺源性心脏病、心力衰竭、心房颤动、风湿性心脏病、先天性心脏病、下肢动脉疾病以及高血压病等。在全球范围内，心血管疾病同样占据了死亡原因的首位。根据世界卫生组织的数据，2019 年全球死亡病例中，心血管疾病（包括缺血性心脏病和脑卒中）是最主要的死亡原因，占全球总死亡人数的 16%。为了应对心血管疾病带来的健康挑战，需要个人、社会和政府层面的共同努力，包括改善生活方式、加强疾病预防和治疗、提高公众健康意识、优化医疗资源分配和提升医疗服务质量。

在百年诺贝尔奖史上，有无数的基础医学科学家和临床医学科学家为攻克心血管疾病做出了杰出贡献。下表是与心血管系统生理及临床相关的诺贝尔生理学或医学奖，包括年份、获奖者及主要成就等（表 5-1）。

表 5-1　循环系统领域的诺贝尔奖

年份	获奖者	获奖理由	国别
1920	奥古斯特·斯滕伯格·克劳（Schack August Steenberg Krogh）	体液和神经因素对毛细血管运动机理的调节	丹麦
1924	威廉·埃因瑟芬（Willem Einthoven）	心电图学领域的开创性工作	荷兰
1938	科尔内耶·海门斯（Corneille Heymans）	呼吸调节机制研究（与血压调节密切相关）	比利时
1956	维尔纳·福斯曼（Werner Forssmann）	心脏导管术的发明和循环系统的病理学	德国
	安德烈·弗雷德里克·考南德（André Frédéric Cournand）		美国
	迪金森·理查兹（Dickinson W. Richards）		美国
1985	迈克尔·S. 布朗（Michael S. Brown）	胆固醇代谢及与此有关的疾病研究	美国
	约瑟夫·L. 戈尔茨坦（Joseph L. Goldstein）		
1998	罗伯特·弗奇哥特（Robert F. Furchgott）	发现一氧化氮作为信号分子在心血管系统和其他生理系统中的作用	美国
	路易斯·伊格纳罗（Louis J. Ignarro）		
	弗里德·穆拉德（Ferid Murad）		

续表

年份	获奖者	获奖理由	国别
2019	威廉·凯林（William G. Kaelin, Jr.） 彼得·拉特克利夫（Peter J. Ratcliffe） 格雷格·塞门扎（Gregg L. Semenza）	在理解细胞感知和适应氧气变化机制中的贡献	美国

　　1998 年 10 月 12 日，瑞典卡罗林斯卡医学院决定将 1998 年度诺贝尔生理学或医学奖授予 3 位美国科学家——罗伯特·F. 弗奇戈特（Robert F. Furchgott）、路易斯·J. 伊格纳罗（Louis J. Ignarro）和弗里德·穆拉德（Ferid Murad），以表彰他们发现一氧化氮(nitric oxide，NO)是心血管系统中传播信号的分子方面所做出的贡献(图 5-1)。这一发现标志着科学家首次揭示了气体分子在生物体内可以发挥传递信号的作用，从而开辟了医学研究的新领域。

图 5-1　罗伯特·F. 弗奇戈特、路易斯·J. 伊格纳罗和弗里德·穆拉德

　　诺贝尔作为炸药的发明者和诺贝尔奖的创立者，其对硝酸甘油的工业化生产做出了重要贡献。而硝酸甘油，一种曾经作为炸药使用的物质，其医疗用途的发现具有戏剧性。硝酸甘油的医疗用途最初是在诺贝尔的炸药工厂中被发现的：工人们在接触硝酸甘油后出现了头痛和脸红的症状，这引起了医学界的注意。随后，科学家们发现硝酸甘油具有扩张血管的作用，能够缓解心绞痛，从而将其开发成为一种治疗心脏病的药物。而诺贝尔本人晚年患有心脏病，医生曾建议他服用硝酸甘油进行治疗，但诺贝尔在长期从事炸药研制的过程中发现吸入大量硝酸甘油蒸汽曾经让他头痛难忍，因担心副作用而拒绝了医生的建议，最后不幸在 1896 年 12 月 10 日于斯德哥尔摩去世。然而，诺贝尔奖的获得者之一，费里德·穆拉德，正是在研究硝酸甘油的过程中发现了 NO 的生理作用，这一发现对心血管疾病的治疗又产生了深远的影响。总的来说，硝酸甘油和 NO 的研究不仅为心血管疾病的治疗提供了新的视角和方法，也体现了科

学发现在不同领域间相互启发和促进的奇妙过程。

NO可来源于硝酸甘油，且两者都与诺贝尔奖有着密切的联系。因此，本节仅选取1998年的诺贝尔生理学或医学奖进行深入解读。

一、神奇的NO

在20世纪90年代之前，人们对NO的普遍印象还停留在"废气""尾气""污染物"及"爆炸"上。但穆拉德在其科普读物《神奇的一氧化氮》中指出："人体中99.9%的疾病与NO有关，人体中凡是有血液的地方就有NO的存在。"

3位科学家的研究阐明了NO的生理作用。弗奇戈特首先发现了内皮细胞松弛因子（endothelium-derived relaxing factor，EDRF），顾名思义，这是一种能够使血管扩张的物质。后来伊格纳罗和穆拉德的研究进一步揭示了EDRF实际上就是NO。他们研究发现，NO能够激活可溶性鸟苷酸环化酶（soluble guanylate cyclase，sGC），增加环-磷酸鸟苷（cyclic Guanosine Monophosphate，cGMP）的生成，再通过cGMP途径进一步扩张血管。这一发现不仅阐明了硝酸甘油等有机硝酸酯类药物的工作原理，改变了人们对血管活性物质的认识，为心血管疾病的预防和治疗提供了新的视角，也为后续的药物开发提供了理论基础。随着研究的深入，研究者发现NO是一种神经信使分子，具有调节脑血流的作用，参与了包括学习、记忆在内的多种生理过程。此外，其在呼吸系统、内分泌系统中也起重要作用，因为NO还是免疫系统对付细菌、病毒等病原体以及肿瘤细胞的有效武器。如果不是3位科学家揭示了NO的生理机制和药学应用，那么很多疾病的治疗就会少了一条非常有效的途径。

二、3位科学家的研究经历及具体贡献

（一）穆拉德及其"内源性NO"观点

1977年，美国药理学家斐里德·穆拉德在cGMP系列实验中测试硝酸甘油的作用，发现其可增加血管平滑肌中cGMP的含量并引起肌肉松弛，原因在于硝酸甘油可产生NO。这项研究合理地解释了硝酸甘油等药物治疗心绞痛的药理机制，他因此得出如下结论：硝酸甘油等有机硝酸酯必须代谢为NO后才能发挥扩张血管的药理作用。这一发现直接为新药研发指明了方向。1986年，辉瑞公司设立研发小组筛选治疗心绞痛的新药，寻找抑制降解cGMP的磷脂酶5的制剂，最终得到西地那非。该药可有效增加cGMP浓度，具有扩张冠状动脉和抑制血栓形成的作用。随后的临床试验发现西地那非对心绞痛缓解作用有限，却意外观察其到对男性勃起功能障碍有奇效，这一偶然发现促使了神药"伟哥"的诞生，穆拉德也因此获得"伟哥之父"的美誉。

在穆拉德的学生时代，他对信号传递及第二信使很感兴趣。由于从各种组织中均可测得 cGMP，科学家推测 cGMP 可能为一种第二信使。因此，在 70 年代初期他的研究着重于对鸟苷酸环化酶（guanylate cyclase，GC）特性的探讨。由于 GC 可将 GTP 转化成 cGMP，他推测任何可以活化 GC 的酶都可调控细胞内 cGMP 含量，进而影响细胞功能。然而在分离酶的过程中，他发现这些酶不仅存在于细胞膜上，也存在于细胞质中。细胞膜上的酶在刺激物与受体结合以后被活化，但细胞质中的酶是如何活化的呢？经测试，他发现三氮化物、硝基氰酸盐和三酸甘油酯等含硝基之化合物均可使细胞质中的 GC 活化，因为这些化学药品在自发性化学反应下均可产生 NO，而且这些含硝基化学药品活化 GC 的过程，会受到氧化还原剂血红素蛋白的影响。他因此确定 NO 是活化 GC 主要物质。那么由 NO 所活化而产生的 cGMP 又是如何影响肌肉收缩过程呢？已知肌凝蛋白轻链去磷酸化会导致平滑肌舒张，穆拉德因此提出了一个假说：硝基化合物释放 NO，活化细胞质中的 GC 使其产生 cGMP，而 cGMP 使肌凝蛋白轻链去磷酸化，从而使血管平滑肌舒张。

穆拉德的研究并没有只是停留在对硝酸甘油药理机制的阐明上，他进一步提出机体内存在内源性的 NO 的观点，即正常细胞可在激素和神经递质等刺激下由自身含氮化合物产生 NO，进而通过诱导 cGMP 生成从而发挥生理作用。他还推测内源性 NO 含量很低，存在时间很短，因为这样可避免其产生毒性作用。但限于当时实验技术条件，他和团队很难直接检测 NO 含量，而一些表明内源 NO 存在的间接证据并不能令人信服，因此"机体存在内源性 NO 的观点"迟迟未获科学界的普遍认同，直到另一个偶然发现的产生。

（二）弗奇戈特及其"三明治实验"

20 世纪 50 年代，美国纽约州立大学药理学家罗伯特·弗奇戈特致力于研究血管扩张的原因，他的关注点聚焦在神经递质乙酰胆碱（ACh）上。当时人们在实验中观察到，将 ACh 注射到动物体内可引起血管扩张和血压下降，他推测：ACh 可引起血管壁中的肌细胞发生舒张，血管直径因而增加，导致血流阻力下降，所以血压也随之下降。弗奇戈特让学生用体外实验验证他的这一推测。他们首先制备出一系列的血管条，然后使用 ACh 进行处理，如果血管条变长则意味着肌细胞舒张。奇怪的是更多情况下血管条变短了，和预期结果完全相反。当时他们对这一现象无法解释，而上述 ACh 导致血管条收缩的现象，史称"Furchgott 悖论"。

1953 年，弗奇戈特根据上述实验结果发表了关于 ACh 导致兔离体血管条收缩的论文，随后又提出了解释这一现象的假说：与肾上腺素有 α 和 β 受体一样，血管平滑肌上也有两种胆碱能受体。尽管当时有别的实验室发现 ACh 对离体血管有舒张作用，但碍于弗奇戈特的学术权威，再加上 ACh 对胃肠道平滑肌也产生收缩效应。所以，即使观察到了相反的现象也都没有深入进行研究。直到在 1978 年 5 月 7 日，弗奇戈特的技术员大卫（David）意外地发现 ACh 可引起血管扩张，并且屡试不爽。

弗奇戈特在核查实验细节时发现了大卫的两个失误：①在处理血管条标本时没有把主动脉剪成以往的螺旋状，而是直接将血管环挂在了换能装置上；②在加药时忘了加入 α 受体阻断药，而且把加入肾上腺素和 ACh 的顺序弄反了，更糟糕的是他在加 ACh 时，没有洗掉肾上腺素，这样导致的结果就是：肾上腺素使血管收缩，而后加入 ACh，血管开始舒张！找到原因之后，弗奇戈特让助手把两份不同的标本送去做组织学检测，结果发现螺旋式的血管条标本上几乎看不到完整的内皮细胞，而血管环状的标本上内皮细胞没有损伤。大卫观察到的实验现象难道跟内皮细胞有关？像是受到了某种特殊的启示，弗奇戈特回忆道："那天早晨我刚醒来，一个漂亮的实验设计突然闯入我的脑海。于是我来到实验室，立即按这一方案进行了实验。"该实验仅用了离体血管灌流和光镜组织学检查两种非常简单的实验技术，其令人叹服之处在于血管条"三明治结构"的实验设计：一条血管保留内皮；另一条血管去除内皮，然后将其放一起（使内皮细胞居中），再用 ACh 处理，结果观察到两条血管均舒张。这表明 ACh 作用于肌细胞需要内皮细胞生成一种特定的中介物才能使血管平滑肌舒张（图 5-2）。

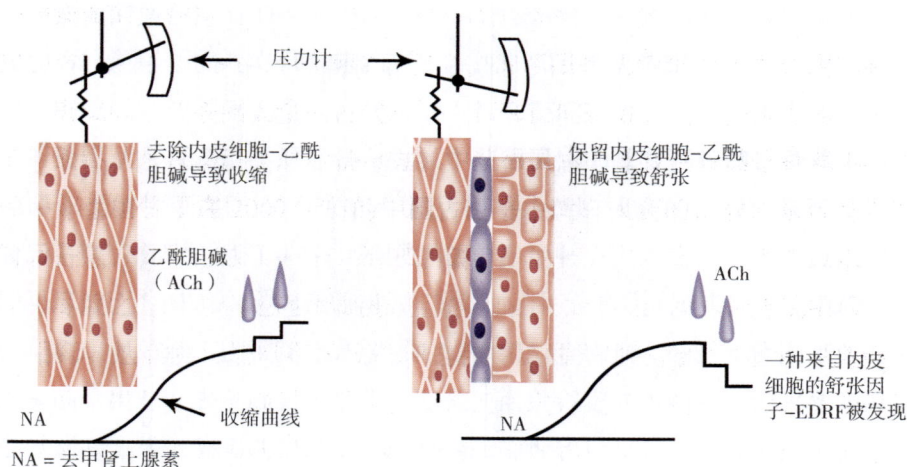

图 5-2 "三明治"血管灌流模型

以两组不同的动脉血管做实验，一组维持原本的内皮细胞层；一组将内皮细胞层移除

1980 年弗奇戈特在 *Nature* 上发表了著名的论文《内皮细胞是乙酰胆碱诱发动脉平滑肌舒张的必需因素》。值得一提的是，他在这篇文章中还没有明确提出 EDRF

这一术语，直到 1982 年，他们在《美国国家科学院院刊》上发表的有关缓激肽内皮依赖性舒张血管作用的论文中，才正式提出 EDRF 这一名词。尽管当时弗奇戈特无法分离和确定 EDRF 是何种物质，其功能却引起了穆拉德的巨大兴趣。

（三）伊格纳罗及其"血红素光谱分析"

1986 年夏季，美国实验生物学会在明尼苏达州的罗切斯特举行了一次研讨会，第一个报告人是弗奇戈特，他汇报了自己的工作进展，最后他说 EDRF 有可能是 NO。第二位上台的是美国加州大学洛杉矶分校医学院的药理学家伊格纳罗，他赞同弗奇戈特的观点，也认为 EDRF 是 NO，并且拿出了一些侧面证据：比如含硝基的药物和 ACh 诱导的 EDRF 都能使血管平滑肌中的 cGMP 升高，并且都出现血管舒张反应。EDRF 和 NO 的化学性质十分相似，如 EDRF 性质不稳定，半衰期是 3 ~ 5s，可以被超氧阴离子灭活，而超氧化物歧化酶能使 EDRF 的半衰期延长到 30s。此外，血红蛋白的最大吸收峰在 433nm，EDRF 和血红蛋白相互作用后，血红蛋白的最大吸收峰移动到 406nm；而 NO 和血红蛋白反应时也同样具有上述变化。可见，EDRF 和 NO 影响血红素光谱吸收的结果完全一致，而测试的其他分子却不具备如此神奇的效果（图 5-3）。

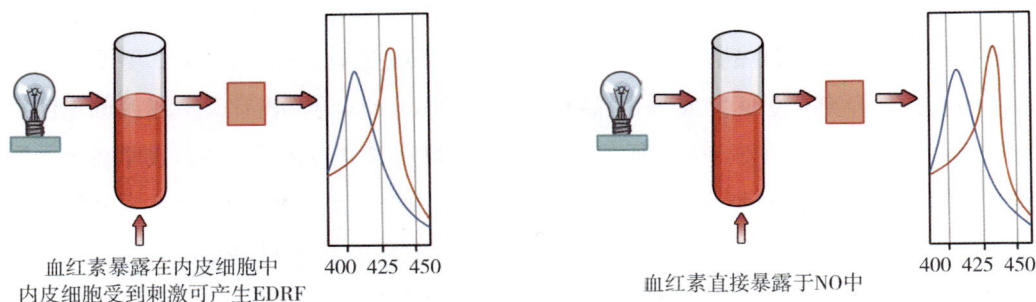

血红素暴露在内皮细胞中
内皮细胞受到刺激可产生EDRF

400 425 450

血红素直接暴露于NO中

400 425 450

图 5-3　伊格纳罗的血红素光谱分析实验

伊格纳罗长期研究亚硝基化合物的药理作用，他与弗奇戈特合作，针对 EDRF 的药理作用以及化学本质进行了一系列实验，发现 EDRF 与 NO 及许多亚硝基化合物一样能够激活 sGC 产生 cGMP，最终引起血管舒张。伊格纳罗首先收集 ACh 刺激胸主动脉血管环后的培养液（内含 EDRF），再观察此培养液对 GC 的活化作用，发现培养液确实能活化 GC。当在这种培养液中加入各种氧化、还原及抗氧化剂时，也影响其对 GC 活化的程度，其结果与弗里德·穆拉德的理论相同。他进一步测量这培养液中的 NO 含量，发现 NO 的产量与 GC 活化量成正比，进一步证实了他的推论：EDRF 即 NO。他在 1986 提出了他的理论模式（图 5-4A），此模式与现在的理论模式（图 5-4B）非常吻合，因此，他构建的理论架构应该是支持他获得诺贝尔奖的主要原因。

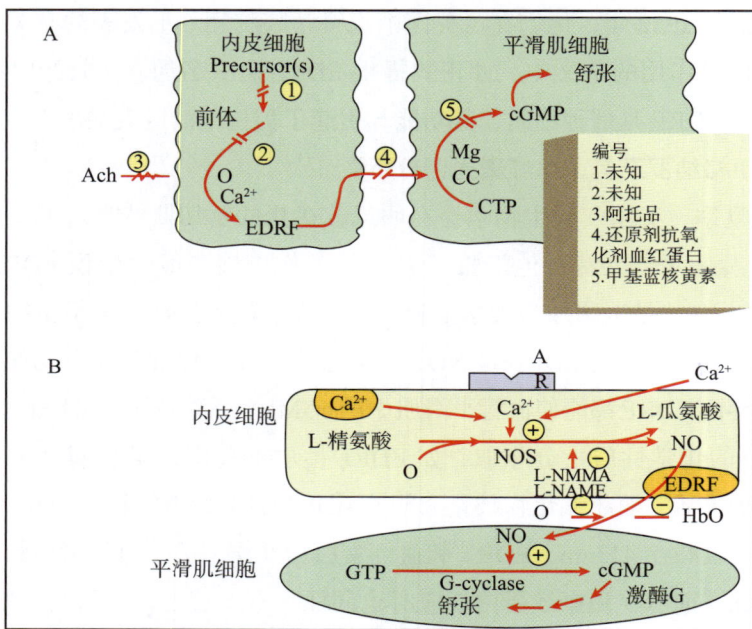

图 5-4　EDRF 即 NO 的理论模式

根据以上证据，穆拉德也认定 EDRF 就是 NO，但更重要的是他推测体内存在内源性 NO。1988 年研究人员证明精氨酸是体内 NO 生成的原料；1990 年人们在大脑中获得催化一氧化氮生成的酶（nitric oxide synthase，NOS），称为大脑 NO 合酶（bNOS），又称 NOS-1；1991 年，进一步发现内皮细胞 NO 合酶（eNOS），又称 NOS-3；在巨噬细胞中还发现了诱导型 NOS（iNOS），又称 NOS-2。因此，目前鉴定的 3 种 NOS 发挥着神经保护、舒张血管和抵抗感染等不同的生理功能。至此，体内存在 NO 已成为科学事实。

三、诺贝尔奖意义

通过弗奇戈特的研究，我们了解到内皮细胞在维持血管健康中的重要性，以及 NO 作为信号分子在调节血管张力中的关键作用。事实上，一氧化氮的发现对临床医学和整个社会都具有深远的影响。

首先，在心血管疾病的治疗上，这一发现有助于开发新的药物和治疗方法，比如通过增强 NO 的信号传递治疗心脏病和脑卒中。其次，NO 在神经信号传递、血压控制、血液流量控制和抵抗感染等方面起着重要作用，这为治疗肺病、癌症等疾病提供了新的研究方向。如吸入一氧化氮（iNO）作为选择性肺血管扩张剂，在临床中用于治疗多种心肺疾病，尤其对新生儿、儿童和成人的肺动脉高压和改善氧合有明显效果。此外，NO 的发现还促进了对性功能障碍，如阳痿等疾病的治疗研究，其中最著名的药物就是"伟哥"，其通过抑制 cGMP 的水解维持血管平滑肌细胞的舒张，从而增加血流量，对治疗勃起功能障碍具有显著效果。

在社会意义方面，NO 的发现不仅增进了人们对生命过程中基本分子机制的理解，还促进了相关领域的科学研究和技术发展，对提高人类生活质量和延长寿命产生了积极影响。如基于 NO 的生成和信号转导机制，人们正在开发多种饮食和药物方法以增加 NO 的生物活性，例如富含硝酸盐的饮食、磷酸二酯酶抑制剂类药物以及 NO 供体等。近期研究发现，NO 的生物活性可能通过可移动的 NO- 铁血红素在蛋白质之间转移并直接激活 sGC-cGMP-PKG 途径，而无须游离 NO 作为中间体，这为理解 NO 信号转导提供了新的视角，并可能揭示新的治疗靶点。这些作用机制显示了 NO 在心血管健康和疾病中的复杂性和多面性，以及其在预防和治疗心血管疾病中的重要性。

四、诺贝尔奖启示

3 位科学家的研究背景涵盖了药理学、化学和生物化学等多个学科领域。他们的成功合作也体现了跨学科合作在解决复杂科学问题中的重要性。1992 年 NO 被 *Science* 杂志评为"年度分子"，以"JUST SAY NO"为封面，并发表专题高度评价了 NO 的生物学意义。3 位诺贝尔奖得主的科研生涯也完美诠释了生命过程需要"NO"，而科研过程更需要对陈旧观念说"NO（不）"，意指科学研究不能拘泥传统思维，科学家要勇于创新和突破，这应该是伟大科学家成功的共同要素。

弗奇戈特设计的血管条灌流实验是优秀设计的典范，说明在研究方法的选择上，不必一味追求高精的仪器，手段单纯但设计巧妙有时也能出奇制胜。因此，立意明确，说明问题始终是实验设计的首要原则。更令人敬佩的是弗奇戈特实事求是的工作作风，1953 年他坚持自己的实验结果，敢于向当时的权威观点发起挑战；25 年后他又尊重一个普通技术员的实验结果，敢于向自己的"常规方法"进行挑战，通过设计著名的"三明治实验"，明确了能够引起血管松弛的因素是内皮细胞产生的 NO，亲自推翻了自己在 1953 年所提出的观点，并将这一研究结果于 1980 年发表于著名的 *Nature* 杂志。正是这种实事求是的科学精神促成了 NO 生物学作用的发现和 1998 年诺贝尔生理学或医学奖的诞生。弗奇戈特不仅赢得了诺贝尔奖，更赢得了人们对他尊重事实的优良品格的崇高敬意。

穆拉德一生致力于心血管疾病的研究，他的研究不仅在心血管疾病领域取得突破，还意外地促成了"伟哥"的诞生。穆拉德对科学的热爱和执着，以及他谦虚的态度，都是他人格特点的体现。他还将诺贝尔奖奖牌捐赠给了母校，以激励更多年轻人投身生物和疾病研究领域。

综之，3 位科学家的成功要素包括了对细节的深入观察、对未知的持续探索、跨学科的合作以及对科学真理的坚持。

参考文献

［1］FURCHGOTT R F, ZAWADZKI J V. The obligatory role of endothelial cells in the relaxation of arterial smooth muscle by acetylcholine[J]. Nature, 1980, 288: 373-376.

［2］IGNARRO L J, BUGA G M, WOOD K S, et al. Endothelium-derived relaxing factor produced and released from artery and vein is nitric oxide[J]. Proc Nat Acad Sci, 1987, 84(24): 9265-9269.

［3］MURAD F. Cyclic GMP: synthesis, metabolism, and function[J]. Adv Pharmacol,1998, 44: 1-34.

［4］LUNDBERG J O. The nitrate-nitrite-nitric oxide pathway in physiology and therapeutics[J]. Nat Rev Drug Disc, 2008,7(2): 156-167.

［5］KOSHLAND D E. The molecule of the year[J]. Science, 1992, 258(5090): 1861.

［6］MURAD F. Cellular signaling and nitric oxide[J]. Science, 1992, 257: 1223-1224.

（王跃春）

第二节　消化系统系列诺贝尔奖解析

对消化系统的研究一直是诺贝尔生理学或医学奖的热点领域之一，从 1901 年至今，在消化系统研究领域，诺贝尔生理学或医学奖颁发给了以下几位科学家，其研究成果对人类健康产生了深远的影响，提高了我们对消化系统疾病的认识和防治水平（表 5-2）。而消化系统研究领域的其他诺贝尔奖包括但不限于胆固醇和脂肪酸生物合成的研究（1964 年），以及肿瘤诱导病毒的发现（1966 年）等。这些研究不仅加深了我们对消化系统功能的理解，还推动了相关治疗方法的发展。

表 5-2　消化系统领域的诺贝尔奖

年份	获奖者	获奖理由	国别
1904	伊万·彼得罗维奇·巴甫洛夫（Ivan Pavlov）	神经在胃液分泌中的作用及其影响肠道运动的能力	俄罗斯联邦
1926	约翰尼斯·安德列斯·格列伯·菲比格（Johannes Andreas Grib Fibiger）	发现了菲比格氏鼠癌（鼠实验性胃癌）	荷兰
1976	巴鲁克·塞缪尔·布隆伯格（Baruch Samuel Blumberg）	关于传染病起源和新传播机制的发现，发现了乙肝肝炎病毒以及澳大利亚抗原	比利时
2005	巴里·马歇尔（Barry Marshall）罗宾·沃伦（Robin Warren）	发现幽门螺杆菌在消化系统疾病中的作用	澳大利亚
2020	哈维·阿尔特（Harvey J. Alter）迈克尔·霍顿（Michael Houghton）查尔斯·赖斯（Charles M. Rice）	发现丙型肝炎病毒	美国英国美国

2005 年，诺贝尔生理学或医学奖授予了澳大利亚科学家巴里·马歇尔（Barry Marshall）和罗宾·沃伦（Robin Warren），以表彰他们发现幽门螺杆菌并阐明了这种细菌在胃炎和消化性溃疡疾病中的作用（图 5-5）。他们的发现颠覆了当时关于胃溃疡主要原因的认识，为胃溃疡的有效治疗提供了科学依据。此外，巴里·马歇尔为了验证他的理论不惜"以身试菌"，在 1982 年亲口喝下了含有幽门螺杆菌的培养液，随后患上胃溃疡，之后使用抗生素得以成功治愈，这一行为展现了他对科学探索的执着和勇气。幽门螺杆菌的发现是消化病学研究领域的一个重大突破，为胃溃疡和胃炎的治疗提供了新途径。本节重点解析 2005 年诺贝尔生理学或医学奖。

图 5-5　罗宾·沃伦和巴里·马歇尔

一、幽门螺杆菌生存之道及致病机制

幽门螺杆菌是一种螺旋形、微需氧、对生长条件要求十分苛刻的革兰氏阴性杆菌。菌体一端或两端可有多根带鞘鞭毛，具有运动能力；菌体宽 0.3 ~ 0.5μm，长 1.5 ~ 5.0μm，在胃黏膜黏液层呈鱼群样排列；光镜下为"S"形、"U"形或弧形；当遇到不利的环境时变成圆球形，这是一种自身保护状态。

幽门螺杆菌在环境 pH 值为 6 ~ 8 时繁殖最为活跃。该菌具有丰富的尿素酶，可分解食物中的尿素产生氨，氨则包绕着细菌本身并中和胃酸，避免了胃酸对其自身的损伤作用，从而躲过了胃酸的杀菌作用。此外，幽门螺杆菌具有鞭毛，可以进入胃黏液深层，到达胃黏膜表面，这为其创造了微需氧环境，且可免遭酸性胃液的伤害，使其能够在其他细菌很难生存的胃中生长和繁衍。一方面，其可以产生各种蛋白酶和磷酸酯酶，直接破坏黏膜细胞，削弱胃黏膜的屏障功能，引起胃酸反向扩散，从而损伤胃黏膜；另一方面，其长期定居于胃黏膜表面可引起机体的免疫反应及炎症反应，使损害加重。同时，约有 50% 的幽门螺杆菌可以产生细胞空泡毒素等多种毒素，直接引起局部炎症反应。目前研究提示：超过 90% 的十二指肠溃疡和 80% 左右的胃溃疡都是由幽门螺杆菌感染导致的，而幽门螺杆菌感染者患胃癌的可能性与正常人群相比，可增加 65% 左右！因此，世界卫生组织/国际癌症研究机构在 1994 将幽门螺杆菌定位为 I 类致癌原。

二、2 位诺贝尔奖得主的研究历程及具体贡献

（一）历经磨难：分离培养幽门螺杆菌

1979 年 6 月 11 日是澳大利亚珀斯皇家医院的研究人员罗宾·沃伦的 42 岁生日，但他和往日一样待在实验室里研究着患者的病理标本。不同的是，他在一份胃黏膜活体标本中意外地发现了一条奇怪的蓝线，他随即用高倍显微镜进行观察，发现蓝线原来是由无数细菌紧黏着胃上皮形成的。此后，他推测这种细菌总是出现在慢性胃炎标本中（图 5-6），这种细菌可能与慢性胃炎有着密切的联系，但当时没有人愿意相信沃伦的观点，因为胃酸的 pH 在 0.9 ~ 1.5 之间，是体内最酸的液体，如此之酸的胃内怎么可能有微生物生存呢？于是，人们将胃内观察到的细菌都归因于标本遭到了污染，是外源性的。

就在这时，马歇尔闪亮登场了，但他的科研之路开始是充满着偶然性的。1981 年，当时还是珀斯皇家医院消化内科医师的马歇尔被安排给沃伦以协助他进行研究。大家认为，"反正是没有结果的，不能浪费别人的时间"，所以安排一个年轻医生收集病

理标本并送给沃伦进行研究，但马歇尔把握住了这个机会，从而因祸得福！因为他惊讶地发现沃伦的观点其实是正确的，于是他对这种不知名的细菌表现出极大兴趣，并全身心地投入研究之中。

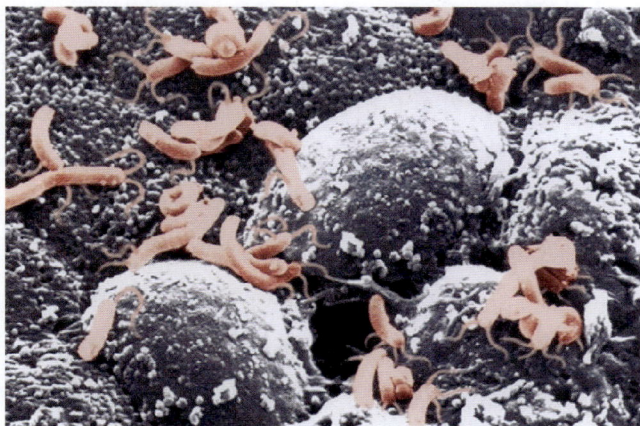

图 5-6　胃黏膜表面的幽门螺杆菌

　　沃伦当时设计了一个前瞻性的实验，研究 100 例患者的活体组织切片，并试图从胃黏膜上分离并培养出致病菌。马歇尔找到珀斯医院微生物部门的古德温（Goodwin）教授，希望能在他的帮助下培养出导致胃溃疡的病原细菌。而古德温教授认为马歇尔只是个临床大夫，哪里懂复杂的微生物研究呢？便只是借给了马歇尔微生物实验室，没给他更多的帮助。但马歇尔与古德温实验室的微生物学家珀曼（J.Perman）合作进行了研究。由于当时认为这种细菌非常接近于弯曲菌属，所以他们用非选择性的弯曲菌培养基对这一不知名的细菌进行分离培养，所用的培养条件也是根据弯曲菌确定的，如微需氧和培养时间 48 小时等。遗憾的是，他们在连续 34 个胃活检标本的培养中均未发现细菌生长。但在接种培养第 35 个标本时，一个偶然性的机遇来临了。当时正是 1982 年 4 月西方的复活节，由于是节日假期，马歇尔没有在 48 小时以后去医院观察细菌的生长情况。等 5 天的复活节假期结束之后，马歇尔一上班就惊喜地发现培养基上长满了弯曲菌样的菌落。以后的工作表明该细菌生长非常缓慢，其最佳培养时间是 3~5 天。这样，马歇尔与珀曼在经过 34 次培养失败后，最终成功分离培养出了幽门螺杆菌，并在 1983 年将其命名为"幽门弯曲菌"。1987 年，根据国际细菌命名准则，幽门弯曲菌（Campylobacter pyloridis）被改为 Campylobacter pylori，直到 1989 年，古德温领导的研究团队通过基因组分析等方法，证明这种细菌与弯曲杆菌属有显著差异，应归为独立的新属，并正式命名为"Helicobacter pylori"，即"幽门螺杆菌"。可见，马歇尔成功培养出幽门螺杆菌也充满着偶然性。

（二）顶刊论文：遭质疑

1983 年，沃伦和马歇尔在通过 W-S 银染法观察到胃黏膜活检组织中的幽门螺杆菌以及该菌感染与慢性活动性胃炎关系密切之后，他们又进行了大型连续性临床研究，发现 100 例接受胃镜检查的胃病患者中大多数胃溃疡患者和胃癌患者的黏膜中都有幽门螺杆菌的存在。马歇尔给这些胃炎患者使用抗生素治疗，发现症状明显好转。他们因此提出幽门螺杆菌导致胃炎和胃癌的假说。此后大量的实验也证明了这一假说。但在当时，因为与传统观念（当时的共识是没有任何生物能在胃的酸性环境下生存）截然相反，马歇尔和沃伦的假说刚一提出就遭到了反对和质疑。人们不承认胃溃疡其实是一种细菌感染，可以用抗生素轻松治愈。

第 2 年，马歇尔把他们的研究发现写成论文，投递到西澳大学的一个学术论坛，期待得到学术界的关注，结果却收到了一封拒稿信。当时论坛组委会要从投稿的 67 篇论文中选出 56 篇（录用比例非常之高），遗憾的是这篇关于幽门螺杆菌的论文居然没被选上！1983 年 6 月，马歇尔和沃伦以"读者来信"的方式在英国医学杂志《柳叶刀》上发表了两篇短文，医学界才知道此事。1984 年 6 月 16 日，沃伦和马歇尔在《柳叶刀》上正式发表了研究论文《胃炎和消化性溃疡患者胃内不明弯曲杆菌》。两人在文章中指出，"几乎所有患有活动性慢性胃炎、十二指肠溃疡或胃溃疡的患者，都存在一种似乎属于弯曲杆菌属的细菌，这可能是致病的重要因素"。这项研究首次揭示了幽门螺杆菌与胃炎和消化性溃疡之间的关联。不过他们使用的语言十分谨慎："虽然这项实验并不能证明消化道溃疡的确切病因，但我们认为该病与这种新发现的病菌有关……"尽管他们的研究结果在顶刊《柳叶刀》上得以发表，但多数胃肠病学家仍拒绝承认其研究的可靠性，马歇尔的导师则告诉他："你的观点是错的。"作为一个研究者，研究成果不被同行认可恐怕是职业生涯中最痛苦的事情。有人或许就此放弃，但有人宁可冒着生命危险也要证明自己的观点是正确的。巴里·马歇尔就属于后者。相较于人类，动物感染幽门螺杆菌后的症状通常较轻或不易察觉。因此，马歇尔和沃伦无法进行动物实验来证明自己的科学假说，而且此时研究经费很快就要中断！但每年都有成千上万人因胃癌去世，马歇尔心想："我必须做点什么，证明我自己的观点。"为了证实幽门螺杆菌可以导致胃炎，马歇尔决定以身试险，亲身开展一项最英勇的人体实验。

（三）求证假说：以身试菌

当时马歇尔仅 32 岁，偶有吸烟和饮酒，既往无胃肠疾病，亦无溃疡病家族史。吞服细菌前，马歇尔接受了胃镜检查，并从胃体、胃窦和十二指肠球部分别取活检组织进行组织学和超微结构检查，并进行了幽门螺杆菌的培养。胃镜、组织学和超微结构检查均显示正常，组织学染色未发现幽门螺杆菌，细菌培养也阴性。以上实验可视为自身对照实验。

1984 年 7 月，当认为胃活检部位已愈合时，马歇尔吞服了 10 mL 约含 10^9 菌落形成单位的细菌悬液。在吞入细菌的最初 24 h 内，马歇尔除了感到肠蠕动增加外，并无特殊不适；第 7 天，马歇尔晚餐后出现腹部饱胀感，并且清晨因饥饿而早醒；第 8 天，他在 6:00 时出现轻微呕吐，无发热，但感头痛；随后出现大便变软，但并未发展到腹泻。为了了解是否已形成感染，他在第 10 天进行了胃镜复检，发现其胃黏膜上长满了细长条的、弯弯曲曲的细菌——幽门螺杆菌！第 14 天，马歇尔显得有些烦躁，显然是生病了。他的同事们发现他呼吸时有"腐烂"气味呼出，他再次进行了胃镜复查。活检标本的组织学检查表明，此时炎症已明显减轻；浸润的中性粒细胞已消失，仅残留少量的单个核细胞；上皮细胞的黏液量增加，但仍较正常为少；超微结构发现上皮细胞表面仍有螺杆菌定居。这时马歇尔开始服用替硝唑治疗，每次 500 mg，每天 2 次，服用了 1 周。在治疗开始后 24 h 之内，他的症状就得到了完全缓解。长期随访表明马歇尔的感染已被根除。

"呕吐、恶心、胃痛，我经历了溃疡患者一定会有的所有症状。尽管痛苦，但我感到非常开心，因为这验证了我的假设和理论。"马歇尔略带得意地说，这一发现颠覆了当时的胃病病因理论，并解救了千百万患者。由于这一重大贡献，2005 年马歇尔与沃伦终于登上了诺贝尔奖的领奖台，这距离他们第一篇投稿论文被拒已经 22 年。

有人可能会质疑：不就发现一细菌么，至于直接给诺贝尔奖吗？其实发现细菌与胃炎的关系只是第一步，沃伦和马歇尔的后续研究，才是让他们获得诺贝尔奖的关键！马歇尔"以身试菌"的人体实验严格遵守了著名的"科赫"法则。1 个月后，马歇尔和同事将实验过程和结果写成论文《幽门弯曲菌满足科赫法则的尝试》投到《澳大利亚医学杂志》并在 1985 年发表。人体实验成功了，然而医生拿自己做实验虽然勇敢，但并不可取。一来这样做缺乏公正性；二来样本太少，只有马歇尔一个，不足以说明问题。于是两位科学家着手招募志愿者进行大规模的临床试验。然而，有人参与的临床试验可不是说做就能做的，需要申请立项并获得经费，而且找到合适的志愿者也需要时间。最后两人找到了 100 名志愿者，并于 1988 年底完成了第一次大规模临床试验，结果进一步证明了幽门螺杆菌与消化道溃疡之间的联系。随后几年，沃伦和马歇尔又进行了一项大型研究，以证明根除幽门螺杆菌可以减少十二指肠溃疡的复发。这项研究持续了 7 年，最后明确表明了成功治疗幽门螺杆菌感染后，消化性溃疡很少复发。此外，他们不仅证明了幽门螺杆菌是导致胃炎和胃溃疡的元凶，还发现该细菌与胃癌密切相关。基于这些结果，他们提出幽门螺杆菌涉及胃炎和消化性溃疡的病因学。1994 年，美国国立卫生研究院召开了一次大会，在这次大会上，幽门螺杆菌终于被确认为消化性溃疡病的元凶。从体外培养细菌到临床试验，再到《柳叶刀》发表成果，两人通过严谨的实验设计和数据积累逐步说服了学界，其成果也最终被全球大规模研究所证实，体现了科学方法的力量。从那以后，西方发达国家改变了此前针对胃病的治疗方式，也发明了专门针对幽门螺杆菌的检测方法。据说沃伦还参与了碳 14 呼气试验的研发，而这项检测至今仍是检查幽门螺杆菌感染的金标准。

三、诺贝尔奖意义

巴里·马歇尔和罗宾·沃伦的发现证明了幽门螺杆菌是造成大多数消化性溃疡和慢性活动性胃炎的病因。这一发现颠覆了当时普遍认为的"压力和生活方式是溃疡病的主要原因"这一观点，证实了幽门螺杆菌感染是 90% 以上的十二指肠溃疡和 80% 以上的胃溃疡的成因。因为证实了幽门螺杆菌才是导致消化性溃疡的罪魁祸首，消化性溃疡病也因此成为一种可治愈的疾病。之前一直认为的"手术切除是胃溃疡的唯一治疗方法"，现在变成了"只需要吃几颗抗生素就能治疗胃溃疡"。目前，幽门螺杆菌感染检出率明显下降，由 2022 年的 32.8% 下降至 2023 年的 29.3%。此现象反映出大众对疾病认知度已有显著提升，并且幽门螺杆菌感染检测已普遍纳入健康体检，快速、简便、可靠的检测方法（如尿素呼气试验）具备可及性，感染人群的主动治疗意识显著增强。幽门螺杆菌的发现直接改变了胃溃疡的治疗方式（从手术转向抗生素），并降低了胃癌发病率，因此这一成果符合评选诺贝尔奖"改善人类生活"的核心标准，其获奖实为必然。

这项成果不仅大幅度提高了胃溃疡等患者获得彻底治愈的机会，为改善人类生活质量做出了贡献，他们的研究还启发人们研究微生物与其他慢性炎症疾病的关系，正如诺贝尔奖评审委员会的评价："幽门螺杆菌的发现加深了人类对慢性感染、炎症和癌症之间关系的认识。"

四、诺贝尔奖启示

马歇尔和沃伦的科学研究冲破了传统观念的桎梏，改变了学界对胃炎胃溃疡的普遍认知，虽然历经波折，但最终功成名就，他们的科学素养和人文精神的闪光点也带给人们许多启示。

（一）科学研究需要细致入微的观察力和敏锐的问题意识

雕塑师罗丹说过："生活中不是缺少美，而是缺少发现美的眼睛。"把这句话稍作修改：科研并非缺少深刻而有趣的课题，而是缺少细致入微的观察能力和敏锐的发现问题的能力。马歇尔与沃伦研究了 100 例接受胃镜检查的胃病患者，敏锐地发现在大多数胃溃疡和胃癌患者的黏膜中都有幽门螺杆菌的存在，从而提出了他们的科学假说。早在 1983 年，意大利病理学家 Bizzozero 就已经发现了幽门螺杆菌存在于哺乳动物的胃里，然而多年以来人们并没有意识到幽门螺杆菌可能在胃炎和胃溃疡中起到致病作用，直到马歇尔与沃伦通过细微观察和严谨求证，才打开了科学认知的大门。因此，科学研究需要细致入微的观察能力和敏锐的问题意识。

（二）科学进步离不开合理推测和大胆猜想

马歇尔与沃伦给胃炎患者使用抗生素进行治疗，发现症状明显好转。他们因此大胆地提出假说：幽门螺杆菌导致了胃炎和胃溃疡，而这个猜想最终被实验证实。如果两人没有根据逻辑进行合理推测进而大胆地提出猜想，就不会发现幽门螺杆菌及其在胃炎和胃溃疡中所起的作用，就不会打破人们长期以来形成的对胃溃疡病因的错误认识，也就不会使胃溃疡由一种复杂的、反复的、难以治愈的疾病变成了一种使用抗生素就可以治愈的疾病。因此，科研过程中的逻辑推理是大胆猜想的基础，而提出假说又是逻辑推测的目的。逻辑推测和大胆猜想不仅体现出科研工作者的科学素养，还突显了他们对科研的热情和专注。

（三）不惧权威敢于挑战才能求得真知

在马歇尔与沃伦所处的时代，人们认为：胃内强酸性环境中没有任何微生物能够生存；胃溃疡的病因和饮食、作息等因素有关，是难以治愈且很容易复发的疾病。但是沃伦不惧权威，勇于向传统的认知观念提出挑战，他和年轻的马歇尔一起，对 100 例胃溃疡患者的活检样本进行研究，最终成功在体外培养出幽门螺杆菌，并提出与传统观念截然相反的全新观点，打开了这一领域的新局面。当年，马歇尔把他们的研究发现写成论文，投递到西澳大学一个学术论坛，结果遭到拒稿。有意思的是，当年那一封拒稿信被马歇尔挂在他在西澳大学办公室的墙壁上，以纪念那一段难忘的科研时光，也提醒自己：科学家要勇于向传统挑战，不屈服于反对与质疑。马歇尔和沃伦的成功案例恰好说明了不畏权威坚持真理的科学精神的重要性。

（四）意志坚定以身试险最终成就伟业

从 80 年代开始研究幽门螺杆菌及其在胃炎和胃溃疡中所起的作用，直到 2005 年获得诺贝尔生理学或医学奖，马歇尔和沃伦经历了 20 多年。但当年"以身试菌"的惊险与论文被拒之门外的窘迫，在马歇尔看来都是值得的！在漫长的年月中，繁重枯燥的科研工作本就消磨人的耐心与意志，若非兴趣所至、真正热爱科学真理、永葆一颗好奇心，就不能安之若素地日复一日坚持下来；若非真正抱有坚定的信念和追求科学真理的决心，就不能一直以来忍受被同行与权威的质疑和嘲讽；就不能颠覆世人传统观念进而推动人类认知和科学的进步；若非人文精神足够强大、心怀苍生，拥有为人类、为科学、为真理而以身试险的献身精神与勇气，又怎能果断地以身试菌呢？虽然当年马歇尔敢于吞服幽门螺杆菌培养液是因为他对用这种方法证实自己的假说有十足的信心，但是这个当"小白鼠"的过程，或者说马歇尔做出这个决定时，就已经能足够证明他是一个让人肃然起敬的人，一个真正对科学真理有狂热追求的科研工作者，因为他愿意付出损及健康的代价证实自己的想法以探求真相；不止于此，他的"以身试菌"还突显了无比重要的人文精神——心系人类健康福祉，折射出为人类献身的高尚精神的光华，充分体现了鼓励科学精神与人文精神融为一体、使人类在这个世界里生活得更美好的诺贝尔奖精神核心。

参考文献

［1］MARSHALL B J, WARREN J. R.Unidentified curved bacilli in the stomach of patients with gastritis and peptic ulceration[J]. Lancet, 1984,323(8390): 1311-1315.

［2］https://www.nobelprize.org/prizes/medicine/2005/summary/.

［3］NIH Consensus Development Panel. Helicobacter pylori in peptic ulcer disease[J]. JAMA, 1994,272(1): 65-69.

［4］IARC Working Group.Helicobacter pylori[J]. IARC Monogr Eval Carcinog Risks Hum, 1994, 61: 177-240.

［5］SUERBAUM S, MICHETTI P. Helicobacter pylori infection[J]. New Engl Med, 2002,347(15): 1175-1186.

（王跃春）

第三节　呼吸系统系列诺贝尔奖解析

在诺贝尔奖的历史上，有一些获奖者的研究成果与呼吸系统生理与临床治疗相关。例如，1938 年的诺贝尔生理学或医学奖授予了比利时科学家 C. 海曼斯，以表彰他发现了颈动脉窦和主动脉区域在呼吸调节中的作用。而 2019 年的诺贝尔生理学或医学奖颁发给了美国科学家威廉·凯林、格雷格·塞门扎以及英国科学家彼得·拉特克利夫（图 5-7），他们的贡献在于揭示了细胞如何感知和适应氧气供应的分子机制，这对于理解呼吸系统在不同氧气水平下的适应性至关重要。这些研究成果不仅加深了对呼吸系统生理学的理解，也为临床治疗提供了重要的理论基础（表 5-3）。

表 5-3 呼吸系统相关诺贝尔奖

年份	获奖者	获奖理由	国别
1920	奥古斯特·克罗伊格（August Krogh）	体液和神经因素对毛细血管运动机制的调节	丹麦
1938	科尔内耶·海门斯（Corneille Heymans）	颈动脉窦和主动脉区域在调节呼吸中的作用	比利时
2019	威廉·凯林（William G. Kaelin, Jr.）彼得·拉特克利夫（Peter J. Ratcliffe）格雷格·塞门扎（Gregg L. Semenza）	在理解细胞感知和适应氧气变化机制中的贡献	美国

氧气对人类和其他多数哺乳动物的重要性不言而喻，机体对血液中的氧气浓度变化具有精巧的应对能力，多种重大疾病包括肿瘤、心血管病、黄斑退行性病变等的发生、发展与氧供给有着密切关系，揭示细胞感知氧的分子机理可为重大疾病的临床治疗提供新靶标。本节重点解析 2019 年诺贝尔生理学或医学奖。

图 5-7 威廉·凯林、格雷格·塞门扎和彼得·拉特克利夫

一、机体对氧气变化的应对

众所周知，氧气是我们维持生命所必需的。但是我们的细胞如何适应氧供应变化的分子机制在凯林研究之前都是未知的。氧气是氧化反应的必要物质，从而将营养物质转化为 ATP，为机体提供能量。氧气含量是调节细胞状态，控制新陈代谢的关键，20 世纪后段，分子生物学的研究如火如荼，然而机体是如何调节对氧适应的分子机制谜团一直未被解开。在几乎所有动物细胞中，迅速响应并适应氧气供给变化的能力都是至关重要的。从分子分类学的研究中可以清楚地看出，在演化过程中，当动物细胞开始将自己组织成多细胞三维结构时，这种对氧的响应不仅是一种允许细胞内部代

谢适应的自主反应，还促进了复杂生理响应的发展。细胞需要通过多种自主方式适应氧水平的变化，特别是通过调整代谢率。在高海拔的人体内，血液中氧水平的变化可被肾脏中的特定细胞感应，这些细胞生成并释放激素促红细胞生成素（erythropoietin，EPO）。导致血液中红细胞的浓度增加，帮助机体适应较低的氧分压。除了外部环境变化外，机体在不同的生理条件下，组织中的氧水平在空间和时间上都有变化。例如运动时骨骼肌中可用氧的下降以及在癌症和感染等病理过程中氧消耗的增加。20 世纪 70 ~ 80 年代的研究已证明，氧分压的局部和瞬时变化通过改变基因转录调节细胞和组织中的关键适应性反应。这种基因调控响应改变细胞代谢，控制基础发育、再生和防御过程，包括血管生成、炎症和发育等多种过程。动物细胞感应不同浓度的氧并因此重新配置基因表达模式的能力，对于几乎所有动物的生存都是至关重要的。转录测序分析发现氧激活的信号途径影响至少 300 个基因，这些基因分属于多种调控网络，涉及众多生理过程，从器官发育和代谢稳态，到组织再生和免疫，并参与许多疾病（包括癌症）的发生、发展。

当在组织和器官的层面上研究这种响应时，结果显示多细胞生物需要重塑组织以适应氧水平的改变（例如受伤后重建血管），并且从整体上调整机体以补偿氧合过程的变化（例如在运动期间或在暴露于高海拔时观察到通气应答增加）。当机体细胞周围的氧水平发生变化时，会经历基因表达的快速转变。这些基因表达的变化会改变细胞新陈代谢，重塑组织，甚至其他生物响应诸如心率和通气增加。

二、机体感知氧气变化的分子机理

（一）核心分子 HIF–1α 与 VHL 的发现

在 20 世纪 90 年代初的研究中，塞门扎首先发现了一个调节这些氧依赖反应的转录因子，并在 1995 年将其纯化并克隆出来。他将这个因子命名为低氧诱导因子（hypoxia inducible factor，HIF），并用生物化学的方法证明其由两个组分组成：一种是新型氧敏感组分 HIF-1α；另一种是之前已被识别出的、不受氧调控、始终表达的蛋白质 ARNT。同时期凯林研究了冯·希佩尔 - 林道（von Hippel-Lindau，VHL）病肿瘤抑制基因，第一次克隆了该基因的全长，证明其可以在 VHL 突变型肿瘤细胞系中抑制肿瘤生长。随后在 1999 年，拉特克利夫研究发现 VHL 和 HIF-1α 之间存在关联，且 VHL 通过转录后和氧敏感性降解调控 HIF-1α。最后凯林和拉特克利夫的团队同时证明，VHL 对 HIF-1α 的这种调控依赖于 HIF-1α 的羟基化，这是一种依赖于氧的共价修饰。通过 3 位获奖者的联合工作，证明了基因表达对氧变化的响应直接与动物细胞中的氧水平耦合，细胞通过 HIF 转录因子对氧合作用作出即时响应。

塞门扎、凯林和拉特克利夫爵士的基础性发现都围绕着 HIF 这一转录因子展开。其实，HIF 的发现源于 1986 年和 1987 年，包括莫里斯·邦杜兰、马克·库里和杰米·卡罗在内的一些研究人员所做的工作，他们证明，低氧会导致肾脏中 EPO 的转录表达增加。这个发现反过来又可以回溯到 1882 年的实验，法国生理学家保罗·贝尔首次证明了低氧的心血管效应，机体暴露于高海拔会增加红细胞的数量，而彼时并不了解其中的分子调控机制。这些 HIF 这一枢纽调控因子的发现揭开了细胞如何感应并适应可用氧的深层机制，揭示了低氧对动物细胞中数百个基因的影响。通过这些基因，细胞能够进行代谢调节，以应对低氧的生理挑战，这对于组织损伤、疾病状态、高海拔适应等诸多生理过程至关重要。

（二）氧调控转录因子的定位与分离

虽然发现了 EPO 基因可以应对低氧诱导的转录响应，但要确定 EPO 基因调控区域中实际负责氧敏感性的 DNA 序列并不容易。塞门扎决定使用包含人类 EPO 基因的不同大小 DNA 片段的克隆，在转基因小鼠中追踪 EPO 基因的转录调控元件，这在当时是极为烦琐的一项工作。他和同事首先证明了一个覆盖 EPO 编码序列约 4kb（碱基对）的区域，加上一些短的 5' 和 3' 侧翼序列，可以激活转基因组织中 EPO 的产生，并引发红细胞数量增多。随后他又证明，包含 6kb 5' 侧翼 DNA 的更长 EPO 基因片段能够在肾脏中诱导 EPO 的表达。这项工作提示了 EPO 对氧复杂的转录调控，包括正负调控元件。

1991 年，塞门扎发表了另两项研究，为 EPO 基因的调控提供了重要信息：①一项 DNA 酶超敏感性（DNAse hypersensitivity）研究定位了 EPO 3' 侧翼 DNA 中的一小段区域，该区域结合了几个核因子（nuclear factor），其中至少有两个贫血时在肝和肾中被诱导表达；这一小段区域能够在体外瞬时表达试验中作为低氧诱导的增强子。②另一项研究进一步分析了转基因模型中 EPO 的转录调控。与此同时，来自彼得·拉特克利夫爵士和杰米·卡罗实验室的研究报道了 EPO 基因 3' 端的顺式作用元件，该元件可以作为报告基因将氧响应性在培养的肝癌细胞中作为指示标记。

上述工作使塞门扎在 1992 年识别出了位于 EPO 基因 3' 端的一个大约 50bp 的增强子，这个增强子可以在体外培养的细胞中引发低氧诱导的报告基因表达。这个被塞门扎称为低氧响应元素（hypoxia response element，HRE）的增强子，在肝癌细胞中结合了几个核因子：一个是结构性的，另一个是低氧诱导性的，塞门扎将后者称为低氧诱导因子。

后续研究中，拉特克利夫和塞门扎都证明，EPO 3' 端增强子可以驱动各类哺乳动物细胞中低氧诱导的报告基因表达。这表明涉及 EPO 基因氧调控的分子机制在各种动物细胞中都是活跃的，这一发现提示这个新因子可能代表了氧感应的通用细胞机制。低氧应答可以在多种类型的哺乳动物细胞中观察到，而不仅是在肾脏和肝脏中产生 EPO 的细胞，这激发了更广泛的科学家群体的兴趣和关注。HIF 的发现表明，存在一种普遍的分子机制，在支持着代谢适应和对组织氧通量的响应中重塑组织。

为了证明这一点，塞门扎首先从大量的细胞提取物中提纯这个蛋白质。纯化过程中，他用的策略是基于 EPO 基因的 3' 增强子的电泳迁移偏移测定法。氨基酸测序和后续的 cDNA 克隆证明，HIF 本身是一个异源二聚体，由两个不同的基因产物组成：① HIF 因子的氧敏感部分，塞门扎将其命名为 HIF-1α；②（最初被命名为 HIF-1β）是一个组成性表达基因，其实之前已经被克隆和描述过，即芳香烃受体核转位蛋白（ARNT）。ARNT 表达不是氧敏感的，很快研究证明了 HIF-1α 才是 HIF 复合体中氧响应性的关键调节因子。

（三）HIF-1α 的孪生分子

另外与 HIF-1α 高度相关的一种蛋白质，1997 年由藤井義明、沃纳·里索、克里斯托弗·布拉德菲尔德和斯蒂文·麦克奈特 4 个不同的团队分别克隆得到。最初有几个名称，包括仍然常用的 HIF-2α，但这个基因正式的名字是 EPAS1。EPAS1 基因编码一种与 HIF-1α 有高度序列同源性的蛋白质，并以异源二聚体的形式与 ARNT 结合，其也具有像 HIF-1α 一样对低氧的敏感性，并拥有所有与 HIF-1α 一样的调控序列。

然而 HIF-1α 和 EPAS1 却在功能上有显著的差异。小鼠中的 HIF-1α 基因缺失导致中期妊娠致死；而 EPAS1 基因的缺失却产生了高度异化的表型。另外，有大量的证据表明，某些低氧反应由其中一个或者其他氧敏感的 HIF 亚型专门控制，例如红细胞生成主要受 EPAS1 控制。包括拉特克利夫实验室在内的多个实验室的数据，表明 HIF-1α 的水平是通过调控蛋白稳定性来维持的，而不是基因转录或蛋白合成的变化调控的。多个研究团队进一步证明，HIF-1α 通过泛素 - 蛋白酶体途径降解，且这一过程以氧依赖的方式发生，这方面的研究工作也确定了 HIF-1α 中负责其氧依赖性降解的特定结构域——ODD 区域，同时在 HIF-1α 和 EPAS1 中都存在。

（四）氧调控与肿瘤发生

与此同时，凯林团队首次确定了肿瘤抑制基因 VHL 的完整序列，并证明了将野生型 VHL 重新引入到一个肾癌细胞系中可阻止肿瘤的形成。凯林和其他几个团队一直在研究 VHL 基因及其与某些家族遗传性倾向的某些癌症之间的关系。凯林的论文证实了 VHL 是一种肿瘤抑制基因，其活性可以抑制患有 VHL 突变的病人细胞的肿瘤生长。1996 年，在 VHL 基因的特性研究过程中，凯林团队与马克·戈登堡团队的合作，证明了多种 HIF 靶基因在 VHL 突变细胞系中过量表达。这一发现表明，HIF

响应和 VHL 相关肿瘤发生的两条途径以某种方式联系在一起。

随后，关于 VHL 功能的一个重要的线索是来自 VHL 蛋白的结合分子研究。理查德·克劳斯纳及其同事，以及凯林团队，都在 1995 年发现 VHL 与转录延长因子延伸蛋白 B 和 C 互作，尔后在 1997 年，克劳斯纳、马斯顿·莱恩汉及其同事表明 VHL 可与 Cul-2 蛋白形成复合物，这是一个涉及蛋白泛素化的因子，这一发现随后被凯林重复验证。由于延伸蛋白 C 和 Cul-2 在结构上与 Skp1 和 Cdc53 相似，而已知后两者可对特定蛋白进行泛素依赖性蛋白降解，这些研究结果揭示了 VHL 与蛋白降解之间的潜在联系。

虽然在 1996 年至 1998 年，已明确在正常氧条件下，HIF-1α 和 EPAS1 会迅速通过蛋白酶体降解途径被清除，但在低氧状态下，这个过程是如何被抑制的仍然悬而未决。研究者怀疑主导者是参与定位 HIF-1α 进行降解的 E3 泛素连接酶。接下来，拉特克利夫及其同事在 1999 年获得了一个关键性的突破，在一篇里程碑式的论文中，他们证明了 VHL 复合物参与了 HIF-1α 的蛋白水解。他们和其他人随后证明，在这个过程中，VHL 充当 E3 泛素连接酶复合物的识别部分。

当时，一个关键而仍未解决的问题是如何通过氧调控 VHL-HIF-1α 交互作用和随后的 HIF-1α 降解。1999 年麦克斯韦等的一篇重要论文证明，VHL-HIF-1α 交互需要一个既依赖于氧又依赖于铁的环境。这一发现启动了对相关机制的搜寻，既包括使 HIF-1α 发生能够与 VHL 结合的氧依赖性化学修饰，又包括催化这一反应的酶。

当时广为人知的是，氧依赖性蛋白的羟基化出现在胶原蛋白中，而这一过程由胶原脯氨酰 -4- 羟化酶（PHD）介导。因此，研究者猜测在 HIF-1α 中脯氨酸残基的氧依赖性羟基化可能导致所需的构象变化，从而允许 VHL 结合。后续的研究证明此猜想是正确的。2001 年，拉特克利夫和塞门扎实验室同时报道，HIF-1α 的 ODD 域内两个脯氨酸残基的氧依赖性 4- 羟基化增加了 HIF 转录因子与 VHL- 复合物结合的亲和力。

脯氨酸羟基化需要氧，至此 HIF-1α 和 EPAS1 蛋白转录后调控的精妙机制得以揭示：在低氧的情况下，无法进行羟基化，VHL 也无法识别 HIF-1α，因而 HIF-1α 不会被泛素化，从而避免了蛋白酶体降解以保持完整。HIF-1α 随后累积，并转录激活低氧诱导的基因表达。拉特克利夫和麦克奈特团队分别独立地鉴定了参与羟基化 HIF-1α 和 EPAS1 的脯氨酰羟化酶基因；这些关于 PHD 的遗传学鉴定的文章发表于 2001 年。凯林团队也使用生化方法鉴定出了 PHD 基因，2002 年发表了这项工作。这些羟化酶的发现使创建特定 PHD 抑制剂增加 HIF 活性成为可能，例如增加贫血患者中的 EPO 水平。

2001 年，发现了第二种氧依赖性机制，这次不是用于 HIF-1α 的降解，而是用于抑制其作为转录因子的活性。塞门扎团队发现了第一个相关因子，被称为"抑制 HIF 的因子 1"（factor inhibiting HIF-1，FIH-1）。FIH 也是一种氧依赖性的羟化酶，羟化 HIF-1α 和 EPAS1 的 N- 末端激活域中的一个天冬酰胺残基。默里·怀特劳和理查德·布鲁克发现这种羟基化会干扰 p300 转录共激活因子的招募。因此，氧不仅通过 ODD 域的脯氨酰羟化促使 HIF-1α 降解，而且可以抑制任何逃脱了 VHL 依赖性降解的 HIF-1α 或 EPAS1 的转录功能。因此，HIF 活性有两个独立的氧依赖性转录后抑制机制。这表明通过细胞氧水平恰当且精确地保持 HIF 水平是一个非常精细调节的过程（图 5-8）。至此，哺乳动物感知氧气变化的分子机制被彻底阐明，也为癌症等疾病的治疗提供了明确的干预靶点。

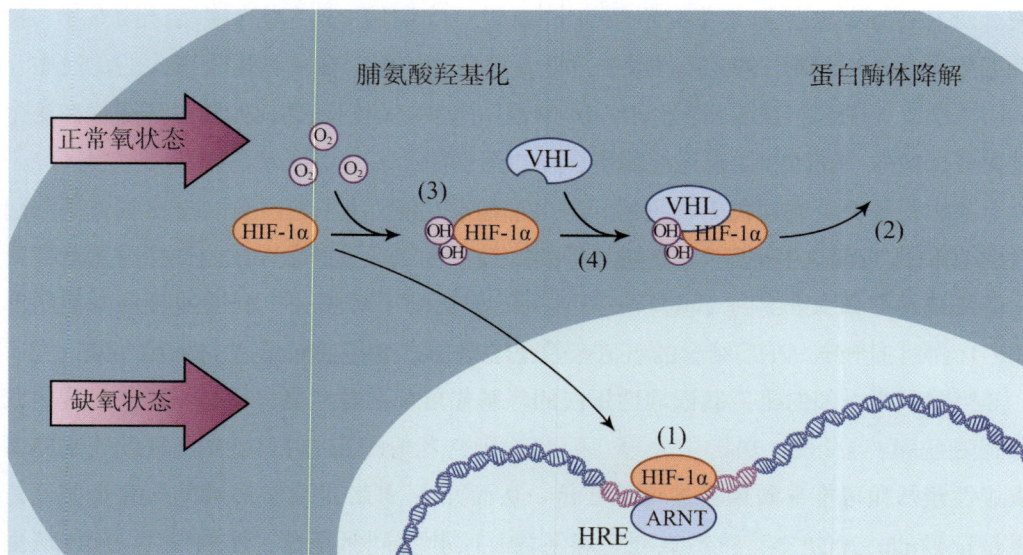

图 5-8　HIF-1α 在低氧环境下的作用机制

当氧气水平较低（缺氧）时，HIF-1α 会受到保护，免遭降解并在细胞核中积聚，在细胞核中与 ARNT 结合，并与缺氧调节基因中的特定 DNA 序列（HRE）结合（1）；在正常氧气水平下，HIF-1α 会被蛋白酶体快速降解（2）；氧气通过向 HIF-1α 添加羟基（OH）调节降解过程（3）；然后，VHL 蛋白可以识别 HIF-1α 并与其形成复合物，导致其以氧依赖性方式降解（4）。

三、临床应用前景

多项研究已经证明 HIF 通路的稳定性和其在调节氧相关基因表达中的核心作用。自塞门扎、拉特克利夫和凯林最初的开创性发现以来，他们一直是这项工作的中心人物，参与了 HIF 通路分子生物学解析的关键研究，加深了人们对缺氧响应在健康和疾病中生理角色的理解。调节 HIF-1α 稳定性的脯氨酰羟化酶的发现开启了寻找羟化酶抑制剂以增加 HIF 水平的可能性，这为药物开发提供了新靶标。事实上，一些通过抑制 PHD 来提高 HIF 功能的潜在药物已经在临床试验中取得了长足进展，并且，一系列近期的研究证明了其在治疗贫血方面的临床效果。抑制 HIF 通路的未来应用正逐渐浮出水面，包括一种减缓由 VHL 突变引发的癌症的方法。其中一个是 EPAS1 功能的特异性阻断剂，凯林和其同事最近发现这种阻断剂能够减缓 VHL 突变细胞在动物模型中的肿瘤生长速度。增加 HIF 功能的药物可能可以辅助治疗一系列广泛的疾病，如 HIF 已被证明对免疫功能、软骨形成和伤口愈合等多种过程至关重要。反之，HIF 功能的抑制也可能有多种应用，因为癌症以及一些心血管疾病（包括脑卒中、心脏病和肺动脉高压）中都观察到了 HIF 的增加。因此，我们对于该诺贝尔奖发现的应用可能才刚开始，对氧气的响应在细胞、组织和机体中绝对是动物具有的最核心和最重要的生理适应能力之一。

　　总体来看，缺氧诱导因子 HIF 具有广泛的生理调节功能，主要包括生理和病理两大方面。生理方面：与代谢调节、人体活动、胚胎发育、免疫反应、适应海拔等过程相关。病理方面：与贫血、癌症、脑卒中、感染、心肌梗死和伤口愈合等过程密切相关。目前，HIF 研究最为值得关注的领域是贫血和肿瘤，最为值得关注的药物研发管线包括贫血管线和肿瘤管线。HIF 在贫血领域的开发较为成熟，目前市场上主要使用 HIF-PH（HIF prolyl-hydroxylase）抑制剂类药物，如 FibroGen、阿斯利康的罗沙司他、vadadustat 等药物，国产抑制剂类药物有 DDO-3055、HEC53856、HIF-117 等。肾细胞癌对 HIF 刺激最为敏感，是一个常见的开发方向，目前处于领先位置的有 Peloton Therapeutic，Akebia Therapeutics 等公司。

　　总体而言，HIF 相关药物研究应用现状大致是，HIF 相关药物研究开发在贫血领域最为成熟和领先，其中罗沙司他已经获批上市，FibroGen、阿斯利康、葛兰素史克、Bayer 以及国内企业恒瑞医药、东阳光药、三生制药等均有涉足；HIF 在肿瘤领域的相关研究相较还未成熟，治疗药物开发尚处于验证性测试阶段，后续 Peloton Therapeutics 的产品值得关注。目前来说，HIF 所对应的生理调节功能十分复杂，有许多潜在治疗性药物靶点，该领域药物研究发展具有较大前景。

四、诺贝尔奖启示

　　威廉·凯林在 1957 年 11 月 23 日出生于美国纽约，1979 年获杜克大学化学学士学位，1982 年获该校医学博士学位。他曾在约翰·霍普金斯大学和丹娜·法伯癌症研究所接受了内科学和肿瘤学的专业培训，并建立了自己的实验室。2002 年，成为哈佛医学院正式教授。"我的整个童年时期都在尊重与推崇科学和工程学的氛围中度过。那时，我们家中有许多可以激发好奇心和创造力的玩具，比如显微镜和化学实验箱。"凯林在拉斯克奖的颁奖典礼现场曾就成长和科研经历做过精彩的分享。从童年开始，"天才"的光环一直围绕着凯林，他的成长经历仿佛童话故事般的美好平顺。

然而在 40 多年前，当凯林还只是一个医学预科生时，他却遇到了几乎颠覆他学术道路的挫折。因为从小就对癌症生物学感兴趣，凯林考虑进入从事这方面的实验室学习研究工作，而事情的发展十分不顺，他回忆说："我曾在实验室中为一项既枯燥又无足轻重，并最终被证明不可完成的研究而挣扎。导师对我的评价很低，并在成绩单上注明：'凯林先生看起来是个聪明的年轻人，而他的未来在实验室之外的地方'。"这一痛苦的经历使凯林确信，他应该成为一名临床医生，而不是一名科学家，因此他转而接受了临床训练。备受打击之后决定成为临床医生的凯林，选择了临床肿瘤学方向。而命运的捉弄并未结束，在约翰霍普金斯医院经历了短暂的实习后，凯林到丹娜·法伯癌症研究所开始接受临床肿瘤学的培训。然而为了达到毕业要求，凯林不得不进行两年的基础研究。就这样，他阴差阳错地又回到了实验室。不幸的是，在凯林开始工作后不到 4 个月，实验室就关门大吉。"我的人生中充满了各种提示，告诉我实验室的科研生活不适合我"，凯林在事后回忆说。

在迷惘与困境中，大卫·利文斯顿（David Livingston）教授向凯林伸出了援手，将他纳入实验室。利文斯顿教授是视网膜母细胞瘤研究的先驱之一，在阐明这种癌症的机制上极有造诣。利文斯顿教授在凯林的科研道路上起到了决定性的作用，在能同时接触癌症患者和一线癌症研究的情况下，凯林认识到，"对这些患者来说，最终的希望还是来自对癌症分子机制的精准理解"。

这段意外的经历彻底改变了凯林的职业轨迹。"由于大卫·利文斯顿的出色指导，我才发现自己实际上可以成为一名科学家"！凯林说。兜兜转转，凯林怀着一种新的使命感回到实验室，之后一直致力于用基因学探寻治愈重大癌症的钥匙，作为癌症研究学者的精彩学术生涯也就此正式拉开了帷幕。

2019 年诺贝尔生理学或医学奖的获得者们均未受到过重大挫折，苦难也许不是必须的，兴趣也可引导出重大成就。

参考文献

［1］THOMPSON C B. Into thin air: how we sense and respond to hypoxia[J]. Cell, 2016, 167(1): 9-11.

［2］MIYAKE T, KUNG C K, GOLDWASSER E. Purification of human erythropoietin[J].

J Biol Chem,1977, 252(15): 5558-5564.

［3］SEMENZA G L, NEJFELT M K, CHI S M, et al. Hypoxia-inducible nuclear factors bind to an enhancer element located 3' to the human erythropoietin gene[J]. Proc Natl Acad Sci USA, 1911,88: 5680-5684.

［4］WANG G L, JIANG B H, RUE E A, et al. Hypoxia-inducible factor 1 is a basic-helix-loop-helix-PAS heterodimer regulated by cellular O_2 tension[J]. Proc Natl Acad Sci USA, 1995,92: 5510-5514.

［5］WANG G L, SEMENZA G L. Characterization of hypoxia-inducible factor 1 and regulation of DNA binding activity by hypoxia[J]. J Biol Chem, 1993, 268(29): 21513-21518.

［6］WANG G L, SEMENZA G L. General involvement of hypoxia-inducible factor 1 in transcriptional response to hypoxia[J]. Proc Nat Acad Sci, 1993, 90(9). 4304-4308.

［7］WANG G L, SEMENZA G L.Purification and characterization of hypoxia-inducible factor 1[J]. J Biol Chem, 1995, 270(3): 1230-1237.

（郭祥玉）

第四节　感觉器官系列诺贝尔奖解析

　　历史上，诺贝尔奖评选委员会曾多次将奖项颁给了人类感觉系统相关的研究工作，这反映了感觉系统研究的重要性及其对人类生活的深远影响（表5-4）。例如，1911年，1967年和1981年的诺贝尔生理学或医学奖均与视觉研究相关，而2004年的奖项则颁给了发现气味受体和嗅觉系统工作原理的研究者们。这些研究成果不仅增进了人们对感觉机制的认识，也为相关疾病的治疗和干预提供了科学依据。1901年以来，在感觉器官研究领域，至少产生了以下7项诺贝尔生理学或医学奖，但这个清单一定还会不断延长。感觉器官对于人类与环境的互动以及人类的生存至关重要。环境感知的分子机理研究领域之所以产生了大量的诺贝尔奖，是因为这些研究阐明了人类及其他生物是如何感知和适应周围环境的。

表 5-4　感觉器官研究领域的系列诺贝尔奖

	获奖者	获奖理由	国别
1911	阿尔瓦·古尔斯特兰德（Allvar Gullstrand）	对眼睛屈光学的研究	瑞典
1914	罗伯特·巴拉尼（Robert Bárány）	内耳前庭器官的生理学与病理学方面的研究	奥地利
1961	盖欧尔格·冯·贝凯希（Georg von Békésy）	发现耳蜗内刺激的物理机制	美籍匈牙利
1967	拉格纳·亚瑟·格拉尼特（Ragnar Arthur Granit） 霍尔登·凯弗·哈特兰（Haldan Keffer Hartline） 乔治·沃尔德（George Wald）	眼内视觉的初级生理和化学过程	瑞典 美国 美国
1981	罗杰·渥尔考特·斯佩里（Roger Wolcott Sperry） 戴维·哈贝尔（David Hubel） 托尔斯滕·韦塞尔（Torsten Wiesel）	斯佩里因证明大脑两半球的高度专门化以及许多较高级的功能集中在右半球而获奖；哈贝尔和韦塞尔因研究视觉系统的信息处理方面有所发现而获奖	美国 美国 瑞典
2004	理查德·阿克塞尔（Richard Axel） 林达·巴克（Linda Buck）	发现气味受体和嗅觉系统的结构组成，阐明了嗅觉系统的工作原理	美国
2021	大卫·朱利叶斯（David Julius） 阿登·帕塔普蒂安（Ardem Patapoutian）	发现温度和触觉感受器	美国

2021 年的诺贝尔生理学或医学奖颁发给了大卫·朱利叶斯（David Julius）和阿登·帕塔普蒂安（Ardem Patapoutian），以表彰他们在"发现温度和触觉感受器"方面的贡献（图 5-9）。朱利叶斯利用辣椒素鉴定出了皮肤神经末梢中对热做出反应的感受器，而帕塔普蒂安使用压力敏感细胞发现了一种新型的机械刺激感受器。这些发现不仅解答了长期以来关于神经系统如何将外界的温度和机械刺激转化为电信号的问题，而且还促进了大量新的研究，加深了人类对感官与环境之间复杂相互作用的理解。此外，这些研究成果对于开发治疗慢性疼痛等各类疾病的新方法具有重要意义，下面我们来解析一下相关研究的历程。

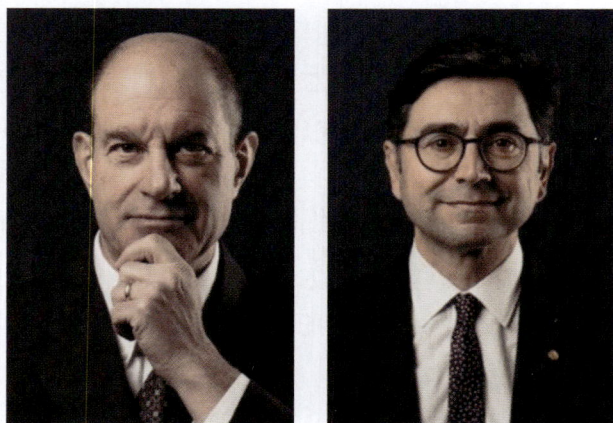

图 5-9　大卫·朱利叶斯和阿登·帕塔普蒂安

一、触觉感知的分子机制

（一）感知光、味觉的受体发现

如何感知外在世界并做出应对是机体的重要基本功能。人类的感觉系统可以分成五大类，分别是视觉、听觉、嗅觉、味觉和触觉。科学家们从几百年前起就开始研究这些感觉系统背后的工作机制，并逐渐明白所有感觉都是以电信号方式通过神经系统传递至大脑的。要做到这一点，不同类型的信号（声、光、味、触等）首先需要由特定的感受器官和细胞上特定的受体接收外界刺激，产生动作电位，这种电信号沿神经突触向中枢神经系统传递，最后到达大脑特定区域，就产生了特定的感觉。

视觉的研究首开先河，视网膜上的感光蛋白（视紫红质）被德国科学家在 19 世纪发现，而后在 20 世纪 80 年代确定了其基因的序列。接着仿照视觉受体研究的办法，科学家们相继鉴定出嗅觉和味觉受体的分子基础，其中嗅觉受体的研究工作获得了 2004 年诺贝尔奖。这三种感觉的受体蛋白或在相应感官中高表达，或在基因序列上有高同源性（三者均属于 G 蛋白偶联受体家族），这两个特点为其鉴定方法相似性提供了条件。

但余下的两种机械感觉，造物主似乎给我们出了难题：触觉和听觉的受体蛋白表达水平比较低，使用传统的生物化学方法难以鉴定，且它们在基因序列上也不像视、味、嗅觉般有章可循。凭借遗传筛选，科学家在较低等的生物中鉴定到部分机械感觉通道。在当代生物学研究中，随着测序技术和基因组研究的发展，对生物功能的阐明常需要达到分子水平。这就需要揭示这一过程的各个部分：一个生物学现象的组织器官基础，与之相关的细胞，细胞上行使功能的蛋白，以及编码该蛋白的基因。蛋白质和基因这种分子水平的研究是一个领域的基石。

在很长一段时间内，科学家们猜测，神经细胞对不同刺激的响应，很可能依赖于细胞膜上的离子通道受体。离子通道受体，就如同房屋上的门窗，其开放与关闭影响着细胞内外离子的进出，而对阴阳离子不同的选择性，又会影响细胞膜电位的变化。正常的细胞膜维持着外正内负的电位差，如果大量阳离子流入或者阴离子流出，都将导致细胞膜去极化（静息电位向膜内负值减小的方向变化），达到一定水平后，将诱发动作电位（又称神经冲动），其可在神经细胞间不衰减地传导，如同电流在无阻抗电线中传导一般，最终到达大脑皮质，令机体产生不同的感受。

（二）温度感知的分子机理

猜想的证实经常是极大的挑战，尤其是在我们还难以想象蛋白质如何对应对寒热温凉等物理化学刺激时，而实现这一伟大突破的是美国生理学家大卫·朱利叶斯

（David Julius）。20世纪九十年代，擅长受体克隆的朱利叶斯，开始对躯体感受与疼痛的分子机制产生了兴趣。他从背根神经节细胞的转录RNA中构建了一个反转录（cDNA）文库。这个文库约含有16 000个克隆。朱利叶斯推测感知疼痛的受体基因存在于这16 000个克隆之中，然后将每个克隆转染人类胚胎肾源性HEK293细胞，并将荧光钙敏感染料添加至细胞培养基中。因为辣椒可使皮肤产生痛感，朱利叶斯将辣椒素加至培养基中，用显微镜观察细胞内钙水平的变化。经过大量的实验，最终找到了一个含有3kb cDNA克隆，这个克隆本身可赋予HEK293细胞辣椒素或树脂类毒素敏感性。由于辣椒素和树脂类毒素结构的基本化学成分是香草酸盐，当时朱利叶斯团队就把这个新的克隆命名为香草酸受体1（CTRPV1）。众所周知，吃辣椒可引起出汗反应。让我们感到痛时，辣椒又为什么会让我们觉得热呢？朱利叶斯团队的进一步研究发现TRPV1受体还可被43℃以上的物理高温激活。这也进一步解释了为什么吃辣椒后喝热水会感觉更辣、更热，喝冰水可以降低辣感。基于TRP蛋白家族的同源性，朱利叶斯和其他科学家团队又相继发现，多种与TRPV1相类似的离子通道蛋白与温度感受相关。例如，帕塔博蒂安的团队在2002年通过薄荷醇分子（薄荷的主要成分），确认了一类薄荷醇敏感离子通道TRPM8，该通道能被8～28℃的无害低温激活。2003年，该团队又发现了可被芥末激活的冷觉感受通道——TRPA1，能被超低温（＜17℃）激活。目前，已经可以从分子层面基本推断寒热温凉感受的来源：初级感觉神经元表达多种与温度感受相关的TRP通道亚型，例如，感受伤害性热的TRPV1（≥42℃），TRPV2（≥52℃），TRPM3（≥40℃）；感受非伤害性热的TRPV3（≥31℃），TRPV4（≥25℃），TRPM2（≥35℃），TRPM4/TRPM5（15～25℃）；感受非伤害性冷的TRPM8（≤28℃）；感受伤害性冷的TRPA1（≤17℃）以及感受温度降低的TRPC5（25～37℃）。当机体处于不同的温度环境时，特异性的温度敏感型离子通道将被激活产生电信号，经神经系统传输至大脑，产生特定的温度感受（图5-10）。

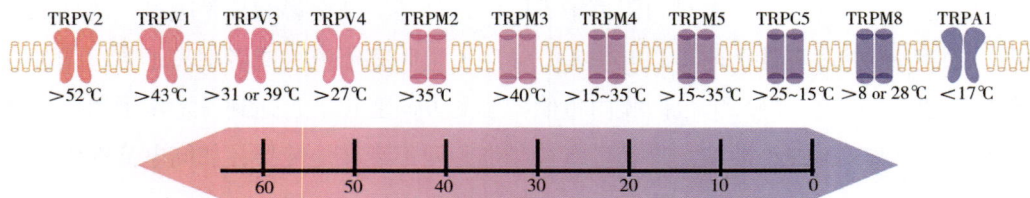

图5-10　不同的TRP家族受体蛋白的激活温度范围

（三）TRPV的镇痛作用

除了调味剂外，辣椒还一直被当作镇痛剂。但直到TRPV1发现之后，辣椒的镇痛奥秘才被解开。TRPV1 的离子通道在被持续激活时，阳离子将不断地涌入细胞，而过多的钙离子可产生细胞毒性，细胞出于自身保护便会关闭 TRPV1 通道，并使伤害性感受神经元对辣椒素甚至其他伤害性刺激脱敏，减少痛觉信号的产生，由此抑制疼痛感受。

明确了 TRPV1 受体与镇痛的关系后，科学家们便将其视作治疗慢性疼痛的新的重要药物靶标。大型制药公司纷纷下场，通过模拟和提升辣椒素对于 TRPV1 通道的激活作用，或者直接抑制通道功能，阻断大脑对疼痛的感知，希望研发出新型高效止痛药，以解决已有药物在治疗上的局限与强风险（阿片类药物存在成瘾性问题，一些抗炎止痛药具有肝脏和心血管损伤风险）。目前，已有十几种相关药物进行到临床试验，如生物制药公司 Centrexion Therapeutics 推出的超纯合成辣椒素（反式异构体）制剂 CNTX-4975。该制剂通过一个特殊注射装置导向骨关节注射，治疗膝关节中度至重度疼痛，目前已进入三期临床试验。

在刚发现辣椒素受体 TRPV1 时，研究者对能将化学和物理信号转变为电信号的蛋白受体感到相当兴奋。但同时，又惊讶地发现辣不是一种味觉，而是一种痛觉。究其原因，TRPV1 受体特异性表达于伤害性感受神经元（特异性识别伤害性刺激的传入神经元），且在身体多种组织器官内广泛分布。当有辣椒或者高温刺激时，TRPV1 受体立即被激活，产生电信号，信号沿伤害性传入神经系统上传至大脑。又因为大脑对伤害性传入神经信号的解读统一为"疼痛"感，所以辣觉被科学地定义为痛觉（当然，辣痛与普通疼痛存在区别，源于其热感受属性）。这就不难解释，为什么除了嘴巴，眼睛和皮肤也会有辣痛感。有趣的是，感受寒热温凉的蛋白受体竟也不是专司其职，反而"一心多用"，以致造就了辣椒火热、薄荷清凉的神奇体验。那么吃辣椒时感受到的热，真的与物理温度升高有关吗？换言之，所说的热性/易上火类物质"热"在哪儿？

可以肯定的是，食用辣椒类物质的热并非物理温度改变的结果，而是感受上的结果。大家可能都有过这样的感受：被辣到后对热的感受更敏感了。这是因为可同时被辣椒素与物理高温（$\geq 42℃$）激活的 TRPV1 通道，在被辣椒素激活后，对温度感受的阈值降低，即不到 42℃的温度也能诱发伤害性"热"感受；同时，辣椒素与温度对 TRPV1 受体的双激活，也极大增强了表达有该受体的感觉神经元的兴奋性。因此感受被"异常"放大，即使一口 40℃的辣汤就有"喷火"感。如果辣椒的热感是大脑的"异常感知"，那担心吃辣加剧口腔溃疡的所谓"上火"又作何解释？这取决于 TRPV1 受体在信号传导中的性质。

（四）TRPV 对炎症的调控

由于 TRPV1 受体是在神经与非神经组织中都有表达的非选择性阳离子通道，其激活会介导大量钙离子内流，产生电信号时，在非神经组织中，胞内增高的钙离子浓度，还将介导多种神经肽的释放，如 P 物质和降钙素基因相关肽。P 物质可以引发血管舒张和血管通透性增加，导致水肿形成，还可以刺激肥大细胞释放组胺等炎症介质，诱导白细胞释放蛋白酶和活性氧。降钙素基因相关肽能放松动脉，也能调节皮肤血流量的增加，引起神经源性炎症。

所以"上火"与火无关，而是机体出于"自身防御"诱发的炎症反应。虽然习惯视疼痛与炎症为疾病，但疼痛与炎症存在的初衷是保护机体远离伤害，与炎症相关联的是免疫反应，红肿处的炎症可募集免疫细胞，消除诱发因子。

除辣椒素外，乙醇、类胰蛋白酶、树脂毒素、大蒜素、姜油、芥子油等也能引发神经源性炎症，其正好源于常说的几种"上火"食物：酒精、菠萝、蒜头、生姜、芥末。而更有趣的是，TRP 家族中很多蛋白亚型，也正是这些"上火"物质的受体，比如冷觉受体 TRPA1 又称为"芥末受体"，可被芥子油、大蒜素甚至吸烟时的烟雾激活。最近还有研究把 TRPA1 称为"咳嗽的开关"。因为，研究人员利用烟雾中含有的丙烯醛等物质进行试验，发现无论老鼠还是志愿者，吸入这些物质后都会咳嗽。吸入量越大，咳嗽越厉害。但如果用药物抑制体内的 TRPA1 受体，咳嗽程度就会明显减轻。目前这一发现已用于研发治疗慢性咳嗽的药物。

从疼痛到温度觉的解密，TRP 家族的发现快速地提升了我们对感觉的认知。在 20 世纪 60 年代，当时的科学家们运用多种诱变方法处理果蝇，希望能在不同的诱变型中有新的科学发现，而 TRP 就是其中之一。1969 年，科曾斯和曼宁发现一种有着异常趋光性和视网膜电位的突变果蝇品系，猜想该突变基因可能表达了一种光受体。1975 年，随着电生理技术的进步，威廉·帕克实验室终于获得该突变体与野生型果蝇在单个光感受细胞上的电位差异，以及突变体对光反应是瞬时的电位变化特征，于是将该突变体命名为瞬时受体电位（TRP）。自此，TRP 通道在光感受上的作用成了新的科学问题。2000 年以后，随着 TRPV1 和 TRPA1 受体研究的增多，最新发现 TRPV1 和 TRPA1 受体对紫外线有响应。紫外线和蓝光可产生单态氧，而单态氧又起到 TRPA1 和 TRPV1 激动剂的作用，增强其对光敏感性。这一发现对于那些暴露于阳光下，有着异常疼痛与灼烧感的皮肤卟啉症患者，以及在接受光动力疗法治疗的癌症患者极其重要。

至此，研究者已从辣椒素受体的发现开始，逐步了解了离子通道受体在痛觉、温度觉以及光感受中的神奇作用，见识到了 TRP 这个宝藏家族的多元技能。芥末、葱、姜、蒜，寒、热、温、凉、痛，电压机械力，无不与其相关。当然，TRP 蛋白家族在生命活动中的功能并不局限于此，既不能认为所有的 TRP 通道都是感觉受体，又不能认为所有的感觉受体都是 TRP 通道。

二、机械力感知的分子机制

虽然温度感觉的机制研究正在展开，但机械刺激如何转化为触觉和压力感的机制仍是未知之谜。研究人员此前已经在细菌中发现了机械传感器，但脊椎动物的触觉机制仍然未知。帕塔普蒂安希望确定由机械刺激激活的难以捉摸的受体。理论上机械力势必引发细胞形态的改变，因此，和细胞膜有密切关系的蛋白都应成为怀疑对象，包括直接定位在细胞膜上的膜蛋白、支持细胞结构的细胞骨架蛋白以及细胞外基质等。

1979 年，研究人员用电生理的方法，在牛蛙的听觉上皮细胞记录到了机械力刺激下产生的电流，电流产生的时间在亚毫秒级别。1984 年，研究人员在鸡的骨骼肌细胞中记录到了由牵拉所致的机械敏感电流，该电流也被认为由离子通道介导。

离子通道是一种膜蛋白，一般由跨越细胞膜内外的孔道区域和其他辅助元件组成。在受到适当刺激时，孔道区域可打开，依据离子通道对不同离子的选择性和细胞膜内外不同离子的电化学梯度，使部分离子穿越细胞膜，带来细胞膜电位的变化，或由离子自身参与信号传递而形成生物学效应。和 G 蛋白偶联受体家族不同，不同的离子通道在序列和功能上彼此之间差异巨大，唯一被认可的共性是：都含有两次以上的跨膜区。

机械敏感通道表达水平比较低，使用常规生化手段研究无从下手，仅在高表达的细菌机械敏感通道的鉴定中方有用武之地。而找寻其他真核生物的机械离子通道大都经由遗传筛选获得。遗传筛选是基于中心法则——蛋白质是由基因编码产生。在个体或者细胞中，让感兴趣的基因发生变异，从而导致该基因对应的、行使生物学功能的蛋白质发生变异或不再表达，如果此时机械感觉相关的表现异常，那么该基因就可作为备选基因。在易于进行遗传操作的低等生物中，遗传筛选帮助确认了部分机械门控离子通道。而在脊椎动物，尤其是哺乳动物中，要确定机械敏感蛋白，可以检测这些低等物种机械通道的同源蛋白。但这种方法收效甚微：哺乳动物中或是不存在相关的同源基因，而有同源基因的，其表达的蛋白却没有机械敏感性。

帕塔普蒂安安排实验室的博士后伯特兰·科斯特（Bertrand Coste）开展找寻哺乳动物机械门控离子通道这一极具挑战的课题。他们对比筛选发现鼠源神经母细胞瘤细胞系（N2A 细胞）具有较强机械敏感性，移液头戳细胞的力刺激能引发稳定电流。于是，他们从这种细胞出发，开始寻找那个隐藏在重重迷雾里的机械敏感通道基因。细胞系易于在体外大量培养，且细胞之间一致性很高，这样的特点为鉴定到细胞内高表达的基因创造了条件。借助基因芯片，N2A 细胞系内高表达的基因被确定。再结合离子通道"至少有两次跨膜"这一特点，他们挑选出一系列备选基因。然后，他们用 RNA 干扰技术逐个抑制备选基因表达，如果某个基因抑制后的 N2A 细胞失去机械敏感性，那么该基因表达的蛋白极有可能就是那个受体。接下来他们寻找在这个细胞系中负责感知机械力的基因，列表中的第 72 个基因被抑制后，N2A 的机械敏感电流显著下降！自此，他们发现了一种全新的、对机械力敏感的离子通道，这个原名 Fam38A 的基因后来被命名为 Piezo1，同一家族的另一个蛋白 Fam38B 被命名为 Piezo2。Piezo 一词起源于希腊语，有"压力、挤压"的意思，用其做名字，寓意该基因是压力受体。进一步的，他们将 Piezo 表达在几无机械敏感性的 HEK293T 细胞系中，成功赋予其机械敏感性。如果将纯的 Piezo 蛋白，重组到人造的类似细胞膜的脂质体上，仍能记录到电流，这是更直接的证据。蛋白的纯化需要依据每种蛋白的特点量身定制，膜蛋白提取更是其中很棘手的一类。Piezo 蛋白非常大，超过 2500 个氨基酸，预测有 30 次以上的跨膜。并且离子通道经常以多聚体形式发挥功能，使提纯难度进一步增加。因此，Piezo 蛋白的纯化非生化功力深厚者不可为之。帕塔普蒂安实验室的另一个博士后，肖百龙博士，凭借其扎实的生化技术，解决了这一难题。纯化的鼠源 Piezo1 重组入人工脂质体后，确实记录到了通道开放产生的电流，且该电流能被钌红（一种广谱阳离子通道抑制剂）阻断。后续的工作进一步证明了重组脂质体下的 Piezo 有机械敏感性。至此，Piezo 蛋白才被名正言顺地称为"机械门控离子通道"。

帕塔普蒂安团队的进一步研究证明 Piezo2 在身体位置和运动感知中起着关键作用，称为本体感觉。除了参与触觉和疼痛感知外，Piezo1 和 Piezo2 还参与调节其他重要的生理过程，包括血压、呼吸和膀胱控制。两位获得者的突破性发现，让我们了解了热、冷和机械力如何启动神经冲动，以及这些神经冲动如何使我们能够感知和适应周围的世界。他们所发现并揭示的这些离子通道的作用机制，为理解诸多疾病和生理过程奠定了重要基础。

三、临床意义与市场前景

对 TRPV1、TRPM8 和 Piezo 离子通道的开创性发现深入揭示了冷热和压力刺激如何启动并转换为机体的神经冲动，以便感知和适应外周环境。TRP 通道是机体感知温度的关键，Pizeo 通道赋予我们触觉和本体感觉，此外，两者还参与了其他许多与感受温度和压力刺激有关的重要生理过程。进一步深入广泛地研究这些受体在机体多种生理过程中的作用，将有助于对慢性疼痛等多种疾病治疗手段的研发。

　　TRPV1 的发现解释了辣椒的镇痛奥秘：TRPV1 的离子通道性质在被持续激活时，阳离子将不断地涌入细胞，而过多的钙离子可产生细胞毒性，细胞出于自身保护便会反馈性地关闭 TRPV1 通道，并使伤害性感受神经元对辣椒素以及其他伤害性刺激脱敏，减少痛觉信号的产生，由此抑制疼痛感受（图 5-11）。由于 TRPV1 还能在痛的刺激下开放，因此在医学上可以开发 TRPV1 拮抗剂，通过竞争性与 TRPV1 受体位点进行结合，减少钙离子内流，从而阻断神经冲动的传导，对于实现治疗长期疼痛和先天性无痛症具有医学意义。

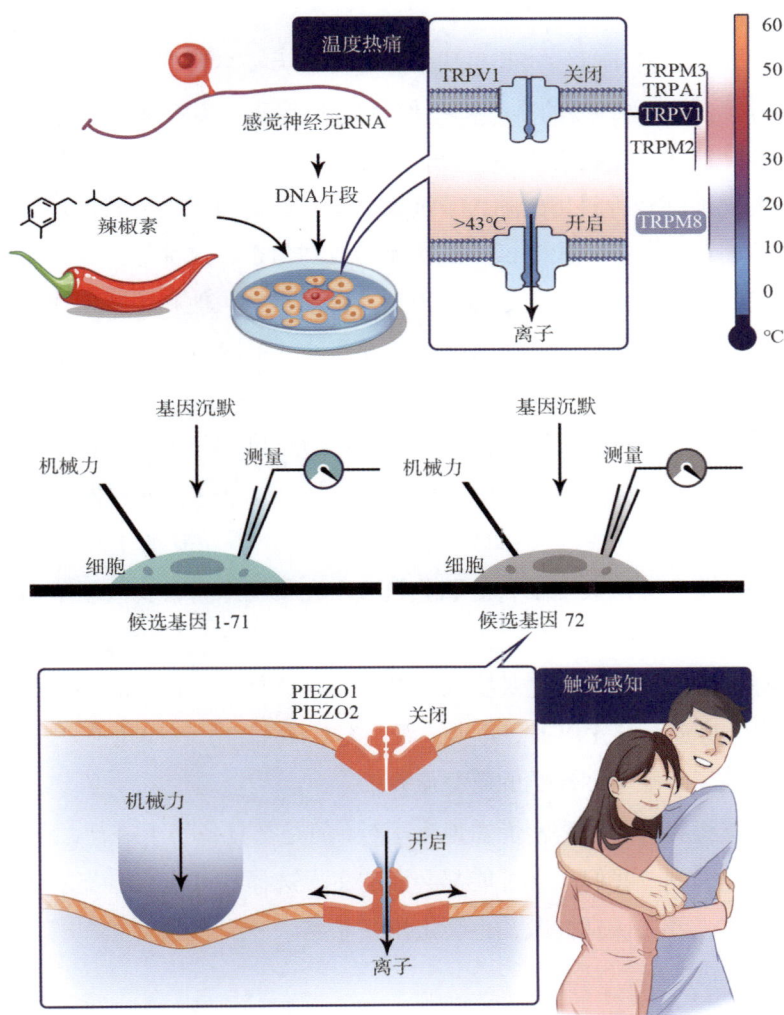

图 5-11　TRPV1 介导的疼痛热激活的离子通道及其他相关的离子通道

Piezo2 在异常性疼痛中的痛觉神经元中具有重要作用。异常性疼痛是一种特殊的痛觉类型，即使轻柔的抚摸也仿佛针刺。部分神经痛患者一直存在类似的痛觉过敏。注射了辣椒素或神经损伤后的小鼠，一般会出现异常性疼痛，但敲除 Piezo2 基因的小鼠则不会。已有研究还发现，Pizeo2 突变患者也会有类似的痛觉变化。对于这些神经疾病，可以寻找能够在疼痛部位阻断 Piezo2 活性，而又不干扰其在身体别处作用的药物。清华大学研究 Piezo 通道蛋白结构的肖百龙教授认为："Piezo 通道药物背后的潜力非常巨大。"

四、诺贝尔奖启示

朱利叶斯自述自己小时候"几乎从未想过要成为一名科学家"。他大学时曾计划成为一名医生。在一位老师的推荐下，他开始不断进入实验室，并开始享受亲身参与研究的乐趣，最终决定投身生物大分子领域的研究。有一次，当他和妻子一起逛超市时，妻子发现他盯着香料货架陷入了沉思，于是鼓励他冒险一试，虽然这个研究方向只是一个冷门命题，但他决定试一试，无论成功与否，这都是一场人生体验，于是他确定了自己的研究事业，并为之付出半生。几十年来，他和团队创建了一个包含了百万个 DNA 片段的基因库，曾测试过数以百万计的蛋白质分子，终于发现了离子通道蛋白质受体 TRPV1，解开了困扰人类多年的疑惑。

帕塔普蒂安博士是亚美尼亚裔，在黎巴嫩灾难性的长期内战中长大。1986 年，18 岁的帕塔普蒂安随哥哥逃到美国。为了上大学，他做过各种各样的工作，如送披萨饼和为一家亚美尼亚语报纸写每周星象分析。帕塔普蒂安博士在接受采访时说："我爱上了基础研究，这改变了我的职业轨迹。在黎巴嫩时，我甚至不知道科学家是一个职业。"帕塔普蒂安说，他受到吸引研究触觉和痛感，因为这些系统非常神秘。他说："当你发现一个人们知之甚少的领域时，这就是一个钻研的好机会。"对生存而言，没有哪个感觉系统比疼痛更重要，而人类对疼痛的了解却几乎是最少的。因此，他的实验室开始了解触觉和痛觉的研究旅程。

似乎这两位获奖者都是懵懵懂懂地入了行，但是都具备了干一行，爱一行的精神，坚持不懈，终获大成。我们一生可能都会面临多次选择，可能自己都未必知道明确的方向，没有关系，低头认真去做，也会走出一条路。

参考文献

［1］https://www.nobelprize.org/prizes/medicine/2021/prize-announcement/.

［2］CATERINA M J, SCHUMACHER M A, TOMINAGA M, et al.The capsaicin receptor: a heat-activated ion channel in the pain pathway[J]. Nature, 1997, 389(6653): 816-824.

［3］TOMINAGA M, CATERINA M J, MALMBERG A B, et al. The cloned capsaicin receptor integrates multiple pain-producing stimuli[J]. Neuron, 1998,21(3): 531-543.

［4］CATERINA M J, LEFFLER A, MALMBERG A B, et al. Impaired nociception and pain sensation in mice lacking the capsaicin receptor[J]. Science, 2000,288(5464): 306-313.

（郭祥玉）

第五节　神经系统系列诺贝尔奖解析

神经科学是一门名副其实的交叉科学，全面综合了生理学、生物化学、分子生物学、生物物理学、细胞生物学、免疫学、神经病学、解剖学、神经病理学、精神病学等多门学科。可以说，神经科学是医学领域乃至整个自然科学界最前沿、最复杂、最深奥的学科之一。因此，神经科学的发展对于提高人口素质、维护人类健康、延长人均寿命有着重大的意义。

迄今为止，共有约 60 位科学家凭借神经科学领域内的研究获得了 20 余次诺贝尔奖。不少诺贝尔奖得主凭借其杰出的科学贡献和强大的人格魅力，让我们耳熟能详。尤其是在 2024 年，受到神经网络卷积研究启示而获得长足发展的人工智能（Artificial intelligence，AI）技术获得了诺贝尔物理学奖，基于 AI 技术发展出的蛋白质结构功能预测技术则获得了诺贝尔化学奖。这再次彰显了神经科学研究对人类社会发展的重要作用。下表梳理了与神经科学研究相关的诺贝尔生理学或医学奖（表 5-5）。

表 5-5　神经系统领域诺贝尔奖

年份	获奖者	获奖理由	国别
1904	伊万·米哈伊洛维奇·谢切诺夫（Ivan Mikhailovich Sechenov）	创立神经系统对消化活动控制的条件反射理论	俄罗斯
1906	卡米洛·高尔基（Camillo Golgi） 圣地亚哥·拉蒙·卡哈尔（Santiago Ramóny Cajal）	发现了神经元的结构	意大利 西班牙
1932	查尔斯·斯科特·谢灵顿（Charles Scott Sherrington） 埃德加·阿德里安（Edgar Adrian）	神经功能方面的发现	英国 英国
1936	亨利·哈利特·戴尔（Sir Henry Hallett Dale） 奥托·勒维（Otto Loewi）	发现神经脉冲的化学传递	英国 奥地利 / 德国

续表

年份	获奖者	获奖理由	国别
1944	约瑟夫·厄尔兰格（Joseph Erlanger） 赫伯特·斯潘塞·加塞（Herbert Spencer Gasser）	发现神经纤维传导信号的机制	美国 美国
1949	瓦尔特·鲁道夫·赫斯（Walter Rudolf Hess） 安东尼奥·埃加斯·莫尼兹（António Cae-tanode Abreu Freire Egas Moniz）	发现下丘脑对内脏的调节功能，脑白质切除术	瑞士 葡萄牙
1963	约翰·卡鲁·埃克尔斯（John Carew Eccles） 艾伦·劳埃德·霍奇金（Alan Lloyd Hodgkin） 安德鲁·赫克斯利（Andrew Fielding Huxley）	神经脉冲、神经纤维传递的分子机制研究	澳大利亚 英国 英国
1970	伯纳德·卡茨（Bernard Katz） 乌尔夫·斯万特·冯·奥伊勒（ulf svante von euler） 朱利叶斯·阿克塞尔罗德（Julius Axelrod）	发现神经末梢部位的传递物质以及该物质的贮藏、释放、受抑制机制	英国 瑞典 美国
1977	罗杰·吉尔曼（Roger Guillemin） 安杰伊·维克托·沙利（Andrzej Wiktor Schally） 罗莎琳·萨斯曼·耶洛（Rosalyn Sussman Yalow）	发现下丘脑激素，开发下丘脑激素放射免疫分析法	美国 美国 美国
1981	罗杰·斯佩里（Roger W.Sperry） 托斯登·威塞尔（Torsten N.Wiesel） 大卫·休伯尔（David Hunter Hubel）	大脑半球职能分工，大脑视神经皮质的功能结构	美国 瑞典 加拿大
1991	厄温·内尔（Erwin Neher） 伯尔特·萨科曼（Bert Sakman）	发明了膜片钳技术研究神经细胞离子通道	德国 德国
2000	阿尔维德·卡尔松（Arvid karlsson） 保罗·格林加德（Paul Greengard） 埃里克·坎德尔（Eric Richard Kandel）	人类脑神经细胞间信号的相互传递	瑞典 美国 奥地利
2014	约翰·奥基夫（John O'Keefe） 梅布·里特·莫泽（May-Britt Moser） 爱德华·莫泽（Edvard I. Moser）	发现了构成大脑定位系统的细胞	英国 挪威 挪威
2017	杰弗里·霍尔（Jeffrey C. Hall） 迈克尔·罗斯巴什（Michael Rosbash） 迈克尔·杨（Michael W. Young）	发现控制昼夜节律的神经机制	美国 美国 美国

  1932年诺贝尔生理学或医学奖授予了两位英国科学家查尔斯·斯科特·谢灵顿（Charles Scott Sherrington）和埃德加·道格拉斯·阿德里安（Edgar Douglas Adrian）。他们因在"关于神经功能方面的发现"而共同获得这一荣誉（图5-12）。谢灵顿从宏观的角度对神经系统进行了深入研究；而安德里安是他的学生，他用电生理学的方法，从微观的角度支持和证明了他导师的一系列研究成果。师徒两人分别从宏观和微观的层面，对神经系统的功能展开了研究，取得了一系列令人瞩目的成就。限于篇幅，本节仅分析1932年的诺贝尔生理学或医学奖。

图 5-12　谢灵顿和阿德里安

一、谢灵顿——神经系统的建筑师

神经系统的结构和功能相当复杂，我们先从人体最简单的膝跳反射开始谈起。当叩击膝盖下面的髌韧带时，大腿股四头肌的肌腱和肌肉内的感受器（肌梭）接收到牵拉的刺激而产生神经冲动，神经冲动沿着传入神经纤维传到脊髓的膝跳反射中枢，神经中枢接受传入冲动经过整合后再发出传出神经冲动，通过传出神经纤维传到效应器（股四头肌），引起大腿上相应的肌肉收缩，导致小腿前伸。可见，反射活动的物质基础是反射弧，而反射弧由 5 个部分组成，包括感受器、传入神经、中枢、传出神经和效应器（图 5-13）。现在看来，分析反射弧是如此简单，但当年谢灵顿花了 10 年的时间，才阐明了反射弧的 5 个组成部分，并得出结论：完整的反射弧是反射得以实现的前提条件。

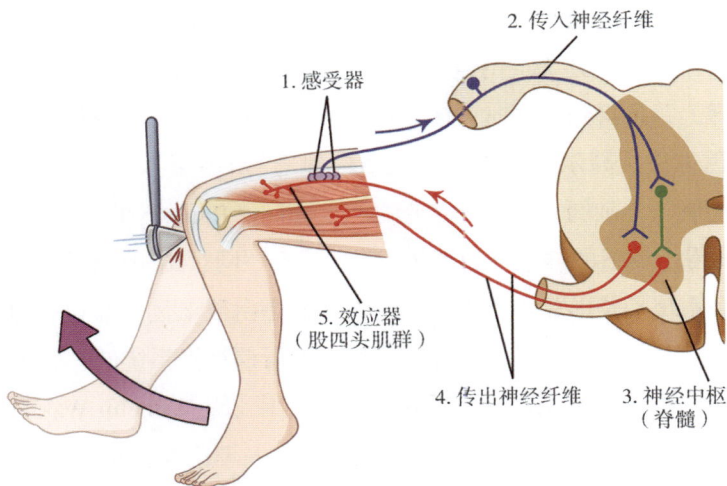

图 5-13　膝跳反射反射弧分析实验

187

早在 100 多年以前，人们已经意识到大脑是思想或思维的发源地，大脑有很多的功能，奥妙无穷，但是人们对神经系统究竟是如何工作的一无所知。因为大脑的结构非常复杂，而且位于颅骨中，不像其他的脏器那样容易进行观察。举例来说，如果将心脏解剖出来，不仅可以看到心脏收缩和舒张相交替地搏动，也可以看到心脏 4 个腔室结构以及与其相连接的动、静脉，通过这样的解剖观察，人们就可以推导出心脏可能具有泵血功能。但即使把大脑从颅骨中剥离出来，面对一堆表面有很多皱褶的乳白色的软物质，大家也感到无从下手。当时人们对神经系统的认识，主要是从哲学、宗教和心理学方面进行推测，这就有点像盲人摸象，各执一词，不能形成统一的完整体系。因此，有些悲观主义者就认为对神经系统的研究是"模糊的结构，很模糊的病症，更模糊的功能"。在这种情况下，谢灵顿认为在没有取得对神经系统完整概念的前提下，进行争论是毫无意义的。他决心开辟出一条新的研究路子以绘制神经系统的全貌。后来他真的做到了，这也就是他为什么备受几代生理学者推崇的原因。那么谢灵顿是怎样开展研究的呢？

他是从脊动物开始研究的。所谓的脊动物，就是破坏了大脑，但是保留完整脊髓的动物。制备脊动物的主要目的是可以排除大脑对脊髓反射活动的影响。谢灵顿从研究最简单的膝跳反射开始，化繁为简，一步步地揭开了神经系统的神秘面纱。如今，当打开《生理学》教材中"神经系统的功能"这个章节，我们会发现其中许多重要的术语、概念和理论都与谢灵顿有关。他用毕生的努力，成就了"神经系统的主要建筑师"这一美誉。

（一）"突触"概念的提出

在神经系统的众多概念中，"神经元"与"突触"可以说是最重要最基本的概念，它们各是怎么来的呢？1871 年，德国解剖学家约瑟夫·冯·格拉赫（Josef Von Gerlach）将神经系统描述为"由组合起来的细胞的分支组成的网络"，该理论被称为"网状结构理论"，得到了当时大多数神经科学家的支持。尽管找到了能清晰观察神经系统的染色方法，高尔基仍是"网状结构理论"的坚定支持者。1889 年，西班牙神经解剖学先驱圣地亚哥·拉蒙·卡哈尔（Santiago Ramony Cajal）修改了高尔基的染色技术，获得了清晰的神经末梢图像，得出了与"网状结构理论"截然不同的结论。他认为，神经系统不是形成一个连续的网络，而是由数十亿个独立的神经细胞组成，这些细胞通过一些特殊的连接相互传递信号，即所谓神经系统的"细胞理论"。1891 年，卡哈尔的支持者，德国解剖学家威廉·瓦尔代尔（Wilhelm Waldeyer）在一篇概述性论文中创造了"神经元"一词，随后正式将这一理论提炼总结为"神经元学说"。至同年底，大多数科学家都已经接受了"神经元是一种独立细胞"的观点，从此，这一结论成为现代神经系统组织的基本原则。但该理论缺少对神经元之间如何交流的理解和解释。

在神经元学说的基础上，谢灵顿于 1897 年首次提出了"突触"这一概念，用以描述一个神经元与另一个神经元之间发生联系的部位，并认为正是在这个部位，神经元与神经元才能进行信息沟通。他最先提出用"突触"描述两个神经细胞之间的特化膜结构。当时的显微镜放大功能还不足以观察到突触的结构，于是谢灵顿被迫将突触形容为一个"只用于分隔两个神经元的功能学结构，而非结构学结构"。当然，他也不是凭空捏造这个膜结构的。事实上，谢灵顿早已发现，若反射仅通过连续神经纤维传导信号，则其速度往往低于理论预期值。谢灵顿最初计划用 syndesm 这个词描述神经元间的功能学连接，但他的一个朋友推荐了 synapse，因为其希腊语含义是"扣在一起（to clasp）"，谢灵顿采纳了这个建议，于是，突触一词就这样问世了。

1906 年，他在《神经系统的整合作用》一书中再次提出："鉴于神经元与神经元之间的连接形式在生理学上可能有的重要性，有必要给它一个专门术语，这就是突触。"遗憾的是，囿于当时的科学技术水平限制，谢灵顿没有获得突触形态结构的直接证据。随着 20 世纪初发展起来的生物组织标本固定染色技术及光学显微镜油镜镜头的使用，突触学说才获得了形态学的直接证据。1925 年，谢灵顿整理了经过 25 年实践所得到的论据，从伸肌反射和屈肌反射中看到的肌肉收缩现象出发，进而推论了突触处所发生的生理过程。

（二）"本体感觉"和"适宜刺激"的提出

在关于脊髓的研究中，谢灵顿发现支配肌肉的神经含有感觉神经纤维和引起肌肉收缩的运动神经纤维，并探索了脊髓后根的皮肤分布情况。他发现肌肉、肌腱和关节等处具有感觉功能，于是提出"本体感觉"这一术语。本体感觉是机体对躯干和肢体运动及位置的感觉，其感受器为肌梭、腱梭和关节小体。而肌梭和腱梭分别存在于骨骼肌和肌腱中，当身体发生运动或处于一定的姿势时，骨骼肌和肌腱受牵拉，肌梭和肌腱中的传入神经末梢在张力刺激下发放神经冲动，传到脊髓和脑，通过多条神经通路调节骨骼肌的紧张度，从而实现对运动的精细控制，并使人觉察到身体位置的改变。他还指出，小脑是本体感受系统的中枢。哺乳动物在室外行走时，常需要不断地运用感觉传入信息纠正行走的式样，以适应不同的地形，防止发生不可预料的事情。而传入的感觉主要有三类：来自肌肉和皮肤的躯体感觉、前庭器官的平衡感觉以及视觉。并且谢灵顿在研究感受器的功能时指出，每种感受器都对某种特定形式的能量变化最为敏感，这种特定的刺激形式能够在低能量水平下激活专一的感受器，他将其称为"适宜刺激"。

（三）"去大脑僵直"与"牵张反射"的提出

在生理学教材中，当学习神经系统的运动调节功能时，一般都是先介绍"牵张反射"，然后再讨论"去大脑僵直"的现象及本质。其思考逻辑是从低位中枢开始到高位中枢依次推进。但从生理学科学史来看，1898年谢灵顿是首先描述和研究"去大脑僵直"现象，之后才发现了"牵张反射"的。

1898年，谢灵顿描述了猫的"去大脑僵直"现象，即在猫的中脑上、下丘之间横切脑干，猫出现了头尾昂起、脊柱挺硬、四肢伸直、坚硬如柱的表现，称此为"去大脑僵直"（图5-14），这是由于伸肌（抗重力肌）过度紧张导致，因为伸肌收缩时可以使四肢或身体其他部分伸直。在此研究基础上，谢灵顿于1924年通过实验进一步发现，将脊髓腰骶部背根（感觉传入通路）切断后，去大脑僵直动物原本强直伸长的后肢僵直现象会消失，他推断这是由于增强收缩的肌肉受到了牵拉，并将此现象命名为"牵张反射"（stretch reflex）。他还确立了牵张反射需要来自肌肉的感觉传入到脊髓，然后传出信号再回到肌肉。谢灵顿对牵张反射进行了深入研究和分析，认识到其在姿势调节中的重要性，从而奠定了研究运动和姿势调节的反射基础。其实，去大脑僵直并是一种新的条件反射，其本质是牵张反射在高位机制被解除后的危表现。

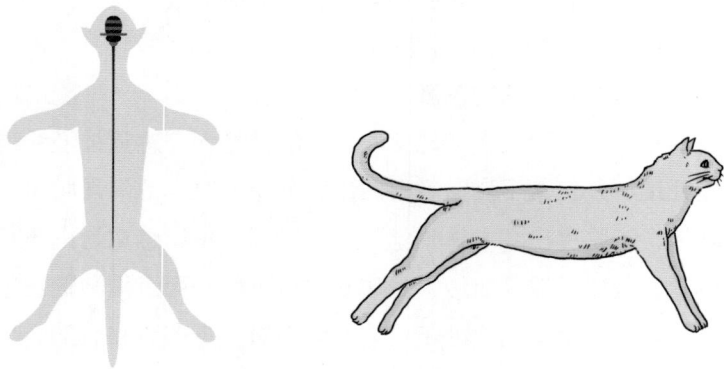

图 5-14　猫的去大脑僵直现象

（四）"交互神经支配"和"交互抑制"的提出

谢灵顿又对交互神经支配现象进行研究，提出了一个经典定义：交互神经支配是一种协作形式，即抑制运动的脊髓反射与兴奋运动的脊髓反射常同时发生，如当一对拮抗肌中的一条肌肉主动收缩时，另一条肌肉就松弛。当一群运动神经元兴奋时，另一群运动神经元（往往是支配拮抗肌的运动神经元）则产生抑制，从而形成交互抑制，这种交互神经支配的理论后来被称为"谢灵顿定律"。

（五）"运动单位"和"反射"的提出

1925年，谢灵顿将一个运动神经元与其所支配的一群肌纤维命名为"运动单位"，并将脊髓前角的运动神经元称为运动传出的"最后公路"。

一个有机体绝不仅仅是一堆器官，这些器官之间具有内在的、紧密的联系，而将其整合到一起的就是神经系统。正是靠神经系统的卓越工作，才使一个有机体能够和谐地存在，而反射就是神经整合作用的体现。谢灵顿根据多年的科学实验得出反射概念：在中枢神经系统参与下机体对外界刺激所产生的规律性应答。

当你的脚不慎踩到一个尖锐的物品时，这只脚马上缩回来，同时对侧的腿会伸直以免身体摔倒。这个人们习以为常的过程其实有多个反射在起作用（包括屈肌反射和对侧伸肌反射），而指令都是从中枢神经发出的。

谢灵顿在1906年出版了《神经系统的整合作用》一书，这是一本划时代的巨作，据说可以和牛顿的《自然哲学的数学原理》在经典物理学中的地位相媲美。由于谢灵顿的工作，人们开始认识机体作为一个整体时神经系统所发挥的重要作用，这种由解剖学为基础，有可信的实验作为证据的理论，渐渐地使人们对神经系统的研究离开了那种看不见摸不着说不清的尴尬境地。谢灵顿等人的工作，等于把对神经系统研究的架子搭了起来，后人在此基础上逐个细节地进行探索，增加一块块砖瓦。如今这个大厦已经非常有规模了，所以谢灵顿被誉为神经系统的主要建筑师，他是当之无愧的。

作为谢灵顿学生的阿德里安则另辟蹊径，他对单个神经纤维进行研究，在博士期间就提出了著名的"全或无"定律，还发现了感觉的强度是由神经冲动发放频率决定的"时间编码"效应，也阐明了感受器的"适应现象"；此外，是他首先开展了对脑电活动的记录，并把它用到对神经系统功能活动的诊断上，因此他对临床脑电图学也作出了重要的贡献。

二、诺贝尔奖意义

查尔斯·斯科特·谢灵顿的研究主要集中在阐明中枢神经反射活动的规律上，而埃德加·道格拉斯·阿德里安则在神经兴奋的电作用方面做出了开创性的工作。他们的发现对理解神经系统的工作原理具有重大意义。谢灵顿的工作帮助理解了中枢神经系统如何协调和控制身体的动作，而阿德里安的工作则揭示了神经冲动是如何在神经纤维中传导的，以及大脑是如何处理这些信息的。这些研究不仅增进了对知觉与肌肉关系的理解，还为后来的神经科学研究奠定了基础。如谢灵顿提出的突触、去大脑僵直、牵张反射、本体感受器、适宜刺激、神经交互抑制、运动单位、运动的最后公路、反射及神经系统的整合作用等概念和理论遍布生理学神经系统的各个章节，奠定了神经系统的结构和功能的基础。

　　谢灵顿和阿德里安的研究成果，不仅推动了神经科学的发展，也为社会的进步和人类的福祉做出了重要贡献。他们的发现为神经疾病的诊断和治疗提供了理论基础，为心理学、人工智能等领域的研究提供了重要的启示。例如，阿德里安对脑电活动的研究，为脑电图等临床诊断技术的发展奠定了基础，这些技术如今已成为神经疾病诊断的重要工具。谢灵顿对神经系统整合作用的研究，为现代医学的发展提供了重要的理论支持，也为人类对自身认知的深化做出了重要贡献。

三、诺贝尔奖启示

（一）基础科学研究的重要性与长远影响

　　谢灵顿出生于1857年，他的研究生涯跨越了近一个世纪。他一生致力于神经系统的解剖与功能研究，从最简单的反射现象入手，逐步构建起神经系统的整体框架。他的研究方法严谨而系统，从宏观的反射弧到微观的突触结构，每个发现都经过反复验证。这种对基础研究的执着，不仅推动了神经科学的发展，也为其他学科提供了重要的理论支持。阿德里安作为他的学生，继承了谢灵顿的科学精神，通过电生理学的方法，进一步揭示了神经冲动的传导机制。他的"全或无"定律和对神经冲动频率的研究，为神经科学的微观研究开辟了新的道路。

（二）跨学科合作的力量

　　谢灵顿和阿德里安的研究涉及生理学、神经学、电生理学等多个领域，这种跨学科的合作方式，使他们能够从不同的角度探索神经系统的奥秘。谢灵顿的研究从解剖学和生理学入手，揭示了神经系统的宏观结构与功能；而阿德里安则通过电生理学的方法，从微观层面验证了神经冲动的传导机制。这种跨学科的合作，不仅丰富了神经科学的研究内容，也为其他学科的发展提供了重要的启示。

　　在现代科学研究中，许多重大科学问题的解决都需要不同学科之间的合作与交流。例如，神经科学的发展不仅需要生理学和神经学的研究，还需要心理学、计算机科学、物理学等多个学科的共同参与。通过跨学科合作，科学家们可以整合不同学科的知识和技术，形成新的研究方法和思路，从而更好地解决复杂的科学问题。

（三）师生关系与传承的力量

　　谢灵顿一生致力于神经科学的研究，他的学术生涯充满了对未知的探索和对真理的追求。他的研究方法严谨而系统，从宏观到微观，逐步揭示了神经系统的奥秘。阿德里安作为他的学生，继承了谢灵顿的科学精神，并通过自己的研究，进一步推动了神经科学的发展。这种师生之间的传承与创新，不仅推动了神经科学的进步，也为其他学科的发展提供了重要的借鉴。

　　谢灵顿对阿德里安进行指导和支持，帮助阿德旦安在科研道路上不断成长，两人最终共同获得了诺贝尔奖。这也启示在成长过程中，良好的师生关系能够为个人的发展提供重要的支持和帮助，促进个人的全面成长。

　　在科研和工作中，不仅要注重个人的努力，还要注重团队建设，发挥各自的优势，共同解决问题，实现更大的突破。谢灵顿和阿德里安的研究成果，不仅是他们个人智慧的结晶，更是团队合作的结果。他们的故事告诉我们，只有通过跨学科合作和团队协作，才能在科学研究中取得更大的成就。

　　总之，1932 年诺贝尔生理学或医学奖授予查尔斯·斯科特·谢灵顿和埃德加·道格拉斯·阿德里安，不仅是对他们个人成就的认可，更是对基础科学研究、跨学科合作、师生传承以及团队协作的肯定。

参考文献

[1] 谢灵顿. 神经系统的整合作用 [M]. 北京：科学出版社，1967.

[2] 王晓东. 神经系统的反射机制研究进展 [J]. 中华神经科学杂志，2005, 12(3): 231-235.

[3] 李明. 神经系统整合作用的现代研究 [J]. 生理学报，2006, 58(2): 123-128.

[4] SHERRINGTON C S. The integrative action of the nervous system[M]. New York: Charles Scribner's Sons, 1906.

[5] ADRIAN E D. The basis of sensation: the action of the sense organs[M]. London: W.W. Norton & Company, 1928.

[6] SHERRINGTON C S. Reflex action and the integrative action of the nervous system[J]. Proc Royal Soc London, 1906, 78(527): 345-366.

[7] ADRIAN E D. The electrical activity of nerve[J]. Proc Royal Soc London, 1928, 103(724): 291-310.

[8] SHERRINGTON C S. Decerebrate rigidity,and reflex coordination of movements[J]. J Physiol, 1898, 22(4): 319-332.

（王跃春）

第六节　内分泌疾病之诺贝尔奖解析

内分泌系统的基础与临床研究一直是医学领域的热点，近年来在糖尿病、甲状腺疾病、肥胖症等研究领域取得了显著进展，而这些成就都是在前人不懈努力的基础之上取得的。在诺贝尔奖的历史长河中，有多个奖项的研究成果对内分泌系统的基础与临床研究产生了重要影响，表5-6列出了与内分泌系统研究相关的诺贝尔奖得主及其成就。从总体来看，内分泌学领域的研究正不断深化，新发现和新技术的应用为疾病的预防、诊断和治疗提供了更多可能性。

表 5-6　内分泌领域的诺贝尔奖

年份	获奖者	获奖理由	国别
1909	埃米尔·特奥多尔·科歇尔（Emil Theodor Kocher）	创立甲状腺生理学，病理学和外科学，改进了甲状腺手术技术，大幅降低了手术死亡率	瑞士
1923	弗雷德里克·格兰特·班廷（Frederick G. Banting）约翰·麦克劳德（John Macleod）查尔斯·赫伯特·贝斯特（Charles H. Best）	对胰岛素的发现和应用所做出的贡献	加拿大
1939	阿道夫·弗里德里希·约翰·布特南特（Adolf Friedrich Johann Butenandt）奥波德·鲁兹卡（Leopold Ruzicka）	发现并成功提取雌性激素——雌素酮阐阐明性激素的化学结构，对这些激素的合成做出了重要贡献	德国瑞士
1947	卡尔·弗迪南德·科里（Carl Ferdinand Cori）格蒂·特丽萨·科里（Gerty Theresa Cori）伯纳多·阿尔韦托·奥赛（Bernardo Alberto Houssay）	阐明糖原分解的酶促反应，对理解内分泌系统中的代谢途径有重要意义激素分泌调节机制的发现发现脑下垂体前叶激素	美国美国阿跟廷
1950	菲利普·肖瓦特·亨奇（Philip Showalter Henc）爱德华·卡尔文·肯德尔（Edward Calvin Kendall）塔德乌什·赖希施泰因（Tadeus Reichstein）	发现肾上腺皮质激素及其结构和生理效应。塔德乌什·赖希施泰因则因为合成了这些激素而受到表彰	美国美国瑞士
1955	文森特·迪维尼奥（Vincent du Vigneaud）化学奖	合成了垂体后叶激素：催产素和加压素	英国
1958	雷德里克·桑格（Frederick Sanger）	确定了胰岛素的氨基酸序列，阐明胰岛素的结构（诺贝尔化学奖）	英国

续表

年份	获奖者	获奖理由	国别
1966	弗朗西斯·佩顿·劳斯（Francis Peyton Rous） 查尔斯·布兰顿·哈金斯 （Charles Brenton Huggins）	发现了一种能够诱导肿瘤形成的病毒，即劳斯肉瘤病毒。发展以荷尔蒙控制癌细胞（前列腺癌）扩散的疗法	美国 美籍 加拿大裔
1971	厄尔·威尔伯·萨瑟兰 （Earl Wilbur Sutherland, Jr.）	发现了环化腺苷酸作为激素的第二信使在生物体内的调节作用，提出了激素作用的"第二信使学说"	美国
1977	罗歇·吉耶曼（Roger Guillemin） 安德鲁·沙利（Andrew Schally） 罗莎琳·萨斯曼·耶洛 （Rosalyn Sussman Yalow）	证明了下丘脑控制垂体功能的神经内分泌假说，并发现了多种下丘脑释放激素（TRH,GnRH）；下丘脑调节肽的发现和多肽类激素的放射免疫分析法	美国
1994	阿尔弗雷德·吉尔曼（Alfred G. Gilman） 马丁·罗德贝尔（Martin Rodbell）	发现 G 蛋白及其在细胞内信号传导中的作用；对理解激素作用机制至关重要	美国
2017	杰弗里·霍尔（Jeffrey C. Hall） 迈克尔·罗斯巴什（Michael Rosbash） 迈克尔·杨（Michael W. Young）	发现昼夜节律的生物钟分子机制	美国 美籍 加拿大裔

糖尿病是一种古老的疾病，今天依旧是世界各国人民的健康杀手。近年来，随着世界范围内糖尿病的发病率越来越高，中国成了"糖尿病大国"，这对实现"健康中国 2030"的战略目标形成了很大阻碍，也是"健康中国 2030 规划纲要"中重点攻克的慢性疾病。鉴于糖尿病的发病率至今居高不下，而胰岛素的发现及应用者是诺贝尔奖史上最年轻的得主，本节选择对 1923 年的诺贝尔生理学或医学奖进行深度解读。

1923 年诺贝尔生理学或医学奖授予了加拿大的弗雷德里克·班廷（Frederick G. Banting）和约翰·麦克劳德（John Macleod），他们因为发现胰岛素及其临床应用所做出的贡献而共同获得了这一奖项，他们的工作极大地改善了糖尿病的治疗效果，挽救了无数糖尿病患者的生命（图 5-15）。

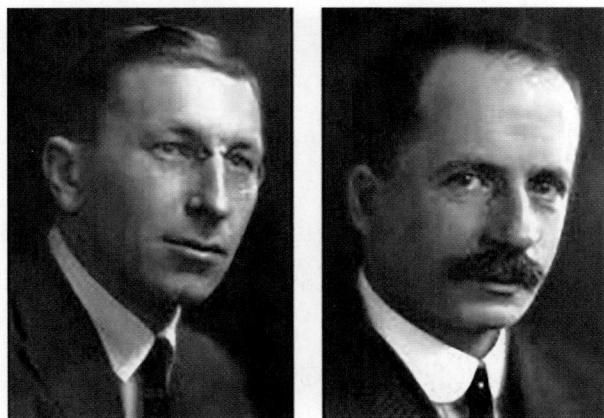

图 5-15 班廷与麦克劳德

一、糖尿病的前世今生

早在 3500 年前，古埃及就对糖尿病进行了简单描述；公元一世纪，古希腊医生塞尔苏斯（Celsus）和阿瑞特斯（Araeteus）观察到患者尿液排泄量大，口渴无法抑制，肌肉大量流失，就将其描述为"将肉和四肢融化成尿液"。阿瑞特斯还把这种主要症状为"排泄多且甜的尿液"的疾病命名为"Diabetes"，即糖尿病。1675 年，英国医学家托马斯·威尔士用拉丁文给这个疾病定义了一个新的标注"Mellitus"，意为"蜜"；而到了 1776 年，马修·多不森（Matthew Dobson）通过科学实验证明尿液中的甜味确实来源于糖分。因而糖尿病的英文是 Diabetes 或 Diabetes mellitus。

东方也很早就对糖尿病有所认识，我国东汉名医张机就在《金匮要略》中对糖尿病症状写下诸多描述；而隋末唐初的《古今录验方》对糖尿病也有记录。古印度人发现如果谁的小便会招来蜂拥而上的蚂蚁，谁就肯定患上了这种疾病。长期以来，人们只能做到识别这种疾病而无任何应对方法。而早期治疗的方法也五花八门：1550 年，有人建议通过骑马等运动以减轻过度排尿；1700 年，有人提出通过改变饮食以控制糖尿病，如只吃动物的脂肪和肉，类似于现在的"低碳饮食"和"生酮饮食"；1900 年，出现了"燕麦治疗""马铃薯疗法"和"饥饿疗法"等；1916 年，人们主张空腹饮食＋规律运动，认为这能一定程度地降低患者的死亡风险；但直到 1923 年班廷等人成功提取胰岛素并发现可以用其有效地治疗糖尿病，人类才真正找到了治疗糖尿病的金钥匙！

二、胰岛素的来龙去脉

公元前 3500 年人们就记录了糖尿病的症状，但直到 20 世纪 20 年代，人们才发现胰岛素可以控制糖尿病，虽然不能治愈，但至少可使糖尿病患者能够像正常人一样生活，摆脱了几千年来坐以待毙的命运。下面是前人对胰岛素进行研究的时间线。

1869 年保罗·朗格汉斯（Paul Langerhans）发现朗格汉斯岛，这是胰脏中控制体内葡萄糖水平的细胞所在的具体位置。

1889 年冯·梅林（Von Mering）和闵可夫斯基（Minkowski）发现，去除了胰腺的狗会患上了糖尿病的所有体征和症状，并在之后不久死亡，从而得出结论：胰腺在糖尿病中所扮演了重要角色。

1893 年拉盖斯（Laguesse）发现朗格汉斯岛可能产生一种控制糖代谢的内分泌物。

1910 年沙菲尔（Schafer）认为糖尿病患者缺乏胰腺所产生的化学物质，并提出这种假设物质是"胰岛素"。他试图给患者喂食新鲜胰腺或提取物但没有获得成功，他分析原因后得出结论：胰岛素或被胰腺的蛋白水解酶所破坏。

1921 年，班廷（Banting）意识到问题的关键在于如何在胰岛素被破坏之前从胰腺中提取胰岛素。11 月，班廷提出了从胎儿胰腺获取胰岛素的想法；12 月，班廷成功地从成人胰腺中提取胰岛素。1921 年底，班廷证明提取物可以有效地从已切除胰腺狗的尿液中除去糖分。此后，生物化学家詹姆斯·科利普（James Collip）使用酒精提取技术从牛胰腺中抽取了胰岛素，并确定了胰岛素的量。

1922 年 1 月 23 日，班廷第一次将胰岛素注射到一个 14 岁的严重糖尿病患者体内，发现患者血糖降至正常水平，尿液中的糖也减到最低限度。而且，患者没有出现预期的发热。经进一步研究，班廷、贝斯特和麦克劳德等宣布他们成功提取了胰岛素。

1923 年，多伦多大学及制药公司开始大规模生产胰岛素，25000 例患者在加拿大和美国接受治疗。

至此，该项研究成为未来发展的奠基石。此后，许多科学家进行了胰岛素提取、纯化、检测的后续工作。

三、一个草莽英雄的传奇故事

胰岛素是糖尿病治疗史上的里程碑，极大改善了糖尿病患者的生活质量，也挽救了无数人的生命。而班廷首先提取了胰岛素并将其应用到糖尿病的治疗中，被誉为"胰岛素之父"，这位幕后英雄有着怎样的传奇故事呢？

（一）英名永垂青史

班廷出生贫民，最后被封为爵士；他半路出家，最后（1923 年）却获得诺贝尔生理学或医学奖。以下是他英名永垂青史的最好见证。

班廷的出生地、行医处和实验室被列为加拿大联邦历史纪念地，他的死亡地也被辟为纪念公园，加拿大的许多学校都以他的名字命名。尤其是班廷故居最引人关注。班廷在这里只住了 10 个月，却是他为人类做出了巨大贡献的 10 个月。正因为如此，加拿大糖尿病协会买下其故居，建成纪念馆以永久纪念这位造福人类的伟大科学家及其伟大发现。同时，美国糖尿病协会把每年全美糖尿病研究的最高奖项命名为班廷奖。

1934 年，英国国王乔治五世授予他爵士头衔，虽然 1919 年以后加拿大人已经不可以接受英国的头衔，但当时联邦总理还是做出了破例。

1988 年，电视剧 Glory Enough for All 讲述了班廷和其助手贝斯特进行胰岛素研究的故事，由 R. H. Thomson 主演班廷。

1989 年，在他曾经行医的小镇伦敦，英国女王伊丽莎白在班廷广场亲自为其郑重点燃"生命之火"，这是一束名为"希望"的火炬。

1991 年，国际卫生组织和国际糖尿病联合会共同发起，每年以班廷的生日 11 月 14 日为"世界糖尿病日"。

2004 年，加拿大广播公司（Canadian Broadcasting Corporation，CBC）组织全加拿大评选，班廷被选为最伟大的加拿大人第 4 位。

2006 年，班廷的身影又出现在历史戏剧片 Above and Beyond 中，由杰森·普雷斯利〔Jason Priestley〕饰演，记录了他死亡之旅前的情形。

2006 年底联合国通过决议，从 2007 年起，将"世界糖尿病日"正式更名为"联合国糖尿病日"，将专家的学术行为上升为各国的政府行为，促使各国政府和社会各界加强对糖尿病的控制，减少糖尿病的危害。

2007 年，CBC 组织全加拿大评选，胰岛素的发现被选为十大加拿大发明第 1 名。

（二）第一次世界大战中的英勇表现

1914 年，第一次世界大战爆发，班廷主动申请加入军队，但因视力不佳被拒。1915 年，他再次申请，最终通过，成为一名军医上尉。1918 年 9 月 28 日，班廷在包扎所全神贯注地给一名伤兵做手术时，不幸被炮弹击中，其右前臂受了重伤，骨间动脉也被弹片割断，血流不止。经过清创检查，医生发现他右前臂伤口已经感染，除了血管断裂外，尺神经也有一定程度的损伤。两个星期后，他的病情有所加重，被转到巴克斯顿并被告知要做截肢手术。但他不顾军医的再三劝说，固执己见："我也是个外科医生，需要两手两脚来干这一行。"也正是他的固执，让他冒着生命危险保住了双臂，没有为此断送医学生涯。而且，他的右臂在受伤后奇迹般地恢复了功能，正是靠着这条胳膊，他做出了医学史上的伟大发现——发现胰岛素。班廷的固执与坚持伴随着他的一生，无论遇到多大的困难，都敢于与之抗衡，绝不低头。班廷的战时经历不仅锻炼了他的意志和医术，也为他后来的医学研究之路奠定了基础。

（三）发现胰岛素的契机

战争结束后，班廷退役回到加拿大，开了一间不太成功的小诊所。为了维持生计，他同时在韦士敦大学（西安大略大学医学院）担任临时讲师。1920 年 10 月 30 日，班廷在给学生们讲授药理学时，有个学生突然发问："老师讲了那么多有用的药物，但是现代医学对糖尿病却依然束手无策。请问老师，糖尿病到底是怎么引起的？究竟有没有可能发现一种有效的药物治疗糖尿病？"一时间，班廷的脑子里一片空白，他对糖尿病了解甚少，根本不知道糖尿病的起因，更不清楚是否有可能发现可以治疗糖尿病的药物。他的脸色一阵白一阵红，半天说不出一句连贯的话，课堂上爆发出哄堂大笑。

这次尴尬的经历让班廷下定决心要研究糖尿病，找到一种可以治疗糖尿病的方法。他开始查阅大量的医学文献，希望能找到一些线索。在一本当年出版的《外科、妇科与产科》杂志中，他读到了一篇题为《胰岛与糖尿病的关系：根据特殊的胰腺结石案例所作的研究》的文章，作者是美国病理学家巴伦教授。文章报道了一个患者的胰脏导管被结石堵塞之后，分泌消化酶的消化腺萎缩了，可是胰岛细胞却依然存活良好。经查这位患者血糖、尿糖正常，没有患糖尿病，原因很可能是胰岛中含有控制血糖的物质使患者免于发生糖尿病。这篇文章让他眼前一亮，他意识到胰岛可能含有可以调节血糖的物质。同时，这份病例报告让他深受启发：将胰腺导管结扎后再进行胰岛分泌物的提取，这样就可以避免其中的有效成分被胰蛋白酶分解破坏。班廷感到很兴奋，他彻夜未眠，决定进行实验，要从动物胰腺中提取这种物质。

（四）提取胰岛素获得诺贝尔奖

1921 年，被自己的想法极大振奋的班廷变卖了全部家当，不顾未婚妻的反对，回到母校多伦多大学寻求当时的糖尿病权威生理学教授麦克劳德（John Macleod）的帮助。经过一番周折以后，他最终说服了麦克劳德。在拥有了几间实验室、十条供实验的狗与一名实验助手——查尔斯·贝斯特（Charles Best）之后，他踏上了寻找糖尿病特效药的道路。班廷和贝斯特首先结扎了几条狗的胰管，7 周后，他们发现这些狗的胰腺都萎缩了，而胰岛在外观上仍是完好的。接着他们从这些狗的胰腺中分离出一种液体并注射给因切除整个胰腺而患上糖尿病的狗，而此提取物很快改善了糖尿病狗的症状（图 5-16）。班廷和贝斯特将此提取物称为岛素，而麦克劳德则主张采用有趣味的又比较古老的名称——胰岛素。

图 5-16　贝斯特、班廷与糖尿病狗

1922 年 1 月，胰岛素第一次成功地用于人体实验，被注射到一个 14 岁的糖尿病患者兰纳德·汤姆森（Leonard Thomson）的体内。这个男孩当时正在接受饥饿疗法，体重已经剩下不到 30 kg，估计很快就会死去。1922 年 1 月 11 日，多伦多大学的医生给兰纳德注入了班廷团队提取的胰岛素。0.5 h 后，男孩的血糖值就下降了 25%。12 d 以后，医生开始给他连续注射，兰纳德的血糖指标下降了 75%，尿糖近乎完全消失，其精神、体力明显恢复。之后，医生们又在几个成年糖尿病患者身上进行了临床试验，也获得了惊人的效果。这时胰岛素对糖尿病的疗效已经确凿无疑了。

1923 年胰岛素作为商品上市，据粗略统计，当年有近 8000 名医师对 25 000 多例糖尿病患者使用了该药。在胰岛素发现之前，患者被诊出糖尿病后通常只有几个月的生命，对他们唯一稍有效果的治疗就是严格控制饮食的饥饿疗法，但这种疗法只能让患者在极其悲惨的状况下延续 2 ~ 3 年的生命而已。胰岛素的发现，在当时看来，几乎是攻破了昔日的不治之症，其应用价值之大，使班廷和麦克劳德在次年就获得了诺贝尔奖，其间隔时间之短至今没有其他项目能打破这个纪录。之后，班廷和麦克劳德将胰岛素的专利以 1 元钱的价格转交给了多伦多大学，用人类最伟大的"奉献"精神给自己的功绩画上了一个完美的句号。

美国著名糖尿病学家艾略特·乔斯林（Elliott Joslin）曾写下这样一段话："1897年，1 个被诊断为糖尿病的 10 岁男孩的平均生存期是 1.3 年，30 岁和 50 岁的糖尿病患者生存期分别是 4.1 年和 8 年。而到了 1945 年，10、30 和 50 岁诊断糖尿病的患者却分别可继续生活 45、30.5 和 15.9 年。"他用精确的数字阐释了班廷对人类健康事业所做出的巨大贡献。

（五）第二次世界大战中的突出贡献

班廷在第二次世界大战期间为加拿大和盟军做出了多方面的贡献。在 20 世纪 30 年代，他开始了几项军事科学研究。其中抗荷服"G-suit"是班廷的一个军事发明。这是一种用于防止飞行员在高空飞行时因低气压和缺氧而昏厥的装置。这种服装通过施加适当的压力帮助飞行员维持正常的血液循环，因而能够在高空环境中保持清醒并有效执行任务。在第二次世界大战期间，所有加拿大皇家空军的战机飞行员都穿上了他发明的抗荷服（图 5-17）。此外，班廷还参与了有关生化武器的研究，致力于寻找有效的方法减轻化学武器对士兵的伤害，特别是研究芥子气等化学武器的解毒剂和防护措施。这些研究成果不仅在战争中发挥了重要作用，也为后来的航空医学和航天医学的发展奠定了基础。

1941 年 2 月 21 日班廷因飞机失事而逝世，他乘坐的飞机应该由纽芬兰到英国。虽然他去英国的真正原因是一个谜，但他在科研生涯的高峰时期逝世，无疑是医学界和军事界的巨大损失，但他为人类健康事业所做出的贡献将永远被铭记。

图 5-17 班廷发明的抗荷服 "G-suit"

四、胰岛素的研究进展

班廷时代的胰岛素现在看来只是粗制品。在班廷和麦克劳德获奖 20 多年之后的 1955 年，英国的弗雷德里克·桑格确定了胰岛素的结构，并完成了胰岛素的纯化工作，他也因此获得 1958 年的诺贝尔化学奖。值得一提的是我国于 1965 年合成了人工结晶牛胰岛素，这是世界上首次人工合成具有生物活性的蛋白质。如今，胰岛素至少能以 3 种方式制造。

（1）人工胰岛素：这是在实验室合成的，结构和功能与体内制造的胰岛素相同。

（2）动物胰岛素：通常来自牛或猪，目前已经不再使用，但是有些人发现来自动物的胰岛素最适合他们。

（3）基因工程胰岛素：利用细菌如大肠埃希菌生产转基因胰岛素，可改变胰岛素分子的位置以产生基因工程胰岛素。

此外，人们还突破了注射胰岛素的限制，制造了胰岛素泵、胰岛素笔和胰岛素丸等，极大地方便了患者使用胰岛素。如胰岛素泵使用电池供电，全天定期为患者提供胰岛素，适用于 I 型糖尿病患者。

随着科技的发展，基于胰岛素补充和替代的治疗理念，目前涌现了很多新型的糖尿病治疗方法。首先是干细胞移植治疗，其通过修复受损的胰岛 β 细胞，重建内源性胰岛素分泌系统，是治疗 I 型糖尿病的另一重要思路。干细胞可诱导分化为胰岛素分泌细胞，而特定类型的干细胞，这可同时调节机体的免疫功能。基于这些特性，采用干细胞移植治疗 I 型糖尿病患者，成为目前新的研究方向。国内顾臻团队开发的"智能胰岛素贴片"只有指甲盖大小，贴片的一面覆盖着 121 个微针，这些针充满了含有胰岛素的囊泡。当血糖浓度升高时，从血液进入微针的葡萄糖会在微针内发生化学反应，导致包裹胰岛素的囊泡破裂释放胰岛素。当血糖浓度降低时，胰岛素就停止释放。这巧妙地实现了胰岛素释放的可控性。为了获得更加持续的血糖调节能力，顾臻团队对这一智能胰岛素贴片做了进一步的改进，他们把贴片里的胰岛素直接换成了能够产生胰岛素的 β 细胞。

I 型糖尿病患者由于身体胰岛素绝对缺乏，需要通过一天多次血糖监测和胰岛素注射来维持体内血糖水平。可见，胰岛素就是 I 型糖尿病患者的救命激素，不仅如此，随着胰岛素成为"明星激素"，其更多的生理作用和药用价值也越来越多地被开发出来，在更大范围内促进了人类的健康事业。自发现胰岛素以来，人们对其如何调节物质代谢进行了全方位的研究，揭开了胰岛素在调节机体内物质代谢过程中的作用。但胰岛素在机体内的生理功能远比只调节物质代谢要复杂得多，后来胰岛素及胰岛素样生长因子的生理功能成了一个研究热点，如人们发现：胰岛素通过 PI3K—Akt 途径激活（磷酸化）eNOS，进而使心肌内 NO 产生量增加，这可能是其抑制缺血 / 再灌注心脏心肌细胞凋亡、保护缺血心肌的重要机制之一。

五、诺贝尔奖启示

弗雷德里克·班廷和约翰·麦克劳德在 1923 年因发现胰岛素及其临床应用而获得诺贝尔生理学或医学奖，这一成就不仅极大地推进了糖尿病的治疗，挽救了无数患者的生命，还提供了许多宝贵的启示。

（一）勇于突破不畏险阻

糖尿病作为一种古老的疾病，长期以来缺乏有效的治疗方法。班廷和麦克劳德没有被前人的失败所吓倒，勇于探索未知领域，最终成功提取出胰岛素。这启示在科学研究中，要敢于挑战传统观念和权威，勇于突破和创新，只有这样才能不断拓展人类知识的边界获得新知。班廷在研究过程中遇到了诸多困难，如实验条件艰苦、人员匮乏和资金短缺等，但他始终坚持不懈，最终取得了成功。这种坚持不懈的精神，启示在科研和工作中，要保持对目标的执着追求，不畏艰难险阻，持之以恒地努力，才能实现自己的理想和目标。

（二）彼此信任精诚合作

班廷和贝斯特的合作是胰岛素发现的重要因素之一。班廷具有敏锐的洞察力和创新思维，而贝斯特则具备扎实的实验技能和严谨的工作态度。他们各展所长，优势互补，共同攻克了胰岛素提取中遇到的种种困难。这启示在团队合作中，要充分发挥每个成员的特长和优势，通过协同创新，实现团队的整体目标。班廷和贝斯特在合作过程中，彼此尊重对方的意见和建议，相互信任，共同面对困难和挑战。这种良好的合作关系为他们的成功奠定了基础。这启示在团队合作中，要建立相互尊重与信任的氛围，增强团队的凝聚力和向心力，才能更好地推动项目的进展和创新。

（三）心系患者服务大众

胰岛素的发现极大地改善了糖尿病患者的生活质量，使许多患者得以像正常人一样生活、学习和工作。这启示在科学研究中，要关注其对人类健康和社会发展的贡献，努力将研究成果转化为实际应用，从而实现造福人类的终极目标。班廷和麦克劳德的研究不仅解决了糖尿病的治疗问题，还为后续的医学研究提供了重要的理论基础和技术支持，推动了医学的进步。这启示在科学研究中，要注重基础研究与应用研究的结合，通过不断深化对生命科学的理解，推动医学技术的发展和创新。

（四）分享奖金心有大爱

班廷在得知自己获奖后，认为他的助手查尔斯·贝斯特也应该分享这一荣誉，因此他将奖金的一半赠予了贝斯特。而麦克劳德教授则将他所获得奖金的一半赠予了另一位对胰岛素研究有重要贡献的科学家詹姆斯·克里普。这种谦逊与分享的态度体现了他们对科学事业的热爱和对同行的尊重，也启示大家在科研和工作中，要保持谦逊的态度，乐于分享自己的知识和经验，与他人共同进步，推动科学的发展。班廷和麦克劳德还将生产胰岛素的专利以一元钱的价格转交给了多伦多大学，体现了他们无私奉献的精神。这种精神值得我们学习和传承：在科研和工作中，要以服务社会、造福人类为己任，不计个人得失，为推动社会的发展和进步贡献自己的力量。

参考文献

［1］BANTING F G, BEST C. H.The internal secretion of the pancreas[J]. J Laboratory Clin Med, 1922,7(5): 251-266.

［2］SANGER F. Chemistry of insulin[J]. Science, 1959,129(3359):1340-1344.

［3］BLISS M.The discovery of insulin[M]. University of Chicago Press, 1982.

［4］VEVES A. Modern insulin therapy: a review of current options and future directions[J]. Diabetes Care, 2002,25(1):115-120.

［5］ GU Z. A glucose-responsive insulin delivery patch for diabetes management[J].Nat Nanotechnol, 2016,11(6): 566-572.

［6］ GAO F, GAO E, YUE T L. Nitric oxide mediates the antiapoptotic effect of insulin in myocardial ischemia-reperfusion:the roles of PI3-kinase,Akt,and endothelial nitric oxide synthase phosphory-lation[J]. Circulation,2002,105(12):1497-1502.

［7］ JOHNSON A, WILLIAMS S. Advances in insulin therapy for diabetes[J]. Diabetes Care, 2022, 45(6): 234-240.

（王跃春）

第七节　肿瘤类疾病之诺贝尔奖解析

　　肿瘤，特别是癌症，长期以来一直是医学研究中最复杂且最具挑战性的领域之一。每当提及癌症，人们会感到恐惧，因为这类疾病不仅对患者的生命构成威胁，而且在治疗过程也常伴随着极大的痛苦。正是在这种严峻的形势下，科学家们不断探索寻求肿瘤的发生和发展机制，在这一过程中肿瘤的神秘面纱逐渐被揭开的同时，更为肿瘤的治愈带来曙光。在这些努力中，有些科学家的工作被国际社会广泛认可，其中最著名的荣誉莫过于获得诺贝尔生理学或医学奖（图 5-18）。例如，2018 年詹姆斯·艾利森（James P. Allison）和本庶佑（Tasuku Honjo）因他们在癌症免疫治疗方面的贡献共同获得了诺贝尔生理学或医学奖。艾利森发现了抑制 CTLA-4 分子可以增强免疫系统识别和攻击癌细胞的能力，而本庶佑则揭示了 PD-1 蛋白如何作为另一个重要的免疫刹车机制，两人的发现奠定了癌症免疫疗法的基础，这种疗法通过激活患者自身的免疫系统对抗癌症，为癌症治疗带来了革命性的变化。

　　自诺贝尔奖设立以来，在肿瘤研究方面取得突破性进展的科学家屡次获得此殊荣，他们的贡献不仅是理论上的突破，还为全球范围内的医学实践带来了实际影响，使癌症不再是无法逾越的障碍。例如 1984 年单克隆技术的发现，使很多抗癌药物得到开发和使用；2008 年人类乳头瘤病毒的发现，让宫颈癌变成了一种可以通过注射疫苗进行预防的疾病。此外，2015 年、2020 年诺贝尔化学奖授予了托马斯·林达尔（Tomas Lindahl）等人和埃玛纽埃勒·沙尔庞捷（Emmanuelle Charpentier）、珍妮弗·安妮·道德纳（Jennifer A. Doudna），虽然他们的奖项主要是基于化学领域的创新，但他们的贡献在肿瘤研究中也有着广泛的应用前景。

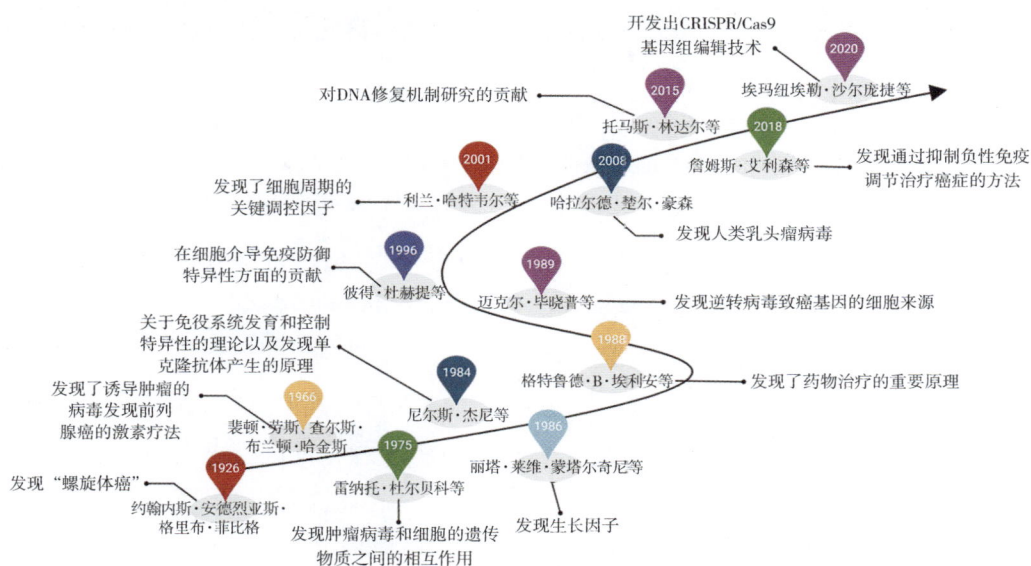

图 5-18　因肿瘤领域研究而获得诺贝尔奖的时间轴

　　自 1901 年诺贝尔奖首次颁发以来，因肿瘤方面的研究而获得诺贝尔奖至少有以下 13 项（表 5-7）。未来，随着研究的不断深入和技术的进步，相信在肿瘤的研究治疗领域将会有更多的突破出现，为人类战胜肿瘤带来新的希望。限于篇幅，本节仅选取 2008 年和 2018 年两项诺贝尔生理学或医学奖进行解读。

表 5-7　肿瘤类疾病诺贝尔奖

年份	获奖者	获奖理由	国别
1926	约翰内斯·安德烈亚斯·格里布·菲比格 （Johannes Andreas Grib Fibiger）	发现了"螺旋体癌"	丹麦
1966	裴顿·劳斯（Peyton Rous） 查尔斯·布兰顿·哈金斯 （Charles Brenton Huggins）	发现了诱导肿瘤的病毒 发现前列腺癌的激素疗法	美国
1975	雷纳托·杜尔贝科（Renato Dulbecco） 霍华德·马丁·特明（Howard Martin Temin） 戴维·巴尔的摩（David Baltimore）	发现肿瘤病毒和细胞的遗传物质之间的相互作用	美国
1984	尼尔斯·杰尼（Niels K. Jerne） 乔治斯·克勒（Georges J. F. Köhler） 塞萨尔·米尔斯坦（César Milstein）	关于免疫系统发育和控制特异性的理论以及发现单克隆抗体产生的原理	丹麦 德国 英国
1986	丽塔·莱维 - 蒙塔尔奇尼（Rita Levi-Montalcini） 斯坦利·科恩（Stanley Cohen）	发现生长因子	美国
1988	格特鲁德·B.埃利安（Gertrude B. Elion） 乔治·赫伯特·希青斯（George H. Hitchings）	发现了药物治疗的重要原理	英国

年份	获奖者	获奖理由	国别
1989	迈克尔·毕晓普（J. Michael Bishop） 哈罗德·瓦穆斯（Harold E. Varmus）	发现逆转病毒致癌基因的细胞来源	美国
1996	彼得·杜赫提（Peter C. Doherty） 罗夫·辛克纳吉（Rolf M. Zinkernagel）	在细胞介导免疫防御特异性方面的贡献	澳大利亚 瑞士
2001	利兰·哈特韦尔（Leland H. Hartwell） 蒂姆·亨特（Tim Hunt） 保罗·纳斯（Sir Paul M. Nurse）	发现了细胞周期的关键调控因子	美国 英国 英国
2008	哈拉尔德·楚尔·豪森（Harald zur Hausen）	发现人类乳头瘤病毒	德国
2015	托马斯·林达尔（Tomas Lindahl） 阿齐兹·桑贾尔（Aziz Sancar） 保罗·莫德里奇（Paul Modrich）	DNA 修复机制研究的贡献	瑞典 土耳其 美国
2018	詹姆斯·艾利森（James P. Allison） 本庶佑（Tasuku Honjo）	发现通过抑制负性免疫调节治疗癌症的方法	美国 日本
2020	埃玛纽埃勒·沙尔庞捷（Emmanuelle Charpentier） 珍妮弗·安妮·道德纳（Jennifer A. Doudna）	开发出 CRISPR/Cas9 基因组编辑技术	法国 美国

一、HPV 与宫颈癌的难解之谜

2008 年的诺贝尔生理学或医学奖颁发给了德国科学家哈拉尔德·楚尔·豪森（Harald zur Hausen）及两名法国科学家弗朗索瓦丝·巴尔 - 西诺西和吕克·蒙塔尼。哈拉尔德·楚尔·豪森因发现人类乳头瘤病毒（Human Papillomavirus，HPV）引发宫颈癌获此殊荣，两名法国科学家因发现人类免疫缺陷病毒获此殊荣。本节主要介绍哈拉尔德·楚尔·豪森，他的这一发现不仅改写了宫颈癌的历史，也为宫颈癌的预防和治疗带来了革命性的突破（图 5-19）。

图 5-19 弗朗索瓦丝·巴尔 - 西诺西和吕克·蒙塔尼及哈拉尔德·楚尔·豪森

（一）宫颈癌的研究历史

在人类与疾病的斗争中，宫颈癌曾长期笼罩在一层神秘而致命的面纱之下。尽管这种疾病夺走了无数女性的生命，但其确切的病因却如同迷雾重重，难以捉摸。然而，科学的进步永远不会止步于未知，经过数十年的不懈探索，科学家终于揭开了这张面纱，原来 HPV 才是宫颈癌的"罪魁祸首"。

早在 19 世纪末，医学界就已经意识到宫颈癌的存在，但其确切成因一直是个谜。当时的医生们只能通过观察和经验描述这种疾病的特点，却无法解释为何一些女性会患上宫颈癌，而其他人则幸免于难。进入 20 世纪，随着显微镜技术的改进和细胞学的发展，科学家们开始尝试从更微观的角度理解宫颈癌。1943 年，美国医生乔治·诺曼·帕帕尼科洛乌（George Nicholas Papanicolaou）发明了巴氏涂片检查法，这一里程碑式的发明首次使宫颈细胞的异常变化得以被早期发现。1956 年，美国病理学家 Koss 和美国医生 Durfee 描述了宫颈涂片中的"凹陷细胞异形性"，也就是现在所熟知的 HPV 感染的特征，然而在当时，导致细胞这样变化的原因还是不得而知，宫颈癌的真正元凶仍然隐藏在黑暗之中，真正的转机出现在 20 世纪下半叶。

1976 年，德国科学家哈拉尔德·楚尔·豪森（Harald zur Hausen）提出了一个大胆的假设：宫颈癌可能与某些病毒感染有关。这一想法在当时并不主流，因为传统观念认为癌症主要由遗传或环境因素引起，而非病毒。然而，楚尔·豪森并没有被既有理论所束缚，他坚信病毒可能是宫颈癌发展的关键推手。为了验证这一假设，楚尔·豪森及其团队投入了大量的时间和资源，开始了寻找潜在病毒病原体的艰苦旅程。他们分析了宫颈癌患者的细胞样本，试图从中分离出任何可能的病毒。这一过程充满了挑战，因为病毒常隐藏在细胞内部，不易被直接观察到；此外，当时的科技条件也限制了病毒检测的精度和效率。楚尔·豪森和他的同事们采用了一系列创新的技术和方法，包括病毒基因组的序列分析，这在当时是一项非常前沿的技术，他们的努力终于在 1976 年取得了突破，他们从宫颈癌组织中分离出 HPV 的 DNA，发现了 HPV 与宫颈癌之间的联系。进一步的研究证实，HPV 的某些亚型，尤其是 16 型和 18 型，是宫颈癌的高风险因素。这一发现彻底改变了宫颈癌的研究领域，不仅揭示了宫颈癌的病因，还为宫颈癌的预防和治疗开辟了新的道路。基于楚尔·豪森的发现，科学家们研发出了 HPV 疫苗，能够极大地降低宫颈癌的发病率。2008 年，楚尔·豪森因其在 HPV 与宫颈癌关系研究上的杰出贡献，荣获诺贝尔生理学或医学奖，这也是对他长达数年不懈探索的最高肯定。

（二）HPV 引起宫颈癌发病的机制

哈拉尔德·楚尔·豪森的发现不仅揭示了宫颈癌的病毒性起源，更引领了一条深入理解 HPV 如何引发癌症的道路。HPV，特别是那些高风险型别，如 16 型和 18 型，其之所以能够导致宫颈癌，是因为其具备了独特的致病机制，能够在宿主细胞内诱导一系列的细胞变化，最终导致恶性肿瘤的形成。

HPV 感染始于病毒颗粒与宫颈上皮细胞表面受体的结合。病毒利用其外壳蛋白与宿主细胞表面的特定分子相互作用，随后病毒颗粒被内吞进入细胞。在细胞内部，病毒 DNA 释放出来，开始复制并表达其基因产物。大多数情况下，人体免疫系统能够清除这些感染，但有些时候，病毒 DNA 能够整合到宿主细胞的染色体中，这一过程是 HPV 导致癌症的关键步骤。整合入宿主染色体的 HPV DNA 持续表达两种关键的病毒蛋白：E6 和 E7。这两种蛋白是 HPV 诱导细胞转化的核心因子，其通过与宿主细胞内的关键调控蛋白相互作用，干扰细胞周期控制和凋亡机制。其中，E6 蛋白主要通过结合并降解 p53（一种肿瘤抑制蛋白）发挥作用。p53 是一种重要的"守护者"蛋白，负责监测和修复 DNA 损伤，防止细胞发生不受控制的分裂，当 p53 被 E6 破坏后，细胞失去了对其自身生长和分裂的有效监控，便增加了突变和癌变的风险。E7 蛋白则靶向另一种重要的细胞周期调节蛋白——视网膜母细胞瘤蛋白（Retinoblastoma Protein，pRb）。Rb 蛋白在正常情况下控制着细胞从 G_1 期进入 S 期的进程，从而确保只有在合适的条件下才允许细胞分裂，当 E7 蛋白结合并失活 Rb 蛋白时，细胞周期的正常控制被解除，直接促进了细胞的异常增殖。

HPV 感染的细胞若未能被免疫系统清除，就可能会经历一系列的累积性遗传变异。在 E6 和 E7 蛋白的持续作用下，这些变异逐渐累积，最终导致细胞失去正常的生长调控，形成了癌前病变。如果不加干预，这些病变很可能最终进展成癌症，并侵犯周边的组织甚至转移至远处脏器，造成器官功能衰竭（图 5-20）。

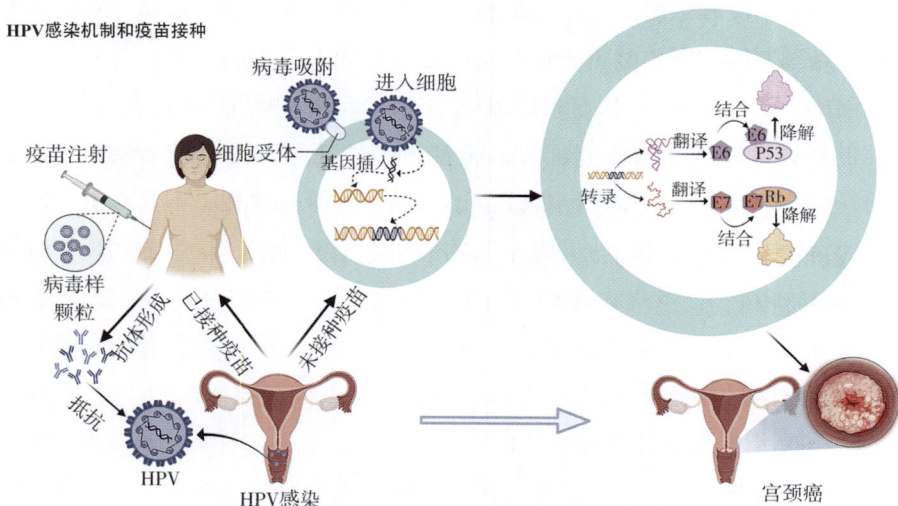

图 5-20　HPV 感染导致宫颈癌发病的机制

HPV感染后，病毒的DNA插入宿主细胞的基因组中，并表达E6和E7蛋白，两者分别结合抑癌蛋白P53和维持细胞周期正常进行的Rb蛋白，导致两个"守护者"降解失活，最终引发宫颈癌发生的可能。这可以通过预先注射经灭活的HPV疫苗来阻止这一过程和结果的发生。

了解了 HPV 导致宫颈癌的机制，可为预防和治疗提供明确的方向。HPV 疫苗的开发就是基于这一认识，通过接种宫颈癌疫苗，人体便可以产生针对 HPV 特定型别的抗体，可有效预防初次感染和再次感染，从而显著降低宫颈癌的患病风险。

（三）HPV 疫苗的开发及其应用

得益于哈拉尔德·楚尔·豪森教授揭示的 HPV 与宫颈癌之间紧密联系的开创性发现，宫颈癌疫苗的开发与应用为全球女性的健康筑起强大的堡垒，成了医学领域的一大里程碑。HPV 疫苗的开发始于科学家们对病毒 L1 蛋白的精确定位，这种蛋白质构成了 HPV 的外壳，能够激发人体免疫系统产生响应。通过先进的重组 DNA 技术，科学家们能够生产出仅包含 L1 蛋白的病毒样颗粒（virus-like particles，VLP），这些颗粒不含病毒 DNA，这意味着其不会引起感染或癌症，但其能够诱导机体产生强烈的免疫反应。当人们接种疫苗时，免疫系统将这些 VLP 识别为外来物质，触发人体免疫系统产生针对这些 VLP 的特异性抗体，并且这些抗体会长期留在体内，从而建立起了针对 HPV 感染的防御屏障。如果一个接种了 HPV 疫苗的人后来遇到了真正的 HPV，那么针对疫苗产生的抗体将会识别并将其中和，从而阻断 HPV 感染及其后续造成的损害。值得一提的是，在宫颈癌疫苗的开发过程中，被誉为"HPV 疫苗之父"的已故中国科学家周健教授做出了巨大贡献。前面提到的 VLP 技术，正是周健教授对 HPV 结构的深入研究后与澳大利亚科学家伊恩·弗雷泽一起合作开发出来的，他们也因此成为了 HPV 疫苗的共同发明者。周健教授杰出的科学研究为 2006 年世界上第一支宫颈癌疫苗的问世和广泛使用奠定了坚实的基础，这不仅突显了中国科学家在科学技术领域的卓越能力，更展示了中国对全球健康事业的深远影响。

宫颈癌疫苗的开发，尤其是针对高危类型疫苗的研制，标志着医学领域的重大突破。目前，市场上主要有 3 种 HPV 疫苗，分别是二价疫苗、四价疫苗和九价疫苗。二价疫苗主要针对 16 型和 18 型 HPV，这两种高风险型别与约 70% 的宫颈癌病例有关；四价疫苗则在二价基础上增加了 6 型和 11 型 HPV 的防护，这两种低风险型别主要与生殖器疣的形成相关；而九价疫苗如以 Gardasil 9 为代表的某些版本进一步扩展了保护范围，涵盖了 7 种高风险型别（16、18、31、33、45、52、58 型）和两种低风险型别（6、11 型），这极大地拓展了疫苗的预防效力，为接种者提供了更全面的保护伞。值得注意的是，HPV 疫苗的作用性质是预防性，而非治疗性。这意味着，疫苗能够有效预防初次感染 HPV，尤其是对于尚未接触过 HPV 的人群，其提供了强有力的保护盾牌，但对已经存在的 HPV 感染或已经发展成宫颈癌的情况，则不具备治疗效果。临床研究显示，HPV 疫苗在预防 HPV 感染方面效果卓著，尤其是对于未曾接触过 HPV 的人群，疫苗的保护率接近 100%，因此，疫苗接种的最佳时机是在性活动开始之前，以确保最大限度的保护。此外，疫苗的持久性也是其一大亮点。研究数据表明，HPV疫苗所提供的保护作用是长期且稳定的，接种疫苗后的保护效应至少可持续10年之久，这一发现极大地增强了疫苗作为宫颈癌一级预防措施的可靠性与有效性。

HPV疫苗的应用效果显著，其推荐接种年龄为9～26岁，目的是在个体开始性行为之前接种，以达到最佳保护效果。疫苗通常需要按照特定的时间表接种两剂或三剂，以确保免疫系统被充分激活。HPV疫苗的推广和应用在全球范围内产生了深远的公共卫生影响，在接种率较高的地区，宫颈癌的发病率和死亡率出现了显著下降。以澳大利亚为例，自2007年开始实施全国性HPV疫苗接种计划以来，宫颈癌的发病率大幅降低，预计到2028年，宫颈癌将成为一种罕见疾病，这一成果充分彰显了疫苗接种在宫颈癌防控中的重要性。然而，HPV疫苗的普及仍然面临着多重挑战，包括经济负担、文化观念差异、对疫苗接种的犹豫情绪以及信息传播的不对称性等。在一些地区，高昂的疫苗价格和有限的医疗资源限制了疫苗的可及性，而关于疫苗安全性和必要性的误解也阻碍了接种率的提升。因此，除了疫苗的研发与生产，还需要广泛的社会教育、政策支持和国际合作，以提高公众对HPV疫苗的认识，确保疫苗的公平分配，才能实现最大化的公共卫生效益。

（四）诺贝尔奖启示

在科学探索的漫长旅途中，哈拉尔德·楚尔·豪森（Harald zur Hausen）的故事如同一曲坚韧与创新的赞歌，激励着无数后来者勇攀科学高峰。当楚尔·豪森提出HPV可能是宫颈癌的真正元凶时，科学界最初的反应充斥着怀疑与批判。彼时，主流理论倾向于将宫颈癌的病因归咎于单纯疱疹病毒2型，这一观点深深植根于当时的学术土壤中，楚尔·豪森的假说直接挑战了这一既定观点，以至他的理论一经提出，便遭遇了来自同行的严厉质疑与挑战。因为楚尔·豪森的理论代表了对宫颈癌病因学理解的重大转变，从关注疱疹病毒转向关注HPV，这种范式转变在科学领域通常会面临最初强大的阻力。然而面对权威的反对与传统的束缚，楚尔·豪森并未退缩，相反，他以独有的执着与好奇心，坚定地踏上了研究HPV与宫颈癌之间联系的征途。他的研究方法既严谨又创新，不仅运用了当时最先进的分子生物学技术，还大胆采用了跨学科的视角，将病毒学、流行病学与细胞生物学的知识融会贯通，最终在1983～1984年先后发现了宫颈癌中的HPV-16和HPV-18型，为他的理论提供了有力证据。

楚尔·豪森的成功并非偶然，而是多方面因素共同作用的结果。首先，他对科学真理的不懈追求与坚定信念是其事业成功的基石。在面对外界压力与质疑时，他始终保持冷静与专注，坚持以事实为依据用数据说话，在缺乏直接证据支持的情况下，他及其团队收集了大量宫颈癌患者的样本，通过细致的实验分析克服重重障碍，从零开始构建 HPV 与宫颈癌之间因果关系的科学框架。其次，楚尔·豪森展现出了卓越的科研领导力，在他组建的跨学科的科研团队里，鼓励团队成员敢于挑战传统，勇于探索未知，这种开放包容的科研氛围极大地促进了创新思想的碰撞与融合。最后，楚尔·豪森对科学伦理与社会责任的深刻理解，使他在追求科学进步时，始终不忘其科研成果对社会福祉的深远影响。

2008 年，哈拉尔德·楚尔·豪森因其在 HPV 与宫颈癌关系上的开创性研究获得诺贝尔生理学或医学奖，这不仅是对他个人科研生涯的最高肯定，也是对所有坚持真理、勇于创新的科学家们的巨大鼓舞。科学探索的道路上总是充满重重困难，不仅要面对实验的诸多不顺，还要面对同行学者的质疑和批评，所以必须要拥有坚定的信念、不懈的努力与创新的思维，才能跨越重重障碍，在布满荆棘的科研道路上最终抵达真理的彼岸花。

二、免疫疗法——肿瘤治疗的新纪元

2018 年的诺贝尔生理学或医学奖颁发给了美国科学家詹姆斯·艾利森（James P. Allison）和日本医学家本庶佑（Tasuku Honjo）以表彰他们在肿瘤免疫治疗方面的重要贡献，他们的研究揭示了如何通过调节免疫系统来对抗癌症，这一发现不仅改变了人类对癌症的理解，更为癌症治疗带来了革命性的变化，开辟了肿瘤治疗的新纪元（图 5-21）。

图 5-21　詹姆斯·艾利森和本庶佑

（一）免疫疗法的诞生

癌症是严重危害人类健康的疾病，也是最让科学家和医护人员头疼的疾病。癌症之所以这么可怕，是因为能疯狂地汲取机体正常细胞的营养从而无限地增殖，并且能扩散到全身各处对正常脏器的功能造成严重损害，最终导致患者死亡。因此，癌症可以说是危害人类健康的第一杀手。在与癌症长达数个世纪的抗争中，一批又一批科学家们做出了不懈的努力，他们不断发掘肿瘤的治疗办法，使人类看到了战胜癌症的可能与希望，这些方法包括手术治疗、放疗、化疗和免疫治疗等，那么免疫疗法是如何诞生的？它在治疗肿瘤的过程中又发挥了怎样的作用呢？

免疫系统与癌症之间的关系，可追溯至 19 世纪末，当时美国医生威廉·科利（William Coley）观察到，一些癌症患者在经历严重感染后，肿瘤似乎有所缩小。基于这些观察，科利开始尝试通过人为诱导炎症反应治疗癌症，他使用了一种混合了链球菌和黏质沙雷氏菌的疫苗，后来被称为"科利毒素"。科利毒素旨在模拟自然感染的效果，通过引起局部或全身的炎症反应，从而激发机体免疫系统对抗肿瘤，这是首次暗示了免疫系统可能对癌症有抑制作用，也通常被认为是第一种基于免疫的癌症治疗方法。但直到 20 世纪中叶，这一现象的科学解释才逐渐明朗。1957 年，澳大利亚科学家弗兰克·麦克法兰·伯内特（Frank Macfarlane Burnet）提出了免疫监视理论，认为免疫系统不仅是机体对抗外来病原体的防御系统，还有能力识别和清除体内发生异常的细胞，其中包括那些可能演变成癌症的细胞。在正常情况下，免疫系统能够及时地发现并消除这些异常细胞，从而预防癌症的发生。伯内特的这些理论奠定了现代免疫学研究的基础，也促使其在 1960 年获得了诺贝尔生理学或医学奖。后来随着免疫学研究的深入，科学家们开始探索免疫系统中的关键战士——T 细胞，研究其如何被激活和抑制。

科学家们探索发现，T 细胞需要两种信号才能被充分激活：①抗原递呈细胞（APCs）上的主要组织相容性复合体（MHC）与 T 细胞受体（TCR）的结合；②刺激信号，通常由 CD28（T 细胞表面的一种共刺激受体）与 B7 分子（APCs 表面的共刺激分子）的交互作用提供。然而，为了防止免疫系统对自身组织的过度反应，生物进化还赋予了免疫系统一系列的"刹车"机制，即免疫检查点（Immune Checkpoint）。免疫检查点指在免疫细胞上表达的一系列分子，这些分子可以调节免疫细胞的激活状态，以维持免疫系统的稳态，防止过度的免疫反应导致自身免疫疾病的发生。然而，癌症细胞也可以利用这些检查点逃避免疫监视，从而导致癌症的生长和扩散。詹姆斯·艾利森（James P. Allison）和本庶佑（Tasuku Honjo）正是对CTLA-4（Cytotoxic T-lymphocyte-associated Protein 4）和 PD-1（Programmed Death Receptor 1）两个著名的免疫检查点分子进行深入研究，并采用抑制免疫检查点的方法促使免疫系统对肿瘤进行打击，从而开创了革新性的肿瘤免疫治疗方法。

（二）免疫检查点及其作用机制

艾利森在 20 世纪 80 年代末和 90 年代初开始研究 T 细胞的活化机制。他注意到，T 细胞表面有两种重要的蛋白质：CD28 和 CTLA-4。CD28 是一种共刺激分子，在 T 细胞的完全激活中起着关键作用，而 CTLA-4 则在结构上与 CD28 非常相似。这引发了艾利森的思考，即 CTLA-4 是否也参与了 T 细胞的激活过程？在进一步的实验中，艾利森发现 CTLA-4 与 CD28 虽然在结构上类似，但功能却截然相反，CD28 促进 T 细胞的活化，而 CTLA-4 则起到抑制作用。CTLA-4 与 APCS 表面的 B7 分子结合时，会发送信号给 T 细胞，告诉其停止或减缓免疫反应，这就像汽车的刹车踏板一样，防止免疫系统对身体自身组织产生过度反应，从而引发自身免疫疾病（图 5-22）。

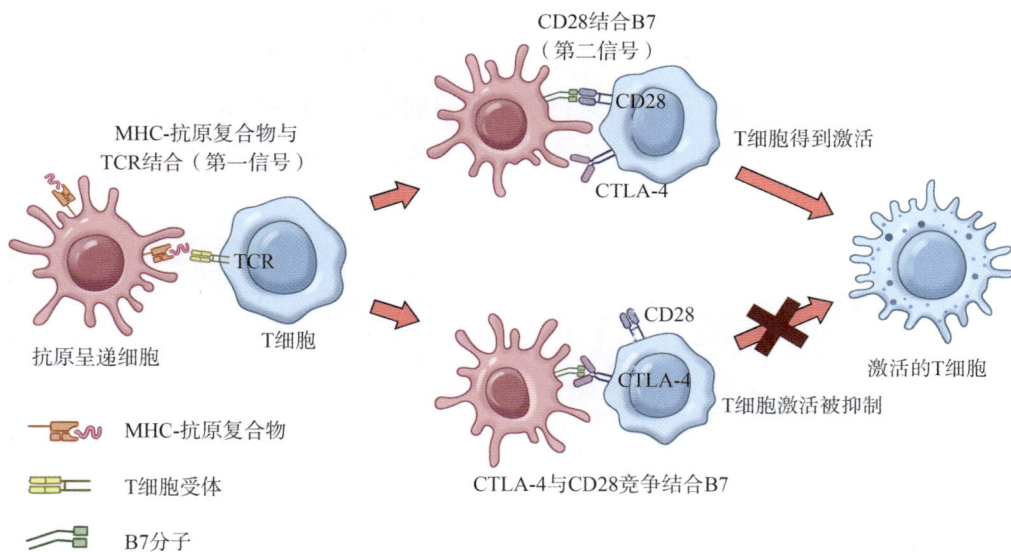

图 5-22　T 细胞激活的主要信号以及激活过程

T细胞激活主要有两个信号，第一信号是T细胞受体（TCR）识别抗原呈递细胞APC上的MHC-抗原复合物，第二信号是B7分子与T细胞上的CD28结合，确保T细胞完全激活；然而T细胞表面还存在免疫"刹车"蛋白CTAL-4等，会与CD28竞争性结合B7分子，使T细胞激活受到抑制，以防止过度的免疫反应。

为了验证 CTLA-4 在免疫反应中的作用，艾利森使用了小鼠模型。他造出了缺乏 CTLA-4 的小鼠，并观察这些小鼠的免疫系统行为。实验结果显示：没有 CTLA-4 的 T 细胞异常活跃，导致小鼠出现严重的自身免疫反应，这进一步证实 CTLA-4 在免疫调节中的"刹车"作用。基于上述发现，艾利森推断：如果能够阻断 CTLA-4 的功能，那么 T 细胞的活性可能会增强，这可能会帮助免疫系统更有效地识别和攻击癌细胞。于是，他设计了一种抗体，能够特异性地结合并阻断 CTLA-4，以此来验证他的理论。

在动物模型中，这种抗体确实增强了 T 细胞的活性，显著减缓了肿瘤的生长，甚至在某些情况下完全清除了肿瘤。艾利森的这一发现最终促使了免疫检查点抑制剂药物 Ipilimumab（商品名 Yervoy）的开发，这是首个获得美国食品药品监督管理局批准的免疫检查点抑制剂。

在艾利森研究进行的同时，日本京都大学的本庶佑教授在免疫学领域也取得了重大发现。同样是在 1990 年代初，本庶佑领导的研究小组在小鼠基因组中发现了一个新基因，该基因编码的蛋白质后来被称为 PD-1。起初，这个基因因其与细胞凋亡相关的特性而引起了本庶佑的关注，但他很快意识到 PD-1 在免疫调节中扮演着更为重要的角色。他在实验中发现：PD-1 与 CTLA-4 类似，也是一种免疫检查点分子，但与 CTLA-4 不同的是，PD-1 主要在 T 细胞受到抗原刺激后表达，而肿瘤细胞能够通过过量表达 PD-L1 与 T 细胞上的 PD-1 结合，从而抑制 T 细胞的活性，使肿瘤细胞得以逃脱免疫系统的追捕。这一发现揭示了肿瘤细胞利用 PD-1/PD-L1 轴实现免疫逃逸的机制，为癌症治疗提供了一个全新视角（图 5-23）。为了验证 PD-1 在癌症免疫

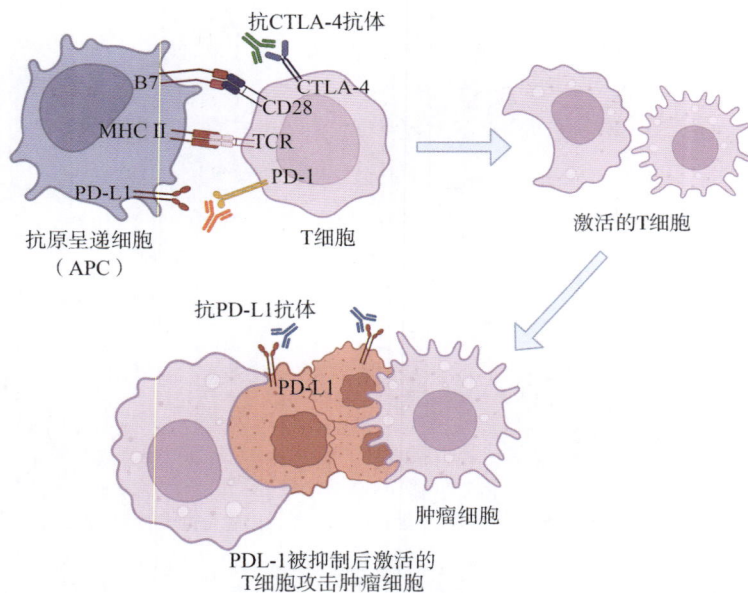

图 5-23 免疫检查点及其作用机制

MHCⅡ与TCR结合，B7与CD28结合后，T细胞被激活。为了防止过度激活，T细胞表面表达有免疫检查点 PD-1、CTAL-4等"刹车"蛋白，与正常细胞表面的相应配体PD-L1等结合后阻止T细胞过度激活防止损伤健康组织。另外肿瘤细胞表面也表达和正常组织一样的"免死牌"PD-L1等，肿瘤细胞便利用免疫检查点这一"漏洞"进行逃逸和躲避T细胞追捕。设计和开发针对免疫检查点的抑制剂，关闭T细胞的"刹车"系统将其"野性"激活，或是使用PD-L1抑制剂去除肿瘤细胞的"好人"伪装，填补这些"漏洞"，从而实现追捕和攻击癌细胞。

逃逸中的作用，本庶佑使用了敲除 PD-1 基因的小鼠模型，实验结果令人震惊，这些小鼠的免疫系统能够更有效地识别并清除体内肿瘤，证明了 PD-1 在肿瘤免疫逃逸中的核心地位。同样，基于这些发现本庶佑教授与合作者们开始研发 PD-1 抑制剂，旨在解除 PD-1 对 T 细胞的抑制，激活免疫系统对肿瘤的攻击，如 Nivolumab（Opdivo）便是首个获批的 PD-1 抑制剂，在多种癌症治疗中显示出了显著的效果，包括肺癌、肾癌和黑色素瘤等。

詹姆斯·艾利森和本庶佑的开创性研究揭示了免疫系统内精妙的刹车机制——CTLA-4 和 PD-1，这两种免疫检查点原本用于防止免疫反应过度，但在肿瘤环境中却被癌细胞利用以逃避免疫系统的攻击。通过开发针对这些检查点的抑制剂，如 Ipilimumab 和 Nivolumab，突破了传统方法治疗癌症的局限性，标志着免疫疗法成为继手术、放疗和化疗之后的第四大癌症治疗支柱。

（三）免疫疗法在治疗癌症中的应用

1. 免疫抑制剂及其临床应用

免疫治疗，尤其是免疫检查点抑制剂的突破性进展，为肿瘤学领域带来了前所未有的变革，标志着癌症治疗进入了免疫时代。这一变革的核心在于，免疫检查点抑制剂能够重新激活患者体内固有的免疫系统，使之有效识别并攻击肿瘤细胞，从而逆转癌症对免疫监视的逃逸机制。

自詹姆斯·艾利森和本庶佑分别发现 CTLA-4 和 PD-1 以来，免疫检查点抑制剂已在临床上展现出非凡的治疗潜力，如 Ipilimumab（伊匹单抗），作为首个获得 FDA 批准的 CTLA-4 抑制剂，为转移性黑色素瘤的治疗带来了革命性突破。在临床试验中，Ipilimumab 显示出了能够显著延长患者生存期的能力，即使在那些曾经被认为几乎无法治愈的晚期病例中，也有部分患者经历了长期的缓解。Atezolizumab（阿替利珠单抗）是针对 PD-L1 的抗体，已获批用于治疗膀胱癌和三阴性乳腺癌，特别是在那些已接受过多次治疗的晚期患者中，Atezolizumab 显示出了改善生存期的潜力。此外，其在非小细胞肺癌的治疗中也取得了显著的临床效果，尤其是对于 PD-L1 高表达的患者。另一款 PD-L1 抑制剂 Durvalumab（度伐利尤单抗），被用于治疗无法手术切除的Ⅲ期非小细胞肺癌患者，在一项名为 PACIFIC 的临床试验中，显示出能够显著提高病患的无进展生存期和总生存期，这一发现为这类患者提供了一种全新的治疗选择。单一的免疫检查点抑制剂虽然有效，但并非所有患者都能从中受益，且部分患者会出现耐药，因此联合疗法成为临床上治疗癌症的重要手段，包括免疫检查点抑制剂与其他免疫疗法、化疗、靶向治疗或放射治疗的组合。例如，在黑色素瘤和肾细胞癌中，Ipilimumab 与 Nivolumab 的联合使用取得了显著的临床效果，提高了患者的客观缓解率和生存期。在不可切除的肝细胞癌患者中，PD-L1抑制剂Atezolizumab与抗血管生成药物Bevacizumab的联合使用，显著提高了患者的无进展生存期和总生存期。这些免疫检查点抑制剂与其他抗肿瘤药物的联合应用不仅限于上述癌症类型，在其他癌症的多个领域也展现了巨大的治疗潜力。

2. 免疫抑制剂的开发前景与挑战

CTLA-4和PD-1/PD-L1是最先被开发的免疫检查点，但其免疫治疗的范围和效率还有待进一步提高，研究者们正在积极寻找更多的免疫检查点，如LAG-3、TIM-3、TIGIT等，这些新型免疫检查点抑制剂的开发有望解决现有疗法的局限性，为更多类型的癌症提供治疗方案。同时，随着基因组学和生物信息学的进步，个性化免疫治疗正逐渐成为现实，通过分析每位患者的肿瘤基因组特征，医生能够制订最合适的免疫治疗方案，包括使用特定的免疫检查点抑制剂或疫苗，以达到最佳的治疗效果。这种精准医疗方法有望提高治疗响应率，减少免疫疗法的副作用，提高免疫治疗的持久性，减少治疗过程中可能出现的免疫相关不良事件，是免疫抑制剂当前和未来研究的重点。通过优化药物剂量、给药时间和频率，以及开发新的免疫调节策略，科学家们正努力降低免疫治疗的风险，同时增强其长期疗效。虽然免疫治疗为患者带来了显著的益处，但高昂的治疗费用和药物可及性问题仍然困扰着许多国家和地区，为了使免疫治疗惠及更多患者，需要国家政府、制药公司和医疗保健系统共同努力，降低治疗成本，优化资源分配，确保免疫疗法的公平性和可负担性。在未来，跨学科的合作、技术创新以及政策支持将是推动免疫治疗领域持续进步的关键。免疫治疗的光明前景，使我们有理由相信，癌症终将成为一种可控制乃至可治愈的疾病！

（四）诺贝尔奖启示

免疫治疗和免疫检查点抑制剂的出现，标志着癌症治疗进入了全新的时代，随着研究的不断深入和技术的革新，免疫疗法将变得更加个性化、高效和安全，为肿瘤患者带来更多的治愈机会，而这一切要归功于詹姆斯·艾利森与本庶佑历经数十年的不懈努力。例如艾利森在1996年就首次发表了有关CTLA-4的论文，但直到2011年，基于他研究的免疫疗法药物Ipilimumab才获得美国食品药品监督管理局（FDA）批准上市。他们的成功，靠的不仅是对科学的热爱与执着，更在于面对困难与挑战时的坚韧不拔。

詹姆斯·艾利森在研究CTLA-4的过程中，曾遭遇过无数次的挫折与质疑，他最初提出CTLA-4可能是一个免疫调节分子（而非如当时普遍认为的促进免疫应答）时，这一理论并未立即得到同行的认可。艾利森回忆道，在早期的学术会议上，他的观点常遭到冷遇，甚至被视为异端。然而，艾利森并没有因此放弃，他坚信自己的科学假设，继续进行深入细致研究。正是这份坚定的信念与不懈的努力，最终让他发现了 CTLA-4 作为免疫检查点的重要角色，开启了免疫疗法的新纪元。同样，本庶佑在探索 PD-1 的过程中也遇到了重重困难。在 20 世纪 90 年代，当本庶佑开始研究 PD-1 时，他面临着资金不足和资源有限的挑战。在一次访谈中，他提到了自己如何在有限的条件下，利用一台二手流式细胞仪进行实验，这台设备的性能并不稳定，经常需要他亲自维修。即便如此，本庶佑依然保持着对科学的热忱，他利用一切可用的资源，夜以继日地工作，最终揭示了 PD-1 在 T 细胞免疫调节中的关键作用。本庶佑在实验探索中的坚韧也说明实验资源的匮乏不应成为阻碍科研创新的障碍。

值得注意的是，艾利森和本庶佑的成功并非孤立的英雄史诗，而是科学共同体共同努力的结晶。在他们的研究过程中，无数研究人员、学生和同事的贡献同样不可或缺。例如，艾利森在得克萨斯大学 MD 安德森癌症中心的工作，很大程度上得益于他所在团队的支持与协作。而在本庶佑的实验室中，来自不同国家的年轻科学家汇聚一堂，他们共同参与实验设计，分析数据，这种多元文化的融合促进了思想的碰撞，点燃了创新的火花。此外，在他们获得诺贝尔奖之前，两位科学家就已经建立了深厚的友谊与合作关系。他们经常在国际会议上交流最新的研究成果，彼此分享实验数据，这种开放与共享的精神，不仅加深了他们之间的友谊，也为全球科学研究者树立了榜样。艾利森曾提到，他与本庶佑之间的对话，常激发新的灵感，推动他们的研究不断向前发展。两位科学家的故事也提醒科学研究的成功常需要跨越国界的国际交流与合作。这些珍贵的启示，将激励着一代又一代的科学家，在探索生命的奥秘中继续前行，书写属于人类的辉煌篇章。

参考文献

［1］CHANDRASEKHAR V, KRISHNAMURTI C. George papanicolaou (1883-1962): discoverer of the pap smear[J]. J Obstet Gynaecol India,2018 ,68(3):232-235.

［2］CHATTERJEE A. The next generation of HPV vaccines: nonavalent vaccine V503 on the horizon[J]. Expert Rev Vaccines,2014 ,13(11):1279-1290.

［3］DOORBAR J. Molecular biology of human papillomavirus infection and cervical cancer[J]. Clin Sci (Lond),2006 ,110(5):525-541.

［4］HALL MT, SIMMS KT, LEW JB, et al. The projected timeframe until cervical cancer elimination in Australia: a modelling study[J]. Lancet Public Health, 2019, 4(1):e19-e27.

［5］KJAER SK, NYGÅRD M, SUNDSTRÖM K, et al. Final analysis of a 14-year long-term follow-up study of the effectiveness and immunogenicity of the quadrivalent human papillomavirus vaccine in women from four nordic countries[J]. EClinicalMedicine, 2020, 23:100401.

［6］MARTINEZ-ZAPIEN D, RUIZ FX, POIRSON J, et al. Structure of the E6/E6AP/p53 complex required for HPV-mediated degradation of p53[J]. Nature,2016, 529(7587):541-545.

［7］MICHELS KB, ZUR HAUSEN H. HPV vaccine for all[J]. Lancet, 2009, 374(9686):268-270.

［8］WANG JW, RODEN RB. Virus-like particles for the prevention of human papillomavirus-associated malignancies[J]. Expert Rev Vaccines, 2013 ,12(2):129-141.

［9］ZUR HAUSEN H. Papillomaviruses and cancer: from basic studies to clinical application[J]. Nat Rev Cancer, 2002 ,2(5):342-350.

［10］ZATULOVSKIY E, ZHANG S, BERENSON DF, et al. Cell growth dilutes the cell cycle inhibitor Rb to trigger cell division[J]. Science, 2020,369(6502):466-471.

［11］AI L, CHEN J, YAN H, et al. Research status and outlook of PD-1/PD-L1 inhibitors for cancer therapy[J]. Drug Des Devel Ther, 2020, 14:3625-3649.

［12］FINN RS, QIN S, IKEDA M,et al.IMbrave150 investigators. Atezolizumab plus bevacizumab in unresectable hepatocellular carcinoma[J]. N Engl J Med, 2020, 382(20):1894-1905.

［13］HURST JH. Cancer immunotherapy innovator James Allison receives the 2015 Lasker~DeBakey Clinical Medical Research Award[J]. J Clin Invest, 2015, 125(10):3732-3736.

［14］INMAN BA, LONGO TA, RAMALINGAM S, et al.A PD-L1-blocking antibody for bladder cancer[J]. Clin Cancer Res, 2017, 23(8):1886-1890.

［15］KIYOTANI K, TOYOSHIMA Y, NAKAMURA Y. Immunogenomics in personalized cancer treatments[J]. J Hum Genet, 2021,66(9):901-907.

［16］LIPSON EJ, DRAKE CG. Ipilimumab: an anti-CTLA-4 antibody for metastatic melanoma[J]. Clin Cancer Res, 2011, 17(22):6958-6962.

［17］MCCARTHY EF. The toxins of William B. Coley and the treatment of bone and soft-tissue sarcomas[J]. Iowa Orthop J, 2006,26:154-158.

[18] RIBATTI D. The concept of immune surveillance against tumors. The first theories[J]. Oncotarget, 2017, 8(4):7175-7180.

（代小勇）

本章数字资源

本章习题

第六章　作品展示篇

书法作品
纸刻作品
邮票作品
歌词作品
AI 作品

引　言

　　表现性评价是一种以学生在实际任务中的表现作为评价依据的教育评价方式。与传统的笔试或标准化测试不同，表现性评价更注重评价学生在真实或模拟情境中运用知识和技能解决问题的能力。"诺贝尔奖解析—医学篇"这门课自 2015 年开课以来，一直采用综合性评价（包括出勤率、师生及生生互动、章节测试、期末考试以及表现性评价等）的方式对学生的学习效果进行评价，其中表现性评价主要考评学生课程作品的内容和质量，根据学情和教情的不同，占比 5% ~ 8% 不等。

　　在保证大部分学生能得到基本成绩的基础上，这种评价方式可以促进热爱诺贝尔本人及诺贝尔奖大师且拥有创新精神和创作潜能的学生，得以通过作品创作表达自己对诺贝尔奖精神（科学精神和人文情怀）的深切感受和深刻感悟，同时也使自己脱颖而出，获得满分或接近满分的好成绩。限于教材的篇幅，我们从近千幅的学生作品中精选具有代表性的作品进行展示，以飨读者。

　　精选原则：不仅看作品本身能否吸引人打动人，更重要的是看作品是否蕴含了诺贝尔奖精神，以及作品是否体现了创意和创新，如针对书法作品，除了书法本身的水平外，还要看内容是不是藏头诗或藏尾诗，以及展现"诺贝尔奖精神"的程度等；此外，诗词作品是否有章法，是否工整押韵等也在考虑范围之内。

　　以下是部分代表性优秀作品展示，更多作品详见结尾的二维码。

一、书法作品

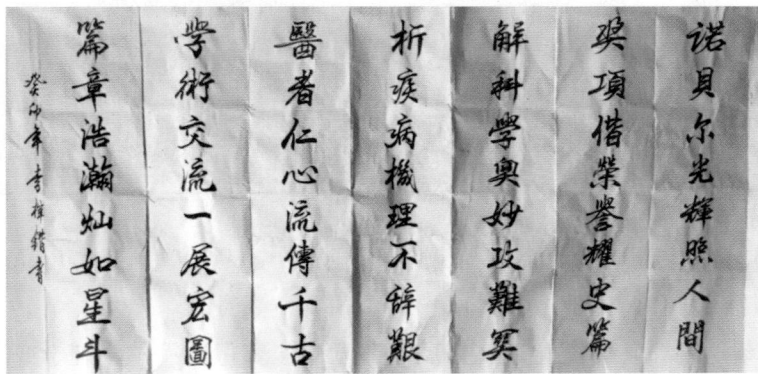

2022 级　经济统计学　李梓锴

【作品简介】

本篇书法作品是一首藏头诗：

> 诺贝尔光辉照人间，
>
> 奖项偕荣誉耀史篇。
>
> 解科学奥妙攻难关，
>
> 析疾病机理不辞艰。
>
> 医者仁心流传千古，
>
> 学术交流一展宏图，
>
> 篇章浩瀚灿如星斗。

七句诗的首字连起来刚好是本课程名的简称："诺奖解析医学篇"。字体是行楷。这首藏头诗传达出诺贝尔奖对于学术领域的激励作用，也赞扬了医生与医学研究者们怀有仁心，为人类健康事业贡献了心血，紧扣本课程名称"诺贝尔奖解析—医学篇"。

二、纸刻作品

2020级　注册会计　火统霞

【作品简介】

利用纸刻这一非物质文化遗产来展现我国首位获得诺贝尔生理学或医学奖的科学家屠呦呦的精神面貌。

三、邮票作品

2021 级　临床医学　罗绰颖

【作品简介】

这是为纪念著名药理学家 Otto Loewi 设计的纪念邮票，全套共六枚，展示了他的生平及科学贡献。

第一排

第一枚：这是一幅 Otto Loewi 的自画像，展示了他的经典形象和个人风采。

第二枚：纪念 Otto Loewi 因发现乙酰胆碱（acetylcholine, ACh），一种神经系统中最重要的神经递质，于 1936 年获得诺贝尔奖。整个突触以梦幻的色调呈现，象征他从梦中获得灵感，设计出双蛙心灌注实验。

第三枚：描绘了 Otto Loewi 从梦中获得灵感的场景。他衣服上有笔，桌上有实验笔记，显示他在从梦中惊醒后，立刻在一张小纸片上简单记下了关键实验思路。

第二排

第一枚：描绘了 Otto Loewi 享受实验过程的情景，展示了他作为科学家的热情和投入。

第二枚：青蛙的心脏以绿色为主色调描绘，血管以植物的分支形式展现，营造出生命力的感觉。这象征着双蛙心灌注实验对医学领域的重大贡献。黄色部分代表迷走神经，示意实验中的关键步骤，即一只青蛙的心脏连着迷走神经，另一只切断迷走神经，利用导管形成体外循环。

第三枚：描绘了 1938 年，Otto Loewi 获得诺贝尔奖两年后，因纳粹入侵奥地利被捕。他在监狱中将实验结果简要记录在明信片上，并说服监狱看守将明信片寄给《自然科学》杂志，确保他的研究成果得以保存和传播。这套邮票不仅纪念了 Otto Loewi 的科学成就，也展示了他在面临困境时的坚韧与智慧。

四、歌词作品

医学之光，至高无上

主歌 1

在生命浩渺无垠的长河中执着地探寻，
每一步都在迷雾里寻找着希望的引航。
医学梦想，璀璨星辰，闪耀在遥远苍茫，
那是人类智慧与勇气交织的神圣交响。
诺贝尔生理学或医学奖的传奇，像一座丰碑屹立，
为芸芸众生带来直面病魔的勇气和力量。

副歌

医学之光，如破晓的太阳照亮前方，
驱散黑暗，为生命的旅途指引方向。
突破边界，那是无畏者对未知的闯荡，
创造希望，让健康的曙光洒满心房。
诺贝尔奖，是科学界至高无上的荣光，
在历史长河中，狂挽巨澜，荣耀绽放。
生命之路，因这光芒而璀璨辉煌，
每一个脚步都承载着生命的重量。

主歌 2

在细胞那微观而神秘的深处，奥秘深深隐藏，
宛如宇宙中最神秘的黑洞，等待被揭晓真相。
基因密码，像是古老卷轴上的神秘符文，
复杂而又充满魔力，等待着智者解方。
医学先驱们宛如无畏的勇士，勇敢担当，
他们以知识为剑，以信念为盾，永不退场。

副歌

医学之光，如破晓的太阳照亮前方，
驱散黑暗，为生命的旅途指引方向。

突破边界，那是无畏者对未知的闯荡，

创造希望，让健康的曙光洒满心房。

诺贝尔奖，是科学界至高无上的荣光，

在历史长河中，狂挽巨澜，荣耀绽放。

生命之路，因这光芒而璀璨辉煌，

每一个脚步都承载着生命的重量。

主歌 3

科技宛如神奇的翅膀，助力医学自由翔翔，

精准治疗，如同精准的导航，指引希望方向。

全球的智慧在这里汇聚，合作共筑梦想，

不同肤色、不同语言，为生命凝聚力量。

诺贝尔奖，像一座灯塔，引领前行方向，

让医学的巨轮在进步之海上破浪远航。

副歌

医学之光，如破晓的太阳照亮前方，

驱散黑暗，为生命的旅途指引方向。

突破边界，那是无畏者对未知的闯荡，

创造希望，让健康的曙光洒满心房。

诺贝尔奖，是科学界至高无上的荣光，

在历史长河中，狂挽巨澜，荣耀绽放。

生命之路，因这光芒而璀璨辉煌，

每一个脚步都承载着生命的重量。

结尾

诺贝尔生理学或医学奖的光芒，永不消逝的辉煌，

它如同夜空中最亮的北斗，激励我们前行在路上。

我们手挽手，心贴心，共创医学新辉煌，

在这伟大的征程中，书写生命的华章——

2022 级　中文　滕佳蔚

【作品简介】

这是一首致敬"诺贝尔奖解析—医学篇"的课程主题歌。歌词以"生命长河"、"细胞黑洞"和"基因古卷"等宏阔意象，展现人类从微观到宏观、从个体到全球对

健康的共同守望；三段主歌分别刻画"寻梦—破码—腾飞"的递进历程，突出知识、勇气与合作的力量。副歌反复咏叹"医学之辉"，将诺奖比作晨曦、灯塔与北极星，象征科学光芒穿透黑暗、指引航向。全篇语言凝练，意象瑰丽，节奏昂扬，既礼赞医学先驱的卓越贡献，也激励后继者肩并肩、心连心，在伟大征程中继续谱写生命的颂歌。

五、AI 作品

生命的双生花
——致敬 2024 年诺贝尔化学奖

Ⅰ.生命的拼图
二十种字母组成生命密码，
像未拼完的积木等待解答。
当基因的河流奔涌向前，
一双手正把蛋白质折叠成诗。

Ⅱ.左花：预言之眼
五十年迷雾笼罩未知大陆，AI的灯塔照亮折叠之路。两亿个结构在代码中诞生，原子坐标化为精准星辰。

Ⅲ.右花：创造之手
设计的刻刀雕琢全新生命，从虚无造出治病的剑盾。纳米酶咬碎塑料的锁链，抗体战舰击溃癌的烽烟。

人工智能预测结构破解50年未解的"蛋白质折叠问题"：利用AlphaFold2预测T细胞免疫调节蛋白同源物的3D网格模型。

David Baker团队用设计自然界不存在的蛋白质应用场景：抗体靶向癌细胞的可视化。

Ⅳ.并蒂绽放
一花看透自然的轨迹，
一花创造未来的器具。
当双螺旋缠绕智慧之光，
诺奖勋章上两朵花开向朝阳！

2023 级　化学　李锷麟

【作品简介】

通过四幕结构解析

第一幕【生命的拼图】　说明科学问题的核心矛盾：蛋白质折叠决定功能，但仅凭基因序列（"字母"）无法预知折叠结果（"未拼完的积木"）。

第二幕【左花：预言之眼】　则阐述了结构预测的革命："五十年迷雾"指1972年Anfinsen提出"序列决定结构"后，科学家长期无法精准预测。而当AlphaFold（"AI灯塔"）通过深度学习，成功将预测精度从60%提升至>90%（"原子坐标化为星辰"）。

第三幕：【右花：创造之手】　阐述蛋白质设计的飞跃：走向了从"修补天然蛋白质"转向"从零设计"（"雕琢全新生命"）的颠覆性创新。并且列举了以下应用场景：环保领域"咬碎塑料锁链"指2023年Baker团队设计的PET纳米酶，分解效率比天然酶高10倍；医疗领域"抗体战舰"指设计的蛋白药物精准攻击癌细胞（如抑制KRAS致癌蛋白）。

第四幕【并蒂绽放】　则进一步说明了双技术协同价值。突出的主题与所设计的海报相照应。

作品展示	优秀论文展示	本章习题

附　录

历年来诺贝尔生理学或医学奖汇总

时间	获奖人及国籍	获奖原因
1901 年	E. A. V. 贝林（德国人）	从事有关白喉血清疗法的研究
1902 年	R. 罗斯（英国人）	发现疟疾由蚊子传播，揭示了该病的传播途径
1903 年	N. R. 芬森（丹麦人）	利用光辐射治疗红斑狼疮
1904 年	I. P. 巴甫洛夫（俄国人）	有关消化系统生理学方面的研究
1905 年	R. 柯赫（德国人）	有关结核的研究
1906 年	C. 戈尔季（意大利人） S. 拉蒙 - 卡哈尔（西班牙人）	有关神经系统精细结构的研究
1907 年	C. L. A. 拉韦朗（法国人）	发现并阐明原生动物引起疾病的作用
1908 年	P. 埃利希（德国人）、 E. 梅奇尼科夫（俄国人）	有关细胞免疫以及体液免疫的机制研究
1909 年	E. T. 科歇尔（瑞士人）	有关甲状腺的生理学、病理学以及外科学研究
1910 年	A. 科塞尔（德国人）	有关蛋白质、核酸方面的研究
1911 年	A. 古尔斯特兰德（瑞典人）	有关眼睛屈光学方面的研究
1912 年	A. 卡雷尔（法国人）	有关血管缝合以及脏器移植方面的研究
1913 年	C. R. 里谢（法国人）	有关抗原过敏的研究
1914 年	R. 巴拉尼（奥地利人）	有关内耳前庭装置生理学与病理学方面的研究
1915—1918 年	未颁奖	
1919 年	J. 博尔德特（比利时人）	发现补体介导的免疫溶菌机制
1920 年	S. A. S. 克劳（丹麦人）	发现体液和神经因素对毛细血管运动机制的调节
1921 年	未颁奖	
1922 年	A. V. 希尔（英国人） 迈尔霍夫（德国人）	有关肌肉能量代谢和物质代谢问题的研究
1923 年	F. G. 班廷（加拿大） J. J. R. 麦克劳德（加拿大人）	发现胰岛素

时间	获奖人及国籍	获奖原因
1924 年	W. 爱因托文（荷兰人）	发现心电图机制
1925 年	未颁奖	
1926 年	J. A. G. 菲比格（丹麦人）	发现菲比格氏鼠癌（鼠实验性胃癌）
1927 年	J. 瓦格纳 - 姚雷格（奥地利人）	发现治疗麻痹的发热疗法
1928 年	C. J. H. 尼科尔（法国人）	有关斑疹伤寒的研究
1929 年	C. 艾克曼（荷兰人）	发现可以抗神经炎的维生素
	F. G. 霍普金斯（英国人）	发现维生素 B1 缺乏并从事抗神经炎药物的化学研究
1930 年	K. 兰德斯坦纳（美籍奥地利人）	发现血型
1931 年	O. H. 瓦尔堡（德国人）	发现呼吸酶的性质和作用方式
1932 年	C. S. 谢灵顿	发现神经细胞活动的机制
	E. D. 艾德里安（英国人）	
1933 年	T. H. 摩尔根（美国人）	发现染色体的遗传机制，创立染色体遗传理论
1934 年	G. R. 迈诺特	发现贫血病的肝脏疗法
	W. P. 墨菲	
	G. H. 惠普尔（美国人）	
1935 年	H. 施佩曼（德国人）	发现胚胎发育中背唇的诱导作用
1936 年	H. H. 戴尔（英国人）	发现神经冲动的化学传递
	O. 勒韦（美籍德国人）	
1937 年	A. 森特 - 焦尔季（匈牙利人）	发现肌肉收缩原理
1938 年	C. 海曼斯（比利时人）	发现呼吸调节中颈动脉窦和主动脉的机制
1939 年	G. 多马克（德国人）	发现磺胺药
1940—1942 年	未颁奖	因第一次世界大战中断评选
1943 年	C. P. H. 达姆（丹麦人）	发现维生素 K
	E. A. 多伊西（美国人）	发现维生素 K 的化学性质
1944 年	J. 厄兰格	有关神经纤维机制的研究
	H. S. 加塞（美国人）	
1945 年	A. 弗莱明	发现青霉素以及青霉素对传染病的治疗效果
	E. B. 钱恩	
	H. W. 弗洛里（英国人）	
1946 年	H. J. 马勒（美国人）	发现用 X 射线可以使基因人工诱变
1947 年	C. F. 科里	发现糖代谢中的酶促反应
	G. T. 科里（美国人）	发现脑下垂体前叶激素对糖代谢的作用
	B. A. 何赛（阿根廷人）	
1948 年	P. H. 米勒（瑞士人）	发现并合成高效有机杀虫剂滴滴涕
1949 年	W. R. 赫斯（瑞士人）	发现动物下丘脑对内脏的调节功能

时间	获奖人及国籍	获奖原因
1950 年	E. C. 肯德尔 P. S. 亨奇（美国人） T. 赖希施泰因（瑞士人）	有关肾上腺皮质激素结构和生物效应
1951 年	M. 蒂勒（南非人）	发现黄热病疫苗
1952 年	S. A. 瓦克斯曼（美国人）	发现链霉素
1953 年	F. A. 李普曼（英国人） H. A. 克雷布斯（英国人）	发现高能磷酸结合在代谢中的重要性，发现辅酶 A 发现三羧酸循环
1954 年	J. F. 恩德斯 T. H. 韦勒 F. C. 罗宾斯（美国人）	研究脊髓灰质炎病毒的组织培养与组织技术的应用
1955 年	A. H. 西奥雷尔（瑞典人）	从事过氧化酶的研究
1956 年	A. F. 库南德 D. W. 理查兹（美国人） W. 福斯曼（德国人）	开发了心脏导管术
1957 年	D. 博维特（意籍瑞士人）	有关合成类箭毒化合物的研究
1958 年	G. W. 比德乐 E. L. 塔特姆（美国人） J. 莱德伯格（美国人）	发现一切生物体内的生化反应都是由基因逐步控制的 从事基因重组以及细菌遗传物质方面的研究
1959 年	S. 奥乔亚 A. 科恩伯格（美国人）	有关合成 RNA 和 DNA 的研究
1960 年	F. M. 伯内特（澳大利亚人） P. B. 梅达沃（英国人）	证实获得性免疫耐受性
1961 年	G. V. 贝凯西（美国人）	确立"行波学说"，发现耳蜗感音的物理机制
1962 年	J. D. 沃森（美国人） F. H. C. 克里克 M. H. F. 威尔金斯（英国人）	发现核酸的分子结构
1963 年	J. C. 艾克尔斯（澳大利亚人） A. L. 霍金奇 A. F. 赫克斯利（英国人）	发现与神经的兴奋和抑制有关的离子机制
1964 年	K. E. 布洛赫（美国人） F. 吕南（德国人）	有关胆固醇和脂肪酸生物合成方面的研究
1965 年	F. 雅各布 J. L. 莫诺 A. M. 雷沃夫（法国人）	有关酶和细菌合成中的遗传调节机制
1966 年	F. P. 劳斯（美国人） C. B. 哈金斯（美国人）	发现肿瘤诱导病毒 发现内分泌对于癌的干扰作用
1967 年	R. A. 格拉尼特（瑞典人） H. K. 哈特兰 G. 沃尔德（美国人）	有关眼睛中光化学反应和生理视觉过程的研究

时间	获奖人及国籍	获奖原因
1968 年	R. W. 霍利 H. G. 霍拉纳 M. W. 尼伦伯格（美国人）	有关遗传信息的破译及其在蛋白质合成中的作用
1969 年	M. 德尔布吕克 A. D. 赫尔 S. E. 卢里亚（美国人）	发现病毒的复制机制和遗传结构
1970 年	B. 卡茨（英国人） U. S. V. 奥伊勒（瑞典人） J. 阿克塞尔罗行（美国人）	发现神经末梢部位的传递物质以及该物质的贮藏、释放、受抑制机制
1971 年	E. W. 萨瑟兰（美国人）	发现激素的作用机制
1972 年	G. M. 埃德尔曼（美国人） R. R. 波特（英国人）	从事抗体的化学结构和功能的研究
1973 年	K. V. 弗里施 K. 洛伦滋（奥地利人） N. 廷伯根（英国人）	发现个体及社会性行为模式（比较行为动物学）
1974 年	A. 克劳德 C. R. 德·迪夫（比利时人） G. E. 帕拉德（美国人）	有关细胞结构和功能的研究
1975 年	D. 巴尔摩 H. M. 特明（美国人） R. 杜尔贝科（美国人）	有关肿瘤病毒的研究
1976 年	B. S. 丰卢姆伯格（美国人） D. C. 盖达塞克（美国人）	发现澳大利亚抗原 有关慢性病毒感染症的研究
1977 年	R. C. L. 吉尔曼 A. V. 沙里（美国人） R. S. 雅洛（美国人）	发现下丘脑激素 开发放射免疫分析法
1978 年	W. 阿尔伯（瑞士人） H. O. 史密斯 D. 内森斯（美国人）	发现限制性内切酶以及在分子遗传学方面的应用
1979 年	A. M. 科马克（美国人） G. N. 蒙斯菲尔德（英国人）	开发用电子计算机操纵的 X 射线断层扫描仪
1980 年	B. 贝纳塞拉夫 G. D. 斯内尔（美国人） J. 多塞（法国人）	有关细胞表面调节免疫反应的遗传结构的研究
1981 年	R. W. 斯佩里（美国人） D. H. 休伯尔（美国人） T. N. 威塞尔（瑞典人）	有关大脑半球职能分工的研究 有关视觉系统的信息加工研究
1982 年	苏恩·伯格斯特龙（Sune Bergström） B. I. 萨米埃尔松（瑞典人） J. R. 范恩（英国人）	发现前列腺素，并从事这方面的研究
1983 年	B. 麦克林托克（美国人）	发现移动的基因

时间	获奖人及国籍	获奖原因
1984 年	N. K. 杰尼（丹麦人） G. J. F. 克勒（德国人） C. 米尔斯坦（英国人）	确立免疫抑制机制的理论，研制单克隆抗体
1985 年	M. S. 布朗 J. L. 戈德斯坦（美国人）	有关胆固醇代谢及与此有关疾病的研究
1986 年	R. L. 蒙塔尔西尼（意大利人） S. 科恩（美国人）	发现神经生长因子以及上皮细胞生长因子
1987 年	利根川进（日本人）	阐明与抗体生成有关的遗传性原理
1988 年	J. W. 布莱克（英国人） G. H. 希钦斯（美国人）	对药物研究原理做出重要贡献
1989 年	J. M. 毕晓普 H. E. 瓦慕斯（美国人）	发现动物肿瘤病毒的致癌基因源于原癌基因
1990 年	J. E. 默里 E. D. 托马斯（美国人）	有关对人类器官移植、细胞移植技术和研究
1991 年	E. 内尔 B. 萨克曼（德国人）	发明了膜片钳技术
1992 年	E. H. 费希尔 E. G. 克雷布斯（美国人）	发现蛋白质可逆磷酸化作用
1993 年	P. A. 夏普 R. J. 罗伯茨（美国人）	发现断裂基因
1994 年	A. G. 吉尔曼 M. 罗德贝尔（美国人）	发现 G 蛋白及其在细胞中转导信息的作用
1995 年	E. B. 刘易斯 E. F. 维绍斯（美国人） C. N. 福尔哈德（德国人）	发现控制早期胚胎发育的重要遗传机制
1996 年	P. C. 多尔蒂（澳大利亚人） R. M. 青克纳格尔（瑞士人）	发现细胞的中介免疫保护特征
1997 年	S. B. 普鲁西纳（美国人）	发现全新的蛋白致病因子——朊蛋白
1998 年	芬奇戈特（Dr. Robert Furchgott） 伊格纳罗教授（Professor Louis Ignarro） （D r. Ferid Murad）（美国人） 穆拉博士（D r. Ferid Murad）（美国人）	发现 – 氧化氮可以传递信息
1999 年	君特 – 布洛伯尔（美国人）	发现内部信号决定蛋白质在细胞内的转移和定位
2000 年	阿尔维德·卡尔松（瑞典） 保罗·格林加德（美国） 埃里克·坎德尔（美国）	有关脑细胞间信号的相互传递
2001 年	利兰·哈特韦尔（美国） 保罗·纳斯（英国） 蒂莫西·亨特（英国）	有关导致细胞分裂的关键性调节机制

时间	获奖人及国籍	获奖原因
2002 年	悉尼·布雷内（英国） 约翰·苏尔斯顿（英国） 罗伯特·霍维茨（美国）	有关器官发育和程序性细胞死亡过程中的基因调节
2003 年	保罗·劳特布尔（美国） 彼得·曼斯菲尔德（英国）	有关磁共振成像技术上获得关键性发现
2004 年	理查德·阿克塞尔（美国） 琳达·巴克（美国）	有关气味受体和嗅觉系统组织方式研究
2005 年	巴里·马歇尔（澳大利亚） 罗宾·沃伦（澳大利亚）	找到导致人类罹患胃炎、胃溃疡和十二指肠溃疡的罪魁——幽门螺杆菌
2006 年	安德鲁·法尔（美国） 克雷格·梅洛（美国）	发现了 RNA 的干扰机制
2007 年	马里奥·卡佩基（美国） 奥利弗·史密斯（美国） 马丁·埃文斯（英国）	建立基因打靶技术
2008 年	哈拉尔德 - 楚尔 - 豪森（Harald zur Hausen）（德国） 朗索瓦丝 - 巴尔 - 西诺西（Francoise Barre-Sinoussi）（法国） 吕克 - 蒙塔尼（Luc Montagnier）（法国）	有关宫颈癌病因和人类免疫缺陷病毒研究
2009 年	伊丽莎白·布莱克本（Elizabeth Blackburn） 卡罗尔 - 格雷德（Carol Greider） 杰克·绍斯塔克（Jack Szostak）	发现了端粒和端粒酶保护染色体的机制
2010 年	罗伯特·爱德华兹（英国）	有关试管授精技术方面的研究
2011 年	布鲁斯·巴特勒（Bruce A. Beutler） 朱尔斯·霍夫曼（Jules A. Hoffmann） 拉尔夫·斯坦曼（Ralph M. Steinman）	有关获得性免疫中树突状细胞及其功能的研究
2012 年	约翰·伯特兰·格登（John B. Gurdon） 山中伸弥（日本）	首次证实了已分化细胞的基因组的可通核移植技术重新逆转化为多能性干细胞
2013 年	詹姆斯·E. 罗斯曼（美国） 兰迪·谢克曼（美国） 托马斯·聚德霍夫（德国）	揭开细胞如何组织其转运系统——"囊泡转运"的奥秘
2014 年	John O'Keefe May-Britt Moser Edvard I. Mosel	发现组成大脑定位系统的特殊细胞
2015 年	Satoshi ōmura（日本） William C. Campbell（爱尔兰） 屠呦呦（中国）	有关最具毁灭性的寄生虫疾病的研究，尤其是线虫和疟疾
2016 年	Yoshinori Ohsumi（大隅良典）（日本）	发现了细胞自噬的机制

时间	获奖人及国籍	获奖原因
2017 年	Jeffrey C. Hall，Michael Rosbash，Michael W. Young	发现了控制昼夜节律的分子机制
2018 年	James P. Allison 和 Tasuku Honjo	发现了负性免疫调节治疗癌症的疗法
2019 年	威廉·凯林（William G. Kaelin Jr），彼得·拉特克利夫（Sir Peter J. Ratcliffe）以及格雷格·塞门扎（Gregg L. Semenza）	发现细胞如何感知和适应氧气供应
2020 年	Harvey J. Alter, Michael Houghton 和 Charles M. Rice	发现了丙型肝炎病毒
2021 年	David Julius ，Ardem Patapoutian	发现了人体温度和触觉感受器
2022 年	Svante Pääbo	有关已灭绝人类基因组和人类进化的研究
2023 年	Katalin Karikó 和 Drew Weissman	有关 mRNA 疫苗的研究
2024 年	Victor Ambros 和 Gary Ruvkun	发现 miRNA 及其在转录后基因调控中的作用

后记一

我与诺贝尔奖不得不说的故事

亲爱的读者，我是本书的主编王跃春，是暨南大学的一名普通教师。在很长的一段时间里，我晋升正高级职称遭遇了瓶颈，似乎只能"望而却步"了。很多人劝我放开执念享受生活，但即使到了可以退休的年龄，我始终没有放弃。"成功不必在我，而功力必不唐捐"、"只管耕耘，不问收获"，这一句句至理名言激励着我"莫问前路，砥砺前行"。我深知教育不仅仅是知识的传授，更是思维的训练、素质的培养、灵魂的触动和智慧的启迪。我愿意坚守三尺讲台，奉献自己全部的光和热。

在我 35 年的教学生涯中，有一段经历对我而言是无上的荣耀和激励，就如同诺贝尔奖对于科研人员的意义一样。这不仅是一个关于个人成长和职业晋升的故事，更是一个关于坚守教育初心、不忘育人使命的故事。

10 年前，我开设了一门通识教育选修课——"诺贝尔奖解析—医学篇"。开设这门课程的初衷很简单：让学生们了解那些为人类健康做出巨大贡献的科学家们的故事，感受诺奖得主的的科学精神和人文情怀，从而激发和培养对医学与科学的兴趣。我希望通过这门课程，让学生们能够意识到，在每个伟大的发现背后，都是科学家们无数个日夜的辛勤工作和数十年的不懈追求。

岁月流转，这门课程逐渐得到了学生们的喜爱和认可，其不仅成了暨南大学的一张名片，更在 2023 年被认定为国家级一流本科课程。这份荣誉，是对我多年教学投入的肯定，也是对我的教育理念和教学方法的认可。2023 年 10 月，我也终于实现了多年的愿望，晋升为教学型教授，并被授予暨南大学教学名师的荣誉称号。这一刻，我感到了"瓜熟蒂落，水到渠成"的喜悦。

在我的故事中，有一个不得不提的人物——阿尔弗雷德·诺贝尔。诺贝尔，诞生于一个多世纪前的瑞典，是一位伟大的科学家、发明家、企业家，他的名字和成就举世瞩目。而我，则出生于中国安徽的一个小县城，生活平凡而简单，我的名字和故事或许永远不会被世人所知。但两个生活在不同时空的人，却因为科学精神和人文思想，紧密地联系在了一起。

正是诺贝尔创立的诺贝尔奖，成就了今天的我。这个奖项不仅是对科学家们科研成果的认可，更是一种精神的传承，一种对知识、对科学、对人类进步不懈追求的象征。而我通过建设"诺贝尔奖解析—医学篇"这门课程和编撰这本同名教材，将诺贝尔奖精神传递给我的学生和读者，让他们感受科学的力量和人文的魅力，激发他们对未知世界的好奇心和探索欲，通过在理论和技术层面的创新而造福人类，从而实现终极的人文关怀。

在某种意义上，我和诺贝尔之间有一段相互成就的故事。他通过他设立的诺贝尔奖项激励了全世界的科学家，而我则借助诺贝尔奖的光辉，在教育事业中找到了方向和动力。一直以来，我致力于将诺贝尔精神融入到我的课程和教材建设之中，使之它成为连接过去和未来的桥梁，让更多人了解和传承这种精神。

这段故事，虽然简单，但它是我对教育事业无限热爱和执着追求的体现，也是我职业生涯中最宝贵的财富。它让我明白，无论我们的身份如何，无论我们身处何方，只要我们怀有对知识的追求和对人类的大爱，我们就能在各自的领域中发光发热，成就一番事业。我将这段经历写入本书后记中，以此激励每位在教育教学道路上默默耕耘的教师：无论前路多么坎坷，只要我们坚守初心，专注于我们所热爱的事业，终会迎来属于自己的春天。诺贝尔奖精神将永远激励着我，也激励着每位追求科学和真理的人。

在教育教学的田野上，每位教师都是耕耘者，我们播种知识，浇灌智慧，期待收获科学人文的精神果实。《诺贝尔奖解析—医学篇》一书不仅是我和教学团队的教学成果，也是我们与学生们"教学想长"的见证。它不仅传授医学知识，更传递着科学精神和人文关怀，激发着学生们的创新思维和探索欲望。

在此，我要感谢所有支持和帮助过我的同事、学生和朋友们。没有你们，就没有今天的我，也就没有这本教材的诞生。让我们携手共进，在教育教学的道路上不断前行，为国家和社会培养更多优秀的栋梁之才，为实现"健康中国"的伟大目标，贡献我们的智慧和力量。

不忘初心，方得始终。愿每位教师都能在教育教学的旅途中找到自己的价值和意义，愿每位学生都能在知识的海洋中找到自己前行的方向和目标。让我们一起，为实现个人的梦想和祖国的繁荣而不懈努力。

王跃春

2025 年 7 月

后记二

学生视角——课程推荐

Embark on a fascinating journey into the pinnacle of medical achievements and expand your understanding of the boundaries of life sciences with the illuminating course "the Nobel Prize & analysis". This course offers an exceptional academic perspective and rich humanistic care, providing a comprehensive analysis of the Nobel Prize's outstanding research and the science giants behind it.

Here, we don't just get close to those Nobel Laureates who have made milestone contributions to medicine, but we delve into their research, substantial scientific heritage, and trace the persistent exploratory and innovative spirit that characterizes their work. Through real scientific cases, we learn how they challenged established theories, constantly tested and revised hypotheses in scientific experiments, and paved the way to entirely new research domains.

In the classroom, we bask in the humanistic glow emanating from the Nobel Prize winners, experiencing their elevation of personal pursuits into the betterment of all humanity—where the fusion of scientific inquiry and humanistic care is palpably felt. With rich teaching methods and a vibrant classroom atmosphere, the transmission of knowledge is anything but dull, instead transforming into a feast of thought that fosters a profound contemplation of medicine, science, and life itself among students.

Moreover, the course promotes the lofty spirit of the Nobel Prize—a representation of the relentless pursuit of human knowledge and advancement, and a supreme tribute to innovation and devotion to scientific research. To study this course is not merely to absorb knowledge; it is to pay homage and continue the legacy of exceptional scientific spirit and humanistic.

Whether you are a professional student in the field of medicine or a seeker of knowledge across disciplines, the " Nobel Prize & analysis " course promises to be a trove of valuable knowledge and a profound humanistic experience. Don't miss this rare opportunity to touch upon the intellectual brilliance of Nobel Laureates, broaden your academic horizons, and fuel your passion for research. Join us to explore the frontiers of your knowledge and indulge in the joy of scientific speculation!

踏上探索医学巅峰成就的奇妙之旅，拓展对生命科学边界的理解，这便是极具启发性的"诺贝尔奖解析"课程。本课程兼具卓越的学术视角与丰富的人文关怀，对诺贝尔奖的杰出研究成果以及背后的科学巨匠进行深入剖析。

在此，我们不仅能够走近那些为医学做出里程碑式贡献的诺贝尔奖得主，更能深入探究他们的研究及丰富的科学遗产，追溯其工作中所体现的持续探索与创新精神。通过真实的科学案例，我们得以了解他们如何挑战既定理论，在科学实验中不断检验和修正假设，并开辟全新的研究领域。

在课堂上，我们沉浸在诺贝尔奖得主所散发的人文光辉之中，体验他们将个人追求升华至全人类福祉的高尚境界，真切感受到科学探究与人文关怀的深度融合。这是一场激发学生对医学、科学乃至生命本身深刻思考的思想盛宴。此外，该课程弘扬诺贝尔奖的崇高精神，这是对人类知识和进步不懈追求的讴歌，是对创新和科研奉献的至高礼赞。学习此课程，不仅是汲取知识，更是向卓越的科学精神和人文思想致敬并加之传承。

无论是医学领域的专业学生，还是跨学科的知识探索者，"诺贝尔奖解析"课程都将是珍贵的知识宝库和深刻的人文体验。切勿错失这一难得良机，去领略诺贝尔奖得主的智慧光芒，拓宽学术视野，点燃对科研的热情。加入我们，一起探索知识的前沿，享受科学猜想的乐趣吧！

学生：颜子清

2025 年 7 月

学生推荐片

致　谢

　　本书的编撰与出版凝聚了多方智慧与支持。谨此向所有为此书付出心力的同仁致以诚挚的感谢！

　　从 2015 年建设暨南大学通识教育核心课程"诺贝尔奖解析—医学篇"，到 2025 年由清华大学社出版同名教材，真可谓"十年磨一剑"！宝剑锋从磨砺出，梅花香自苦寒来，期间真的经历了无数的艰辛和曲折，但也收获了诸多欣喜和成绩，在此要感谢所有对课程建设和教材撰写付出辛勤劳动的人们，按照给予支持和帮助的时间顺序（非贡献大小），他们是：吕涞清、王立伟、梁嘉杰、练兵、周全、许戈阳、汪根树、杨国胜、汤红峰、林嵩、杨杰、郭景慧、肖飞、郭祥玉、代小勇、冯海笑、白剑、张俊、庄晓吉……此外，本书承蒙暨南大学"一带一路"与粤港澳大湾区特色教材资助项目的立项支持，为教材的创作提供了坚实的资源和出版保障。我们也得到了学校和学院各级领导的关心和指导，在此特别感谢：张宏、张小欣、谷世乾、王华东、陈国兵……。

　　本书还是师 - 生 - 机互动的产物，10 年来有太多的学生对课程做出了贡献，这个名单太长而版面有限，恕我不再一一列出！但本教材的部分插图由黄捷、梁筱瑶、钟佳、林芷漫、杨蕙源、吴杰隽、侯辰舒、陈瑜、李锷麟等同学创作，特此鸣谢。

　　Deepseek 和 Kimi 等越来越人性化的 AI 工具也是我们编撰过程中不可或缺的贴心助手；书中引用的诺贝尔奖得主肖像及部分历史图片源自诺贝尔基金会官网，心导管插管影像照片由南方医科大学第三附属医院影像科周全教授提供，特此说明并致谢。

　　最后，感谢清华大学出版社提供的专业指导和细致审校，为本书的质量保驾护航。

　　愿此书能如灯塔，照亮青年学子的科学探索之路，并将诺贝尔奖"造福人类"的精神内核传承下去。书中疏漏之处，恳请读者指正，以待再版修订。

编委会

2025 年 8 月